# 特許法・著作権法

Patent Law and Copyright Law / by Naoki Koizumi / YUHIKAKU /

小泉直樹

第4版

有斐閣

# 読者のみなさんへ

本書は，知的財産法の中心分野である特許法，著作権法の基礎について解説するものです。

およそあらゆる「習い事」について言えることですが，法律学の学習にとって大事なのは習い初めに基礎をしっかり身につけることです。

法律学にとって基礎となるのは，端的に言いますと「条文（の趣旨）と判例」です。法制度の基本は条文に書かれており，たいていのことは，条文をきちんと読めば，解決します。

もちろん，社会は変化しますので，条文が作られた時点の国会で想定されていなかった問題が生じます。これを解決してルール化したのが判例であり，したがって，現時点で紛争解決の道具として法律を使いこなすには，条文だけでなく判例の基本的ルールを理解していることが必須となります。

本書の目的は，この条文と判例のルールをまずきちんとおさえていただき，さらに進んだ学習の基礎を身につけていただくことにあります。

自習用として，全体を通読していただければ，特許法と著作権法の基本事項を理解していただけると思いますが，読者の関心に応じ，各法律分野にしぼって使用することももちろん可能です。各節の冒頭に掲げたCaseは，知識の整理にご活用ください。各節の末尾には参考までに考え方の指針を示しておきました。

末尾となりましたが，本書の刊行については、有斐閣学習書編集部の佐藤文子さん，荻野純茄さんに大変お世話になりました。記して感謝いたします。

本書が，初版から第3版同様，知的財産法分野の今後を切り拓くことになる後進の皆さんの一助になればと願っています。

2024年3月

小 泉 直 樹

# 目　次

# 凡　例

法令は 2024 年 2 月 1 日現在で公布されているものに基づいて記述しています。
判例・判例集は以下の例のように略記しています。

＊最判平 12・2・29 民集 54-2-709
　＝最高裁判所平成 12 年 2 月 29 日判決，最高裁判所民事判例集 54 巻 2 号 709 頁
＊東京高判平 2・2・13 判時 1348-139
　＝東京高等裁判所平成 2 年 2 月 13 日判決，判例時報 1348 号 139 頁
＊神戸地姫路支判昭 54・7・9 無体集 11-2-371
　＝神戸地方裁判所姫路支部昭和 54 年 7 月 9 日判決，無体財産権関係民事・行政裁判例集 11 巻 2 号 371 頁
＊東京地判中間判平 13・5・25 判時 1774-132
　＝東京地方裁判所平成 13 年 5 月 25 日中間判決，判例時報 1774 号 132 頁

民　集：最高裁判所民事判例集
刑　集：最高裁判所刑事判例集
行　集：行政事件裁判例集
無体集：無体財産権関係民事・行政裁判例集
知裁集：知的財産権関係民事・行政裁判例集
判　時：判例時報
判　タ：判例タイムズ
判　工：判例工業所有権法

特許百選：小泉直樹＝田村善之編『特許判例百選〔第 5 版〕』（有斐閣，2019 年）
著作権百選：小泉直樹＝田村善之＝駒田泰土＝上野達弘編『著作権判例百選〔第 6 版〕』（有斐閣，2019 年）
令和 4 年重判解：『令和 4 年度重要判例解説』（有斐閣，2023 年）

最判解：最高裁判所判例解説

# 序論　知的財産法の概要

**知的財産とは**

平成14年（2002年）に成立した知的財産基本法は，そもそも知的財産とは何かから始まり，知財の保護，運用にかかわる様々な組織のあり方，国の役割について規定している。

同法2条1項は，知的財産とは，「発明，考案，植物の新品種，意匠，著作物その他の人間の創造的活動により生み出されるもの」，「商標，商号その他事業活動に用いられる商品又は役務を表示するもの」および「営業秘密その他の事業活動に有用な技術上又は営業上の情報」から成ると定義している。

知的財産法がカバーする領域は広く，テクノロジー，ブランド，デザイン，エンタテインメントに及ぶ。テクノロジーは特許法，実用新案法，種苗法，ブランドは商標法，不正競争防止法，デザインは意匠法，半導体集積回路の回路配置に関する法律（半導体チップ保護法），エンタテインメントは著作権法によって，それぞれ保護される。

知的財産法の基本的な仕組みは，テクノロジー，ブランド，デザイン，エンタテインメントの分野の知的財産について，民法の所有権に類似した独占権を与えることにある。

知的財産の権利者は，自分の知的財産を無断でコピーする者に対して，その行為をやめさせ，発生した損害の賠償を求めることができる。誰かにライセンスしてライセンス料を得ることもできる。

権利の侵害行為に対しては，刑罰も科される。知的財産権の侵害罪の最高刑は，拘禁刑（令和4年法律第68号により「懲役」から改められた）10年である。

## テクノロジーの保護：特許法

特許制度は，当該技術分野において今まで知られておらず（新規性の要件。特許法29条1項），しかも，従来の技術が抱えていた技術的課題をその分野のエンジニアから見て容易ではない方法で解決した（進歩性の要件。同条2項），と認められるような技術であるかを国家（経済産業省特許庁の審査官）が審査し，もし要件を充たしていればその技術を登録・公開し，権利者（特許権者という）には，登録された発明について一定期間の独占権を与えるものである。

特許法1条は，「発明の保護及び利用を図ることにより，発明を奨励し，もって産業の発達に寄与すること」が特許法の目的であるとする。発明の保護すなわち特許の独占権を得るためには，発明者は自らの発明を第三者に利用可能な形で公開することが条件となる（36条）。いいかえると，**独占権は発明公開の代償として与えられている**といえる[1]。新技術が公開されることにより，その技術をもとにさらに技術革新が進み，国の産業が発展することが期待されている。

特許出願の書類は，大きく分けて，「特許請求の範囲」と「明細書」から成る。**特許請求の範囲**は，特許の独占権の範囲を決める基準となるものであり（特許請求の範囲は「**権利文献**」として機能する），記載は厳密なものである必要がある。特許は公開の代償として与えられるものであり，公開された特許に記載された技術を当該分野のエンジニア（当業者という）が実施可能な程度に技術情報が提供されている必要がある。このため，**明細書**では，当該発明が，技術的課題をいかに解決したかについて，①従来技術，②従来技術における技術的課題，③課題の解決方法，④発明の効果，に分けて文章，図面で説明しなければならない（明細書は「**技術文献**」としての役割を持つ）。

権利期間は原則として出願の日から20年間に限られ，医薬品のように，特許審査とは別に厚労省の薬事承認の手続が必要であるような例外的な場合にだけ，期間の延長が認められている。権利期間が満了すると，誰でも，その技術をただでコピーすることが可能となる（パブリックドメイン）。

同じ内容の発明をたまたま複数の人が同時に開発したという場合，その中で，

1　知財高判平22・1・28判時2073-105（特許百選71）は，「公開の代償として独占権を付与するという特許制度の目的」に照らして，36条で要求される開示要件について検討している。

最初に特許庁に出願した人だけが特許をとることができる（**先願主義**）。たとえ，発明を完成した時点が先であっても，出願が遅れれば，特許をとることはできない。特許法のベースとなっている公開の代償という考え方から，最初に出願し，発明の内容を公開してくれた者だけを遇するという制度設計となっている。

出願は，原則として1年6ヶ月経過後公開される（**出願公開**）。出願を審査した結果，特許庁の審査官が，特許対象としてふさわしくないという判断をする場合があり（拒絶査定），この場合，出願人は，特許庁内に設けられた審判という制度を利用して，審査結果が妥当か再検討してもらうことができる。そして，審判においても再度特許がとれない，ということになった場合でも，さらに東京高裁の特別支部である知的財産高等裁判所（知財高裁）に対して，審判の結論である審決を取り消してほしいと訴えることが可能である。知財高裁でもダメということになったら，さらに最高裁に提訴可能である。

特許を持っている者（特許権者）は，他人の侵害行為に対してこれをやめるように法的措置をとることができ，他社にライセンスしてライセンス料を得ることもできる。

テクノロジーの保護の他の法律として，実用新案法，種苗法がある。実用新案法は，特許庁による事前審査を行わずに，登録を認める法制度であり，権利期間は出願から10年間と特許権より短い。実用新案登録は早期に取得できるため，ライフサイクルの短い技術の保護に適している。種苗法は，ぶどうの「シャインマスカット」（種苗登録第13891号）といった新品種を農水省に品種登録し，育成者の権利を無断利用者から守る制度である。権利期間は品種登録から原則として25年間である。

### ブランドの保護：商標法・不正競争防止法

**ブランドの機能**とは何であろうか。商品やサービスの提供を受けようとする者（需要者）は，商品やサービスに接すると，そこに付されたブランド名によって，その製造者，提供者は誰かということを識別し，選択の手がかりとする。同時に，同じブランドの商品，サービスであれば，一定の品質を持ったものであると信用するのが通常であろう。さらに，商品やサービスの具体的内容に接する前に，ブランド名称自体を1つの広告・宣伝ととらえることもしばしばである。

このような機能を持つブランド名がもし無断で使用されたらどうなるか。ブランドが持っている営業上の信用が害され，また，われわれ**需要者**はだまされることになる。ひいては，広告・宣伝によってブランドを育てようという意欲が失われるであろう。

ブランドは，「商標，商号その他事業活動に用いられる商品又は役務を表示するもの」（知的財産基本法2条の定義）ということになる。商標（トレードマーク）とは，商品やサービス（たとえば，銀行や運送業等）の表示，商号は，企業を表示する表示のことである。たとえば，「iPhone」は商品，「宅急便」はサービス，「有斐閣」は企業の表示である。

日本において，ブランドの保護は，大きくわけて，特許庁に登録することによって保護を受ける方法と，登録しないで，市場における実際の使用実績を裁判上立証して保護を受ける方法の2つが用意されている。

登録による保護を与えているのが商標法である。

商標権を持つと，特許と同様，侵害行為に対して法的措置をとることが可能となり，ライセンスも可能である。

商標の市場での現実の周知性による保護を与えるのが，不正競争防止法である。この法律のもとで保護を受けるには，市場においてブランドとしてよく知られていること，需要者がまぎらわしいと思うことを裁判上立証する必要がある。

### デザインの保護：意匠法

我が国のデザイン保護の柱となるのが意匠法である。意匠法は，デザインを，特許法と類似の仕組みで登録，保護する。「特許法と類似」という意味は，図面で表現され出願されたデザインについて，特許庁の審査官が審査のうえ，条件を充たしていたら登録し，25年間独占権を与えるということである。

意匠法の対象として想定されているのは，工業上利用可能性のあるデザイン，つまり，**大量生産を前提としたデザイン**である。一方，大量生産を目的としないデザインについては，著作権法のもとで，一定程度保護される仕組みとなっている。

特殊なデザインの保護として，半導体チップ保護法がある。半導体集積回路における回路素子およびこれらを接続する導線の配置を登録によって10年間模倣から守る制度である。

### エンタテインメントの保護：著作権法

文学，映画，音楽といったエンタテインメント分野のコンテンツの保護を主として担うのが著作権法である。

著作権のきわだった特色は，特許と違い，役所への出願，登録の必要なく，創作すれば当然に権利が発生することである（無方式主義）。芸術，文化というものは，国家による審査になじまないという考え方を背景とするもので，国際スタンダードとなっている。

こうして，著作権法によって保護を受けるためには面倒な手続がいらないという点は便利である一方，無方式主義は，著作物の利用を行う者にとって，厄介な存在となる。

しばしば，権利者の所在が不明であったり，また，権利期間が継続しているかはっきりしないという理由で，利用を見送らざるをえないことがある。万一，著作権者の許諾が必要であるのにそれを怠ってしまうと，差止請求や損害賠償請求を受けることもありうる。

# 第Ⅰ編　特許法

## 本編のあらすじ

初学者にとって重要であるが困難なことは，勉強を進めるにあたり，今自分がどのあたりにいるのかを把握すること，つまり「森の中の位置を意識しつつ目の前の木を見る」ことであろう。まずは以下の骨子をざっと頭に入れてから，本書の記述を読み進めていただきたい（以下，本編においては，特許法については法令名を省略する）。

### 第1章　特許の要件

自然法則を利用した技術的思想の創作（**発明**）であって，**新規性**，**進歩性**を有しているものにつき，所定の**開示要件**を充たした出願を特許庁に行った場合，特許が成立する（29条・36条）。

### 第2章　特許を受ける権利

発明者には譲渡可能な**特許を受ける権利**（出願権）が発生する。無断出願された特許は取り戻せる（33条・74条）。

### 第3章　発明者・職務発明

特許を受ける権利の帰属のルールについて（35条）。

### 第4章　出願・審査

同一の発明については，最初に出願した者にだけ特許権が発生する（**先願主義**。39条）。特許庁の審査官によって，出願が特許の要件を充たしているか審査され（49条），充たしている場合には，登録される（66条）。**審査**は，出願とは別個の請求を待って行われるが（48条の3），審査請求の有無を問わず，出願から一定期間経過後に公開され，その内容は公知となる（64条）。

## 第5章　審判・異議・審決取消訴訟

出願が拒絶された場合，特許庁に設けられた審判手続を利用して不服申立てができる（121条）。審判の審決に対しては，**知的財産高等裁判所**（**知財高裁**），さらに最高裁に審決取消訴訟を提起することが可能である。審査にパスして特許が付与されたが，実は特許要件を充たしていないという場合，第三者が特許権者を相手取り特許庁に無効審判を提起でき（123条），審決に対して知財高裁，最高裁へと審決取消訴訟を提起できる。いったん成立した特許について，訂正審判を通じて修正を加えることができる（126条）。

## 第6章　特許権の効力

**特許権の存続期間**は出願日から20年間である（67条）。医薬発明の特許などは例外的に期間延長が認められる。特許権の効力は，適法に譲渡された特許製品の再譲渡に及ばない（**消尽**[しょうじん]）。

## 第7章　特許権の侵害等

特許発明の技術的範囲は，**特許請求の範囲**（「クレーム」とよばれる）にもとづき，明細書等を考慮して解釈される（70条）。クレームの文言解釈によって定まる範囲から外れる技術であっても，一定の要件を充たせば技術的範囲に含めることができる（**均等**）。クレームを充足しない行為についても，特許権侵害を招じうる行為については侵害とみなされる（**間接侵害**）。特許権侵害訴訟において，特許権の有効性に疑義がある旨の主張を抗弁として提出できる（**特許無効の抗弁**）。特許出願前から実施の準備等を行っていた第三者に対しては，特許権を行使できない（**先使用の抗弁**）。

## 第8章　侵害に対する救済

特許権を侵害した者に対しては，侵害の**差止請求**，**損害賠償**請求が可能である（100条，民法709条）。

## 第9章　特許権の経済的利用

特許権は第三者にライセンスすることができる。特許法上は，**通常実施権**，**専用実施権**というタイプが認められている（77条・78条）。

以下，実際に登録された発明の特許公報（特許番号4111382号・発明の名称「餅」）のうち，「特許請求の範囲」「発明の詳細な説明」の抜粋を掲げる。なお，特許公報は，「特許情報プラットフォーム」ホームページで自由にアクセス可能であるので，詳細は現物にあたっていただきたい。

――特許請求の範囲

【請求項1】

焼き網に載置して焼き上げて食する輪郭形状が方形の小片餅体である切餅の載置底面または平坦上面ではなくこの小片餅体の上側表面部の立直側面である側周表面に，この立直側面に沿う方向を周方向としてこの周方向に長さを有する一若しくは複数の切り込み部または溝部を設け，この切り込み部または溝部は，この立直側面に沿う方向を周方向としてこの周方向に一周連続させて角環状とした若しくは前記立直側面である側周表面の対向二側面に形成した切り込み部または溝部として，焼き上げるに際して前記切り込み部または溝部の上側が下側に対して持ち上がり，最中やサンドウイッチのように上下の焼板状部の間に膨化した中身がサンドされている状態に膨化変形することで膨化による外部への噴き出しを抑制するように構成したことを特徴とする餅。

――発明の詳細な説明

【0001】

**（発明の属する技術分野）**

本発明は，例えば個包装されるなどして販売される角形の切餅に関するものである。

【00002】

（従来の技術及び発明が解決しようとする課題）

餅を焼いて食べる場合，加熱時の膨化によって内部の餅が外部へ突然膨れ出て下方へ流れ落ち，焼き網に付着してしまうことが多い。

【0003】

そのためこの膨化による噴き出しを恐れるために十分に餅を焼き上げることができなかったり，付きっきりで頻繁に餅をひっくり返しながら焼かなければならなかった。古来のように火鉢で餅を手元に見ながら焼く場合と異なりオーブントースターや電子レンジなどで焼くことが多い今日では，このように頻繁にひっくり返すことは現実なかなかできず，結局この突然の噴き出しによって焼き網を汚してしまっていた。

【0008】

本発明は，このような現状から餅を焼いた時の膨化による噴き出しはやむを得ないものとされていた固定観念を打破し，切り込みの設定によって焼き途中での膨化による噴き出しを制御できると共に，焼いた後の焼き餅の美感も損なわず実用化でき，しかも切り込みの設定によっては，焼き上がった餅が単にこの切り込みによって美感を損なわないだけでなく，逆に自動的に従来にない非常に食べ易く，また食欲をそそり，また現に美味しく食することができる画期的な焼き上がり形状となり，また今まで難しいとされていた焼き餅を容易に均一に焼くことができ餅の消費量を飛躍的に増大させることも期待できる極めて画期的な餅を提供することを目的としている。

【0009】

（課題を解決するための手段）

添付図面を参照して本発明の要旨を説明する。

【0010】

焼き網に載置して焼き上げて食する輪郭形状が方形の小片餅体1である切餅の載置底面または平坦上面ではなくこの小片餅体1の上側表面部2の立直側面である側周表面2Aに，この立直側面2Aに沿う方向を周方向としてこの周方向に長さを有する一若しくは複数の切り込み部3または溝部を設け，この切り

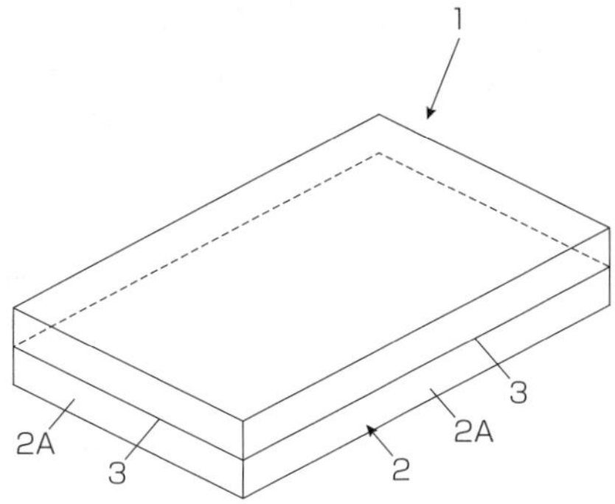


込み部3または溝部は，この立直側面2Aに沿う方向を周方向としてこの周方向に一周連続させて角環状とした若しくは前記立直側面である側周表面2Aの対向二側面に形成した切り込み部3または溝部として，焼き上げるに際して前記切り込み部または溝部の上側が下側に対して持ち上がり，最中やサンドウイッチのように上下の焼板状部の間に膨化した中身がサンドされている状態に膨化変形することで膨化による外部への噴き出しを抑制するように構成したことを特徴とする餅に係るものである角形の切餅や丸形の丸餅などの小片餅体1の載置底面ではなく上側表面部2に，周方向に長さを有する若しくは周方向に配置された一若しくは複数の切り込み部3または溝部を設けたことを特徴とする餅に係るものである。

【0032】

（発明の効果）

本発明は上述のように構成したから，切り込みの設定によって焼き途中での膨化による噴き出しを制御できると共に，焼いた後の焼き餅の美感も損なわず実用化でき，しかも切り込みの設定によっては，焼き上がった餅が単にこの切り込みによって美感を損なわないだけでなく，逆に自動的に従来にない非常に食べ易く，また食欲をそそり，また現に美味しく食することができる画期的な焼き上がり形状となり，また今まで難しいとされていた焼き餅を容易に均一に焼くことができ餅の消費量を飛躍的に増大させることも期待できる極めて画期的な餅となる。

# 第1章 特許の要件

## 第1節 発　　明

Case1 「英単語の暗記方法」は特許対象となりうるだろうか。

### ❶ 自然法則の利用

#### (1) 自然法則と人為的取決め，人の精神活動

特許法29条1項柱書は，特許要件の第1として，特許は「発明」について付与されると規定している。そして，2条1項において，**発明とは，「自然法則を利用した技術的思想の創作のうち高度のもの」をいう**と定義されている。審査を受け，特許を受けた発明は「特許発明」と呼ばれ区別される（2条2項）。

自然法則とは何かについて特許法の定義は存在しないが，一般に，自然界において経験的に見出される反復可能[1]で一般的な法則をいうと考えられている。

たとえば，従来，ガソリン1リッターで10キロ走行する自動車について，燃費の低さが技術的課題として存在したとしよう。エンジニアが研究開発を重ね，エンジンの構造に一定の改良を加え（物理的），また，ガソリンに化学物質を配合することにより（化学的），ガソリンの燃費が向上するという一般的な法則すなわち自然法則にもとづき，燃費向上という技術的課題が解決され，ガソリン1リッターあたり20キロ走行可能となったとする。一般的な法則に則った技術である限り，仮にこの技術について特許が成立した場合，当業者はこの技術を特許の書類から学び，反復実施，さらに改良することが可能である。序論「テクノロジーの保護：特許法」の節で述べたとおり，特許独占は公開の代償として与えられる。**自然法則を利用したものを特許の対象とすることは，新技**

1　最判平12・2・29民集54-2-709［黄桃の育種増殖法事件］（特許百選53）。

**術を公開し当業者の利用に委ねるという特許制度の目的をよく実現できる。**

したがって，たとえば「永久機関」[2]のように**自然法則に反するもの**は，公開しても，当業者が特許をもとに反復実施することはできないので，発明にはあたらないため，特許対象とはならない。

単なる人の精神活動（心理法則等），意思決定，抽象的な概念（ビジネス方法等）や人為的な取決め（ゲームのルール等）それ自体は，自然法則とはいえない。前提とする技術的課題，その課題を解決するための技術的手段の構成およびその構成から導かれる効果等の技術的意義に照らし，請求項に記載された特許を受けようとする発明を全体として考察した結果，「自然法則を利用した技術的思想の創作」に該当するといえる場合には，2条1項に規定する「発明」といえる[3]。

**(2)　自然法則自体と自然法則の「利用」**

29条1項柱書によって発明として保護されるためには，自然法則が「利用」されていることが必要であり，たとえば，万有引力の法則のような**自然法則自体は発明として保護されない。**

もし仮に法則自体を特定人の独占に委ねてしまうと，当該法則を利用した様々な分野への応用技術の円滑な出現が妨げられるという理由による。東京高判平16・12・21判時1891-139［回路シミュレーション方法事件］は，数学的課題の解析方法自体や数学的な計算手順を示したにすぎないものは，発明にあたらないと述べている。

## ❷　技術的思想の創作

特許制度は，自分の開発した技術を書面の形で公開した者に対し，その代償として，一定期間の独占権を与えるものである。公開された技術に当該分野のエンジニアが工夫を加え，新規な改良技術が生み出されることが特許の究極の目的といえる。

その前提として，特許の対象となる技術は，知識として客観的に伝達可能で

---

2　外部からエネルギーを受け取ることなく，仕事を行い続ける装置。エネルギー保存の法則に反するため，実在しない。

3　知財高判平28・2・24判タ1437-130［省エネ行動シート事件］（特許百選49）。

あることが必要となろう。これに対して，フォークボールの投球方法といった，個人の熟練によって得られる技能については，第三者に，特許の書面を通じて伝達し，改良を促すという法の目的になじまないものとして，原則として特許が与えられない。特許法の保護対象となる発明は，「自然法則を利用した技術的思想の創作のうち高度のものをいう」とされている（2条1項)。個人の技能に深く依存している技能などについては，このうち，「**技術的思想の創作**」にあたらないものといえよう。

当業者が反復実施可能な程度にまで具体的・客観的に構成されていないものについては，**発明未完成**として取り扱われる[4]。

## ❸ 創　　作

創作とは新しく創り出すことを指し，天然物の発見のように，何も創り出さない「**発見**」は原則として発明とは区別される。天然に存在する藻の一種を錦鯉に与えることで斑紋・色調を顕かにする効果を挙げることに関する技術につき，単なる発見を超えた技術的思想の創作にあたると認められた例がある[5]。

## ❹ 発明の種類（カテゴリー）

発明は，**物の発明**と**方法の発明**に二分され，方法の発明はさらに，**物を生産する方法の発明**とその他の方法の発明（単純方法発明といわれる）に分かれている（2条3項)。特許権は，**特許発明の実施**に関する独占権（68条）であり，特許発明の実施の内容は，発明の種類によって異なる。

物の発明とは，時間的な要素を含まない形での発明の実施態様であり，機械，物質，微生物などがその例である。物の発明については，その物を生産し，使用し，譲渡し，貸し渡し，輸出もしくは輸入する行為，または譲渡・貸渡しの申出をする行為を「実施」という（2条3項1号)。

方法の発明とは，たとえば，自動車の燃費向上の方法のように，時間的な流

---

4　最判昭44・1・28民集23-1-54［原子力エネルギー発生装置事件］（特許百選51)，最判昭52・10・13民集31-6-805（特許百選52)。ただし，特許庁の審査実務上は，現在，発明未完成を理由とする拒絶査定はほとんど行われず，明細書の記載不十分（36条4項・5項）の問題として処理されている。

5　東京高判平2・2・13判時1348-139［錦鯉飼育法事件］。

れに沿って行為が組み合わされることから成る発明である。方法の発明については，その方法の使用行為が実施行為となる（2条3項2号）。

物を生産する方法の発明の例としては，化学物質の精製方法がある。物を生産する方法の発明の実施とは，当該方法を使用する行為に加えて，その方法により生産した物の使用，譲渡・貸渡し，輸出もしくは輸入または譲渡・貸渡しの申出をする行為をいう（2条3項3号）。

発明の種類による特許権の効力，差止めの対象については，それぞれ第6章，第8章で述べる。

**Caseの考えかた**

Case1　「英単語の暗記方法」のように人の精神活動に関するものは，従来，原則として自然法則に該当しないと考えられてきた。一方，近時の判例には，人の精神活動を一部に含むものであっても，全体として反復可能な程度の技術的手段を提供している場合には，発明性を肯定するものがある。たとえば，学術論文の形で抽象的に「暗記方法」を記述したものを出願しただけでは発明と認められないが，当該方法を利用した機器やシステムとして出願されれば，発明性が肯定される余地があろう。

## 第2節　産業上の利用可能性

**Case2　「生体肝移植の手術方法」は特許対象となるか？**

特許要件の第2は，**産業上利用することができる発明**であることである（29条1項柱書）。ここでいう「産業」とは，農林水産業，鉱業，商業等を含む広い概念である。特許庁の審査実務上，①人間を手術，治療，または診断する方法の**医療関連発明**，②学術的，実験的にのみ利用され，業として実施できない発明，③実際上明らかに実施できない発明（例「オゾン層の減少に伴う紫外線の増加を防ぐために，地球表面全体を紫外線吸収プラスチックフイルムで覆う方法」）は，原則として産業上利用することができないものとして扱われる（「特許・実用新案審査基準」第Ⅲ部第1章3）。

特許はあらゆる技術分野のイノベーションについて与えられるのが原則である中，人間を手術，治療，または診断する方法については，例外的に除外されている。その趣旨は，もし医療行為そのものに特許を認めると，患者を前にした医師が，もしかしたら自分の治療行為が特許権侵害にあたるのではないかと治療をためらうおそれがあること，また，医療分野の中でも，医師の医療行為以外の部分，つまり，医薬品と医療機器に関連する発明については，特許対象とされているところ，医薬品や医療機器については，特許品を使えなくても，他に代わる医薬品や機器というものが想定できるのに対して，医療行為については，これを特許した場合の弊害が，医薬品や医療機器と質的に異なることが挙げられている[6]。

**Caseの考えかた**

Case2　生体肝移植の手術方法は，審査基準で産業上の利用可能性がないとされている人間の手術方法に該当する。仮に手術方法に特許が成立した場合，医師の行為に委縮効果が生じ，医薬品や医療機器の特許とは質的に違う弊害があるからと説明されている。これに対して，生体肝移植手術のために使われる医薬品，医療機器については，特許が成立しうる。

## 第3節　新　規　性

Case3　**甲は2024年1月15日，発明αについて学会で報告した。同年3月20日，乙が発明αと同一内容の発明βについて特許出願Aを行った。同年5月30日，甲は発明αについて特許法30条の規定を利用して特許出願Bをなした。2025年9月20日，特許出願Aが出願公開された。特許出願A, Bに対して特許は付与されるか。**

6　東京高判平14・4・11判時1828-99（特許百選57）。

## ❶　新規性喪失事由

特許要件の第3は，**新規性**である。特許制度は，新たな技術思想の社会への公開の代償として独占権を付与するものであるから，すでに社会的に知られている技術的手段に対して独占権を付与する必要はなく，また，そのような技術的手段に対して独占権を付与することは自由な技術の発展をかえって妨げることになりかねない。新規性が要求されるのはこのような趣旨による[7]。

29条1項は，特許出願前に日本国内または外国において公然と知られた発明（**公知**〔同項1号〕。例として，テレビで放送された場合），特許出願前に日本国内または外国において公然と実施された発明（**公用**〔同項2号〕。例として，製造工程を不特定多数の者が見学した場合），そして，特許出願前に日本国内または外国において，頒布された刊行物に記載された発明や電気通信回線を通じて公衆に利用可能となった発明（**刊行物記載**等〔同項3号〕。例として，日本国内または外国において公表された特許公報や研究論文に掲載された発明や，インターネットで公開された発明）については，特許を取得できないと規定している（これらを総称して「**新規性喪失事由**」と呼ぶ）。

「新規である」ということは「これまで知られていない」ということであり，特許の審査は，出願された発明が，これまで知られた発明にあたらないか，つまり，29条1項各号の新規性喪失事由に該当しないかという形で行われる。

新規性の判断時点は，出願日ではなく，出願の時であるため，たとえば，ある日の午前中に会議で発表され公知となった発明と同じ発明を，当日の午後出願した場合でも，新規性は喪失したものとして扱われる。また，場所的基準は世界中で生じた事由について新規性喪失事由としている。

1号にいう「公然知られた発明」とは，不特定の者に秘密でないものとして，その内容が現に知られた発明をいう（「特許・実用新案審査基準」第Ⅲ部第2章第3節3)。

もっとも，当該発明を知った者が，発明者との間で守秘義務を負っている場合には公知として扱われない。守秘義務を負わない者に知られた場合は，たと

7　東京地判平17・2・10判時1906-144［ブラニュート顆粒事件］。

えそれが少数者であっても，公知となりうる。守秘義務は，法律上，契約上または商慣習上など発生原因は問わない[8]。

2号にいう「公然実施」とは，発明の内容を不特定多数の者が知りうる状況でその発明が実施されることをいう。物の発明の場合には，商品が不特定多数の者に販売され，かつ，当業者がその商品を外部から観察しただけで発明の内容を知りうる場合はもちろん，外部からはわからなくても，当業者がその商品を通常の方法で分解，分析することによって知ることができる場合も公然実施となる[9]。

3号にいう「頒布された刊行物」とは，公衆に頒布することにより公開することを目的として複製された文書・図画その他これに類する情報伝達媒体であって，頒布されたものをいう[10]。原本自体が公開されて公衆の自由な閲覧に供され，かつ，その複写物が公衆からの要求を待って遅滞なく交付される態勢が整っていれば，まだ現実には頒布されていなくても，公衆からの要求を待ってその都度原本から複写して交付されるものであってもよい。

インターネット上で閲覧可能となった情報については，「頒布された刊行物」であると解釈することは困難であるため，平成11年改正によって3号に電気通信回線（インターネット）を通じて公衆に利用可能となった発明が追加された。新規性は，出願された発明（本願発明）と本願発明と最も近い公知技術（引用発明）とを対比して，すべての構成が同一である場合には否定される。

## ❷　新規性喪失の例外

特許出願より前に公開された発明は原則として特許を受けることはできないが，刊行物への論文発表等によって自らの発明を公開した後に，その発明について特許出願をしても一切特許を受けることができないとすることは，発明者にとって酷な場合もあり，また，産業の発達への寄与という特許法の趣旨にもそぐわないといえる。

このことから，特許法では，特定の条件の下で発明を公開した後に特許出願

8　東京高判平12・12・25判工2期版531の50頁。
9　知財高判平28・1・14判時2310-134［棒状ライト事件］（特許百選59）。
10　最判昭61・7・17民集40-5-961［第2次箱尺事件］。

した場合には，先の公開によってその発明の新規性が喪失しないものとして取り扱う規定，すなわち発明の**新規性喪失の例外**の規定が設けられている。

第1に，特許を受ける権利を有する者の意に反して29条1項各号に該当するにいたった，すなわち新規性を喪失した発明については，新規性を喪失した日から1年以内にその者がした特許出願に係る発明について，新規性を喪失しなかったものとみなされる（30条1項)。「意に反して」とは，特許を受ける権利を有する者が，発明が公知等となることを容認する意思を有していないことをいい，発明者の不注意で公知となった場合も，「意に反して」にあたりうる[11]。

第2に，特許を受ける権利を有する者自身の行為に起因して新規性を喪失した場合も，出願と同時に書面を提出することにより，新規性喪失の例外として扱われる（同条2項)。「特許を受ける権利を有する者の行為」には，試験の実施，刊行物への発表，電気通信回線を通じた発表，集会・セミナー等（特許庁長官の指定のない学会等)，テレビ・ラジオ等での公開，販売による公開が広く含まれる。

なお，内外特許庁への出願を行った結果，公開された場合には，30条2項の適用はない（同項括弧書)。特許出願に伴う公開は，特許を受ける権利を有する者による主体的な公開とはいえないからである[12]。

## 第4節　進　歩　性

特許要件の第4は，**進歩性**である。29条2項は，公知技術から当業者が容易に発明できた発明は，特許を受けることができないと規定している。容易に発明することができた場合を，進歩性がない，という。その道の専門家が容易に想到することができる程度の発明に特許権を与える価値はなく，仮にその程度の技術までも特許権の独占の対象となると，自由な開発行為が妨げられることが，進歩性を要求する趣旨である。

**当業者**とは，その発明が属する技術分野の出願時の技術常識を有し，研究・

11　東京高判昭47・4・26無体集4-1-261。
12　最判平元・11・10民集43-10-1116（特許百選63)。

開発の技術的手段を用いることができ，かつ，その発明の属する技術分野の技術水準にあるものすべてを自らの知識とする者であり，基本的には単数であるが，複数分野にまたがる発明については，それぞれの分野の専門家から成るチームを当業者として想定することもある。いずれにしても，具体的な人物を当業者として特定してその人物の判断に進歩性の有無を委ねるという形で審査が行われるわけではなく，あくまで，当業者という仮想的な人物（集団）を想定して，実際には，審査官がその者の立場を考慮して容易想到性を判断する仕組みとなっている。

進歩性が認められるかどうかは，特許請求の範囲に基づいて特許出願に係る発明（以下「本願発明」という）を認定したうえで，公知の発明（以下「主引用発明」という）と対比し，一致する点および相違する点を認定し，相違する点が存する場合には，当業者が，出願時の技術水準にもとづいて，主引用発明から，当該相違点に対応する本願発明を容易に想到することができたかどうかを判断することとなる。そして，本願発明と主引用発明との間の相違点に対応する公知の発明（以下「副引用発明」という）があり，主引用発明に副引用発明を適用することにより本願発明を容易にすることができたかどうかを判断する場合においては，①主引用発明または副引用発明の内容中の示唆，技術分野の関連性，課題や作用・機能の共通性等を総合的に考慮して，主引用発明に副引用発明を適用して本願発明に至る動機づけがあるかどうかを判断するとともに，②適用を阻害する要因の有無，予測できない顕著な効果[13]の有無等を併せ考慮して判断することとなる[14]。

たとえば，主引用発明と副引用発明に技術分野の関連性（上記①）が認められる例として次のようなものがある。

（例）本願発明「アドレス帳の宛先を通信頻度に応じて並べ替える電話装置」
　主引用発明「アドレス帳の宛先をユーザが設定した重要度に応じて並べ替える電話装置」
　副引用発明「アドレス帳の宛先を通信頻度に応じて並べ替えるファクシ

13　最判令元・8・27 判時 2446-37［アレルギー性眼疾患点眼剤事件］，知財高判平24・11・13 判例集未登載［シュープレス用ベルト事件］（特許百選 69）。
14　知財高判平 30・4・13 判時 2427-91［ピリミジン誘導体事件］。

ミリ装置」であったとする。

この場合，主引用発明の装置と，副引用発明の装置には，アドレス帳を備えた通信装置という点で，技術分野の関連性が認められる。一般に，主引用発明に対し，主引用発明に関連する技術分野の技術手段（副引用発明）の適用を試みることは，当業者の通常の創作能力の発揮であるとみなされやすいため，上記の例のように，主引用発明と副引用発明の技術分野の関連性が認められることは，進歩性を否定する方向にはたらくことになる[15]。

**★用途発明・選択発明**

ある物の未知の属性を発見し，この属性により，その物が新たな用途への使用に適することを見出したことによる発明を用途発明といい，その物が公知であっても，新規性が認められる[16]。

引用発明に包括的な一般式で化合物群が記載されており，本願発明ではその化合物群に包含されている場合（選択発明），本願発明が引用発明には具体的に開示されていない異質の作用効果を有する場合，新規性と進歩性がともに肯定される[17]。

## 第5節　先　　願

特許要件の第5は，先願が存在しないことである。

同一の発明$\alpha$について，AとBが別々に完成し，AがBよりも先に特許出願を行った場合を考える。この場合，Aの出願を先願，Bの出願を後願（こうがん）とよぶ。Aの出願が出願公開され，あるいは特許されて公知となった後にBが出願を行った場合は，Bの出願は29条1項の適用により新規性を有しないものとして拒絶される。

15 「特許・実用新案審査基準」第Ⅲ部第2章第2節3。
16 知財高判平23・3・23判時2111-100［スーパーオキサイドアニオン分解剤事件］（特許百選62）。
17 知財高判平29・6・14判例集未登載［重合性化合物含有液晶組成物等事件］（特許百選61）。

一方，Bの出願がAの出願が公開される前になされた場合には，第1に，39条1項にもとづき，Aの出願についてのみ特許が与えられる（**先願主義**）。いち早く発明を公開しようとした者を保護するという特許法の目的に沿うものであり，同一の発明について複数の特許が成立すること（ダブルパテント）を防止している。39条1項は同一人についても適用があり，1人の者が同一の発明について複数の出願を行っても，最初に行った出願についてのみ特許を取得可能である。

第2に，29条の2により，出願公開等された先願の出願当初の明細書，特許請求の範囲，図面に記載された発明と同一の発明についても，後願は排除される（**拡大された先願の地位，公知の擬制，準公知**）。Bの出願時には，Aの出願の内容は公知となっていないが，Bの後願は社会に対して新しいものを提供していないため，Bの出願時にAの出願内容が公知であったとみなす（擬制する）のが本条である。

## Caseの考えかた

Case3　①学会報告によって，発明$\alpha$は公知となるが，「特許を受ける権利を有する者の行為に起因」（30条2項）するものであるため，新規性を失わなかったものとみなされる。② 30条の適用があるのは「その者」すなわち甲がした特許出願Bについてだけであり，乙の特許出願Aには適用されない。このため，特許出願Aについては，その出願前に甲がなした学会報告により発明$\beta$は公知となったものとして扱われる結果，29条1項該当を理由に拒絶されることになる。

③ 30条が例外的取扱いを認めるのは新規性についてだけであり，その他の特許要件については適用されないため，特許出願Bは先願である特許出願Aの存在により拒絶される（39条1項）ことになりそうであるが，④ ②のとおり特許出願Aは拒絶されるため，初めからなかったものとみなされ（39条5項），特許出願Bは後願であることを理由に拒絶されることはない。ところが，⑤すでに特許出願Aは出願公開されており，拡大された先願の規定（29条の2）により，特許出願Aの明細書に記載された発明$\beta$と同一内容の発明$\alpha$に関する特許出願Bは，特許を受けることができないことになろう。

甲 ――――|――――――――――|――――|――――――|――――|

2024.1.15 学会発表 30条2項適用①
2024.5.30③（出願公開） 特許出願B
（審査）
拒絶査定 49条2号（29条の2）⑤

乙 ――――|―――――|――――――――|―――――|―――――|

発明α公知②
2024.3.20 特許出願A
2025.9.20 出願公開
（審査）
拒絶査定 49条2号（29条）④ 39条5項

（○数字は **Caseの考えかた**の①〜⑤に対応）

---

## 第6節　公序良俗

特許要件の第6は，**公序良俗**，公衆衛生に反しないことである（32条）。公序良俗違反である，といえるのは，その発明の本来の目的が公序に反しており，目的に沿って発明を用いると必然的に公序に反する場合に限られており，その適用はごくまれである。「ビンゴ」の競技装置によって金品を賭す不正手段の行われることがあったとしても，本来純然たる娯楽の用に供することを目的としたものであり，不正行為の用に供されることがありうるという理由で公序良俗に反する発明とすることはできないとされた事例がある[18]。

仮想例[19]として，「金塊密輸用ジャケット」という発明がもし特許出願されても，公序良俗に反するという理由で特許をとれないであろう。もっとも，「金塊密輸用ジャケット」に特許を与えないということにどういう意味があるのかというと，単に，このジャケットを独占販売する権利を与えない，というだけであり，特許法が，ジャケットの販売自体を取り締まるわけではない。

もし，このジャケットを着用して金塊を密輸すれば罰せられる。しかし，それは特許法に違反するからではなく，関税法にふれるからである。特許法ができるのは，社会的にのぞましくない発明について，あえて独占権を与えること

---

18　東京高判昭31・12・15行集7-12-3133［ビンゴ事件］（特許百選73）。

19　この事例は，特許庁「平成24年度知的財産権制度説明会（初心者向け）テキスト」第2章「産業財産権の概要」13頁による。

を控える，ということに尽きる。

## 第7節　開示要件

特許要件の第7は，明細書等の記載が**開示要件**を充たしていることである(36条)。

第1に，36条4項1号の**実施可能要件**がある。**発明の詳細な説明**は，当業者が実施可能な程度に記載されていなければならない。

仮に，発明を実施するための明確かつ十分な事項を開示することなく，独占権の付与を認める場合，発明を公開した代償として独占権が与えられるという特許制度の目的を実現できないことになる。そこで特許制度では，特許明細書の「発明の詳細な説明」に，上記事項を記載するよう求めたのである[20]。

第2に，36条6項1号の**サポート要件**がある。**特許請求の範囲**の記載が発明の詳細な説明に記載したものであること，いいかえると発明の詳細な説明によって特許請求の範囲がサポートされていることである。

仮に,「特許請求の範囲」の記載が,「発明の詳細な説明」に記載・開示された技術的事項の範囲を超えるような場合に，そのような広範な技術的範囲にまで独占権を付与することになれば，当該技術を公開した範囲で，公開の代償として独占権を付与するという特許制度の目的を逸脱するため，そのような特許請求の範囲の記載を許容しないものとしたものである。広すぎる独占権の付与を排除する趣旨で設けられたのがサポート要件である[21]。

第3に，36条6項2号の**明確性要件**がある。特許請求の範囲には，特許を受けようとする発明が明確に記載されている必要がある。仮に，特許請求の範囲に記載された発明が明確でない場合には，特許の付与された発明の技術的範囲が不明確となり，第三者に不測の不利益を及ぼすことがありうるので，そのような不都合な結果を防止する趣旨である[22]。

---

20　知財高判平22・1・28判時2073-105（特許百選71)。

21　同上。

22　知財高判平22・8・31判時2090-119［伸縮性トップシートを有する吸収性物品事件］(特許百選72)。

# 第2章　特許を受ける権利

## 第1節　特許を受ける権利

Case4

甲と乙は，共同して発明$\alpha$を完成した。その後，乙は，甲に無断で，発明$\alpha$について単独で本件特許出願を行い，本件特許を取得し，その後，本件特許権を丙に譲渡した。本件特許権を乙から譲り受ける際，丙は，甲が共同発明者であることを知らなかった。丙は，発明$\alpha$の実施品の販売を行っている。甲は，丙による右行為をやめさせることができるか。

産業上利用することができ，新規性，進歩性を充たす発明を完成した者（「発明者」と呼ぶ）には，**特許を受ける権利**が帰属する（29条1項柱書）。実務上は「出願権」と呼ばれる。特許を受ける権利は譲渡できる（33条1項）。特許を受ける権利の出願前の譲渡については，出願が対抗要件である（34条1項）。出願後の承継については，特許庁長官への届出が効力発生要件となる（同条4項）。

特許を受ける権利については，仮専用実施権（34条の2第1項），仮通常実施権（34条の3第1項）を設定することができる。

さらに，特許法に明文の規定はないが，「特許に関し条約に別段の定があるときは，その規定による」と規定する26条にもとづき，「発明者は，特許証に発明者として記載される権利を有する」と定めるパリ条約4条の3が適用されるため，発明者は，**発明者名誉権**を有する。特許公報に記載された発明者の氏名（66条3項3号）に不実記載がある場合，発明者は，出願が特許庁に係属中に限り，出願人に対して，発明者名誉権にもとづき出願書類の補正を請求できる[1]。

## 第2節　特許を受ける権利の共有

**共同発明**の場合，相続の場合，特許を受ける権利の持分権の譲渡があった場合，特許を受ける権利は共有される。共有の場合，共有者全員でなければ出願できない（38条）。特許を受ける権利は，他の共有者の同意を得なければ，その持分の譲渡はできない（33条3項）。仮専用実施権の設定，仮通常実施権の許諾についても同様である（同条4項）。特許を受ける権利の共有者にとって，誰が共有者であるのか，誰が実施者であるのか，は重要な事項であるため，特許権が共有に係る場合に課される制限（73条）と同様の制限を課す趣旨である。

## 第3節　冒認または共同出願違反に対する救済

特許を受ける権利を有しない者によって特許出願・特許取得がなされる場合（**冒認**）または特許を受ける権利の共有者の一部の者が他の共有者の同意を得ずに特許出願・特許取得をなす場合（**共同出願違反**），特許を受ける権利を有する者（真の権利者）には以下のような救済がある。

第1に，冒認または共同出願違反に該当する特許については，真の権利者は，無効審判を請求することができる（123条1項2号・6号，2項）。

第2に，真の権利者は，冒認または共同出願違反をした者に対し，特許を受ける権利[2]，発明者名誉権の侵害[3]による不法行為にもとづく損害賠償請求をすることができる。

第3に，真の権利者は，冒認または共同出願違反をした者を被告として，自らが特許を受ける権利またはその持分を有することの確認訴訟を提起し，その勝訴判決を特許庁長官に提出することにより，単独で，出願人名義変更を行うことができる。

第4に，特許が，特許を受ける権利を有しない者に対してされたとき（冒

---

1　大阪地判平14・5・23判時1825-116［希土類の回収方法事件］。
2　最判平5・2・16判時1456-150［自転車用幼児乗せ荷台事件］（特許百選91）。
3　大阪地判平22・2・18判時2078-148。

認）または共同出願違反の出願に対してされたとき，特許を受ける権利を有する者は，その特許権者に対して特許権の移転を請求できる（74条1項）。

冒認等を理由として特許が無効とされる場合，その効果が遡及すること（125条）とのバランス上，移転登録があったときは，その特許権は初めから当該登録を受けた者に帰属していたものとみなされる（74条2項）。

共同出願義務に違反した他の共有者が真の権利者に対して74条1項にもとづき持分を返還する場合については，特許権の共有者は他の共有者の同意がないとその持分を譲渡できない旨定める73条1項の適用はない（74条3項）。

なお，真の権利者が，冒認者から特許権を取り戻したうえで，さらに，（冒認者に遅れて）自ら出願を行い，同一の発明について重複特許権を取得することがないよう，冒認にも先願の地位が認められる。

冒認された特許権の善意の譲受人または実施権者については，冒認特許が無効とされた場合譲受人が当該特許発明の実施を継続することとのバランス，および特許権の公示の信頼保護のため，法定通常実施権が与えられ，保護される（79条の2）。なお，特許を受ける権利を譲り受ける契約が無効であったことを知らずに出願を行った者のような，善意の冒認者についても，善意の譲受人と同様に法定通常実施権の保護を受ける[4]。

## Caseの考えかた

Case4　共同発明者である甲と乙は発明$\alpha$について特許を受ける権利を共有しているところ，乙は甲に無断で単独で本件特許出願を行っており，共同出願違反にあたる（38条）。第1に，甲は，本件特許について，無効審判を提起することができる（123条1項2号・2項）が，無効審決が確定すると，本件特許は遡って無効となり（125条），発明$\alpha$については，何人も自由に実施可能となるため，丙の実施行為をやめさせることはできない。第2に，甲は，本件特許権を保有する丙に対し，特許権の移転を請求することができる（74条1項）。移転の結果，本件特許権は，初めから甲に帰属していたものとみなされる（同条2項）。ただし，移転登録の際，現に本件特許権を有しており，本件特許が38条に違反してされたことについて善意で，発明$\alpha$の実施の事業をしていた丙は，その実施している発明および事業の目的の範囲内において，本

4　産業構造審議会知的財産政策部会特許制度小委員会報告書「特許制度に関する法制的な課題について」62頁注20（2011年）。

件特許権について通常実施権を有しており（79条の2第1項），丙は実施行為を継続することが可能である。以上，結論的には，甲は，丙の行為をやめさせることはできない。

# 第3章 発明者・職務発明

## 第1節 発　明　者

冒認にもとづく取戻しの前提として，また，職務発明についての利益請求訴訟において，真の発明者が誰であるかが問題となる。

発明とは，自然法則を利用した技術的思想の創作のうち高度なものをいい（2条1項），産業上利用することができる発明をした者は，その発明について特許を受けることができると規定される（29条1項柱書）。また，発明は，その技術内容が，当該技術分野における通常の知識を有する者が反復実施して目的とする技術効果を挙げることができる程度にまで具体的・客観的なものとして構成されたときに，完成したと解すべきであるとされている[1]。

したがって，発明者とは，自然法則を利用した高度な技術的思想の創作に関与した者，すなわち，当該技術的思想を当業者が実施できる程度にまで具体的・客観的なものとして構成する創作活動に関与した者を指す。当該発明について，たとえば，管理者として，部下の研究者に対して一般的管理をした者，一般的な助言・指導を与えた者，補助者として研究者の指示に従い単にデータをとりまとめた者または実験を行った者，発明者に資金を提供したり設備利用の便宜を与えることにより発明の完成を援助した者または委託した者等は，発明者にはあたらない。発明者となるためには，1人の者がすべての過程に関与することが必要なわけではなく，共同で関与することでも足りるというべきであるが，複数の者が共同発明者となるためには，課題を解決するための着想およびその具体化の過程において，一体的・連続的な協力関係の下に，それぞれが重要な貢献をなすことを要する[2]。

発明者の認定については，発明の成立過程を着想の提供（課題の提供または課題解決の方向づけ）と着想の具体化の2段階に分け，①提供した着想が新しい場

1　最判昭52・10・13民集31-6-805（特許百選52）。
2　知財高判平20・5・29判時2018-146［ガラス多孔体事件］。

合には，着想（提供）者は発明者であり，②新着想を具体化した者は，その具体化が当業者にとって自明程度のことに属しない限り，共同発明者であるといわれてきた[3]。発明が機械的構成に属するような場合には，一般に，着想の段階で，これを具体化した結果を予測することが可能であり，前述の①により発明者を確定しうる場合も少なくないと思われる。しかし，発明が化学関連の分野に属するような場合には，一般に，着想を具体化した結果を事前に予想することは困難であり，着想がそのまま発明の成立に結びつき難いことから，前述の①をあてはめて発明者を確定することができる場合は，むしろ少ないとされる[4]。

## 第2節　職務発明

Case5

A社の従業員甲とB社の従業員乙は，A，B両社の共同研究開発に職務として従事し，発明$\alpha$を共同で開発した。A社の発明規程には，従業員がなした職務発明に関する特許を受ける権利はA社が取得する旨の規定が置かれていたが，B社には発明規程は存在しなかった。甲と乙がA社，B社に無断で発明$\alpha$について特許を取得した場合，A社，B社はどのような対応をとることができるか。

### ❶　職務発明

特許出願される発明の多くは，企業内で，その設備・資金を使用しつつ，職務上，従業員によって行われる（職務発明）。このような場合も，特許法上，発明者は，法人である当該企業ではなく，自然人である従業者，エンジニア等である[5]。そのような中，発明に対する企業等の貢献を考慮し，従業者等と企業

3　吉藤幸朔『特許法概説』188頁（有斐閣，1998年）。
4　東京地判平14・8・27判時1810-102［細粒核事件］。
5　36条1項1号において，特許出願人については「氏名又は名称」，同項2号で発明者については「氏名」のみが掲げられていることは，発明者については自然人が前提とされていることの表れである。

等の利益調整を図るのが35条である。

①従業者，法人の役員，国家公務員または地方公務員（「従業者等」）がした発明であって，②その性質上使用者，法人，国または地方公共団体（「使用者等」）の業務範囲に属し，③その発明をするに至った行為が使用者等における現在または過去の職務に関するものを職務発明という（35条1項）。このうち，③の**職務性**については，上司等から具体的な指示がなくても，一般に職務発明を完成した者の社内でのポジションからみて，通常，その技術開発を行うことが期待されているとみなされるような場合，しかも，会社がその発明完成に便宜を図っている場合には，肯定される傾向にある[6]。

## ❷ 職務発明についての従業者等と使用者等の権利関係

### (1) 使用者等が特許を受ける権利を取得し，従業者等はあらかじめ定められた相当の利益を受ける場合

職務発明については，使用者等は契約や勤務規則その他の定めによりあらかじめ特許を受ける権利を取得等する旨を定めることができる（35条2項反対解釈）。

使用者等があらかじめ特許を受ける権利を取得する旨を定めた場合には，特許を受ける権利はその発生の時から使用者等に帰属する（35条3項）。

一方，使用者等が特許を受ける権利を取得した場合には，従業者等は，相当の金銭その他の経済上の利益（「相当の利益」）を受ける権利を有する（35条4項）。

契約，勤務規則にあらかじめ相当の利益の内容が定められている場合には，相当の利益の内容を決定するための基準の策定に際して使用者等と従業者等との間で行われる協議の状況，策定された当該基準の開示の状況，相当の利益の内容の決定について行われる従業者等からの意見の聴取の状況等を考慮して，契約や勤務規則に定めたところにより相当の利益を与えることが不合理でない限り，使用者等は，契約や勤務規則に定められた利益を従業者等に与えれば足りる（35条5項反対解釈）。

---

6 最判昭43・12・13民集22-13-2972［石灰窒素の製造炉事件］（特許百選94）。

### ⑵　使用者等が特許を受ける権利を取得したが，従業者等が受けるべき利益があらかじめ定められていないかまたはその内容が不合理である場合

この場合，従業者等は，使用者等に対し，その発明により使用者等が受けるべき利益の額，その発明に関連して使用者等が行う負担，貢献および従業者等の処遇その他の事情を考慮して定まる相当の利益の法定請求権を有する（35条7項）。

相当の利益の算定のベースとなるのは，「使用者の利益額（独占の利益）」×「発明者の貢献度」である。独占の利益とは，使用者等が特許を受ける権利を取得したことにより初めて生ずる利益をさす。具体的には，使用者等が，特許権者として，①自己実施せず，第三者に実施許諾した場合に得られるライセンス料，②自己実施しており，特許権にもとづく他社に対する禁止権の効果として，他社に実施許諾していた場合に予想される売上高と比較してこれを上回る売上高（以下，売上げの差額を「超過売上げ」という）を得たことにもとづく利益（法定通常実施権による減額後のもの，「超過利益」）をいう（知財高判平21・2・26判時2053-74［キヤノン事件］）。

相当の利益の請求権の消滅時効期間は10年であり，勤務規則等に使用者等が従業者等に対して支払うべき利益の支払時期の定めがないときは，承継の時から起算される。勤務規則等に支払時期に関する条項がある場合には，その支払時期が相当の対価の支払を受ける権利の消滅時効の起算点となる[7]。

### ⑶　使用者等が特許を受ける権利を取得しない場合

この場合，特許を受ける権利は従業者等または従業者等から特許を受ける権利を譲り受けた第三者に帰属する。

使用者等は，従業者等が職務発明について特許を受けたとき，または職務発明について特許を受ける権利を承継した者がその発明について特許を受けたときは，その特許権について通常実施権を有する（35条1項）。法律上当然に発生する法定通常実施権であり，使用者等は職務発明を無償で実施することができる。従業者等が職務発明をなすにあたって，使用者等は開発費等のコストや

---

7　最判平15・4・22民集57-4-477［オリンパス事件］（特許百選98）。勤務規則等に支払時期が定められている場合，債権者である従業者等は相当利益請求権を行使できることを知っていることとなり，5年の消滅時効が適用される（民法166条1項1号）。

資本投下のリスクを負担している。このことに鑑み，使用者等が従業者等から職務発明についての特許を受ける権利を承継しないという選択を行い，従業者または従業者から特許を受ける権利を承継した者が特許を取得した場合にも，少なくとも使用者等が従業者等による特許権の行使を受けて職務発明の実施を禁止されることはないとの最低限の保障を与える趣旨である。

**★渉外事案への適用**

職務発明に関する特許法のルールは，国によって様々である。では，日本の会社の従業者が日本で行った発明について，日本だけでなく世界各国で特許権を取得した場合，この対価の算定は，各国の特許法上のルールを調べてそれに従って個別に行うべきか，それとも，元の発明は1つの行為なのだから，日本の特許法のルールで一本化すべきなのであろうか。

この点について，最高裁は，「各国の特許を受ける権利は，社会的事実としては，実質的に1個と評価される同一の発明から生ずるものである」として，日本の特許法のルールが，外国特許によって得られる対価についてもあてはまる（直接には適用されないが，同様の状況であるため類推適用される）との判断を下している[8]。

**Caseの考えかた**

Case5　A社の発明規程により，発明αの特許を受ける権利の持分はA社に帰属する。B社には同種の定めがないため，発明αの特許を受ける権利の持分は乙が有する。発明αは甲と乙の共同発明であり，発明αの特許を受ける権利はA社と乙の共有に属する。発明αについて，乙は共有者A社と共同で出願する義務があるにもかかわらず（38条），甲と乙が出願し，特許を取得したため，A社は，無効審判または特許の取戻しを請求できる。B社には請求権はない。

8　最判平18・10・17民集60-8-2853［日立製作所事件］（特許百選99）。

# 第4章 出願・審査

**Case6 補償金請求権の消滅時効の起算点はいつか？**

## 第1節 出　　願

特許を受けようとする者は，願書に明細書，特許請求の範囲，必要な図面，要約書を添付して特許庁長官に提出しなければならない（**特許出願**。36条）。

特許出願の内容は，出願の日から1年6ヶ月を経過すると「公開特許公報」に掲載され，公知となる（64条。**出願公開**）。

出願公開されると，発明の内容が一般に公表され，公衆の利益となるが，出願人にとっては他人に模倣される危険が高まる。そこで，出願人が出願公開された特許出願に係る発明の内容を記載した書面を提示して警告をした後，特許権の設定登録までの間に業としてその発明を実施した者に対して，その発明が特許されていたとした場合の実施料相当額の補償金の支払を請求できる**補償金請求権**が出願人に認められている（65条1項。悪意の実施者に対しては警告不要）。補償金請求権は，特許権の設定登録後でなければ行使することはできない（同条2項）。補償金請求権の消滅時効の起算点は，特許権設定登録の日である（同条6項による民法724条の準用）。

特許出願された発明が，特許として登録されるかどうかは，特許庁の審査官による実体審査で判断される。この実体審査はすべての特許出願に対して行われるのではなく，**審査請求**（48条の3）があった出願だけが対象となる。原則として，出願した日から3年以内に審査請求がなかったときは，その特許出願は取り下げられたものとみなされる（同条4項）。出願審査の請求は，特許出願人だけではなく何人も行うことができる（同条1項）。

なお，早期出願公開制度を利用すれば，出願人は特許出願の日から1年6ヶ月経過前であっても出願公開を請求することができる（64条の2）。

## 特許出願の審査・審判手続系統一覧表

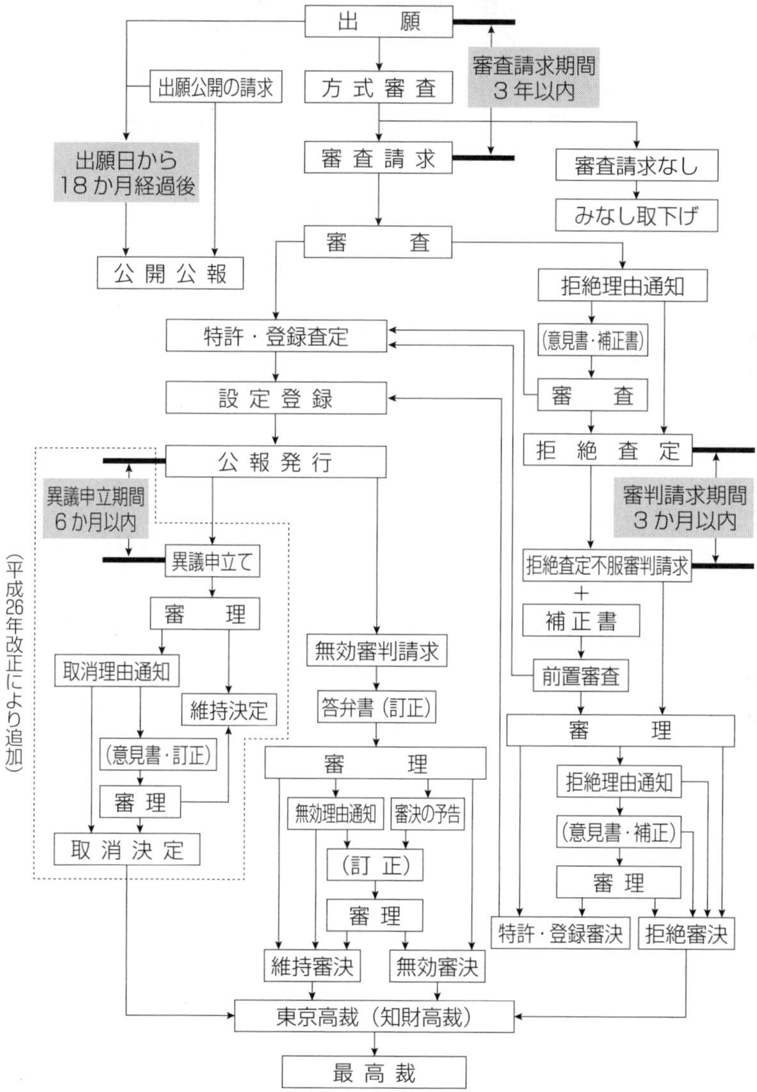


（『特許判例百選〔第5版〕』（2019年）より引用）

## 第2節　審　　査

特許庁の審査官は，出願された発明が特許を受けることができる発明の条件を充たしているか否か，すなわち，**拒絶理由**（49条）がないかどうか審査し，拒絶理由を発見しなかった場合には，審査段階での最終決定である**特許査定**（51条）を行う。特許料の納付があったときは特許権の設定登録が行われ，初めて特許権が発生する（66条）。新規性，進歩性の有無について審査をするにあたって，出願された発明を公知文献と比較する前提として，特許出願に係る発明の技術的事項（「発明の要旨」と呼ばれる）が認定される。特許請求の範囲の記載のみでは技術的意義が一義的に明らかでない場合等には，発明の詳細な説明の記載が考慮される（最判平3・3・8民集45-3-123［リパーゼ事件］（特許百選58））。

一方，審査官が拒絶理由を発見し，特許が認められないと判断した場合，まず，出願人に対して**拒絶理由の通知**（50条）を行い，拒絶理由通知書に示された従来技術と自分の発明との相違について**意見書の提出**や，あるいは特許請求の範囲や明細書等の**補正**（17条の2）を行う機会が与えられる。

補正においては，**新規事項の追加**は認められず（同条第3項），出願当初の明細書等に記載された範囲から逸脱してはならない。一方，最初の拒絶理由を回避するための補正をしても，補正後にさらに拒絶の理由があれば，再度拒絶理由の通知が発せられ，その拒絶理由通知が，補正によって変更された内容について改めて審査を行った結果通知されるものである場合，それを「最後の拒絶理由通知」という。最後の拒絶理由通知が発せられると，特許請求の範囲の補正は，請求項の削除，特許請求の範囲の減縮，誤記の訂正，明瞭でない記載の釈明に限定される（同条第5項）。

たとえば，特許請求の範囲が広すぎ，公知文献に記載された技術が含まれており，新規性が欠如している（49条2号・29条1項）との拒絶理由を受けた出願人が，当該公知技術を特許請求の範囲から削除すべく，特許請求の範囲を**減縮**（17条の2第5項2号）することがある。

なお，補償金請求権行使についての警告を行った後，特許請求の範囲が補正された場合であっても，その補正が特許請求の範囲を減縮するものである場合であって，第三者の実施している製品が補正の前後を通じて技術的範囲に含まれる場合には，第三者にとって不意打ちとならないため，再度の警告は要しない[1]。

意見書や手続補正書をみても，拒絶理由が解消されておらず，特許が認められないと審査官が判断したときには，**拒絶査定**（49条）がなされる。拒絶査定を受けた者が，これに不服があるときは，審判によってその是非を争うことができ，争わないときは拒絶査定が確定する。

**★国内優先権制度を利用した出願**

すでにされている特許出願（実用新案登録出願）を基礎として新たな特許出願をしようとする場合には，基礎とした特許出願の日から1年以内に限り（41条1項1号），その出願にもとづいて優先権を主張することができる（**国内優先権制度**）。この優先権を主張して新たな出願をした場合には，基礎とした特許出願は，その出願日から1年4ヶ月後に取り下げられたものとみなされるが（42条1項），新たな特許出願に係る発明のうち，先に出願されている発明については，当該先の出願の時にされたものとみなすという優先的な取扱いを受けることができる（41条2項）。元の出願を発展させ，権利を拡充することにより，戦略的な特許取得に有効である。

**★特許出願の分割**

2つ以上の発明を包含する特許出願の一部を，1または2以上の新たな特許出願とすることができる（**出願の分割**）。特許出願が単一性の要件（37条）を充たさない発明を含んでいる場合や，出願当初の特許請求の範囲には記載されていないものの，明細書の発明の詳細な説明や図面に記載されている発明が含まれている場合には，これらの発明に対してもできるだけ保護の途を開く観点から設けられた規定である。この新たな出願は，一部の規定の適用を除いて，もとの特許出願の時に出願されたものとみなされる（44条2項）。

1　最判昭63・7・19民集42-6-489（特許百選76）。

### ★特許出願の非公開制度

令和4年（2022年）に公布された「経済施策を一体的に講ずることによる安全保障の確保の推進に関する法律（令和4年法律第43号）」（経済安全保障推進法）によって，特許出願の非公開制度が新設された。同制度は，特許出願に係る明細書，特許請求の範囲または図面に，公にすることにより外部から行われる行為によって国家および国民の安全を損なう事態を生ずるおそれが大きい発明が記載されていた場合において，特許出願人としての先願の地位は確保しつつ，出願公開を留保するとともに，そのような発明に係る情報の流出を防止して，外部から行われる行為に利用されるのを未然に防ぐことを可能にするものである。

## Caseの考えかた

**Case6**　補償金請求権については民法724条が準用されており（65条6項），特許権の設定登録の日から3年をもって時効消滅する。

# 第5章 審判・異議・審決取消訴訟

## 第1節　審　　　判

Case7　甲は，乙が保有する特許権Aについて，出願時に公知文献Xに記載されていたことを理由として，無効審判を請求しようとしている。甲に請求人適格は認められるか。

Case8　甲は，乙が保有する特許権Aについて，丙が真の発明者であることを理由として，無効審判を請求しようとしている。甲に請求人適格は認められるか。

Case9　甲は，乙が保有する特許権Aについて，出願時に公知文献Xに記載されていたことを理由として無効審判を請求したところ，特許庁は甲の請求を棄却し，審決は確定した。丙は，独自に公知文献Xを調査し，改めて特許権Aについて，出願時に公知文献Xに記載されていたことを理由として無効審判を請求しようと検討している。丙に請求人適格は認められるか。

### ❶　拒絶査定不服審判

拒絶査定（49条）を受けた出願人は，その査定に不服のあるときは，特許庁長官を被請求人として，**拒絶査定不服審判**を提起できる（121条1項）。拒絶査定は行政処分であり，通常，行政処分に対して不服がある場合は行政事件訴訟法にもとづき裁判所に提訴できる（行政事件訴訟法3条2項にいう「処分の取消しの訴え」）ところ，特許処分については，一般の行政処分と異なり，常に専門的知識経験を有する特許庁の審判官による審判の手続を経る仕組みとなっている[1]。

1　最大判昭51・3・10民集30-2-79［メリヤス編機事件］（特許百選82）。

審判の審決に対してさらに不服がある場合は，東京高等裁判所を専属管轄（178条1項）とする審決取消訴訟を提起できる。審決取消訴訟は東京高等裁判所の特別支部である**知的財産高等裁判所**によって取り扱われる（知的財産高等裁判所設置法2条2号）。審決取消訴訟の判決に対してはさらに最高裁判所に上告できる。

拒絶査定不服審判は，裁判に類似した（準司法的な）手続で審理され，第1審に相当する。審判は3人または5人の**審判官**の合議体によって審理される（136条1項）。

拒絶査定不服審判において，審判請求人となる出願人は，審査官がした拒絶査定の判断に対して，拒絶査定は取り消すべきであること，および，出願は特許すべきものであることを主張する。これを受けて，審判合議体は，審査官がした拒絶査定が妥当であったか否かを審理し，「原査定は取り消すべきである」とする審判の請求に対して請求が成り立つか否か判断を行って，行政処分としての審決を行う。

審査においてした手続は，拒絶査定不服審判においてもそのまま効力を認められ（158条），拒絶査定不服審判は，審査の継続という実質を持っており，審判においては，職権証拠調べが認められ（150条1項），当事者または参加人が申し立てない理由についても審理可能である（153条）という点で，民事訴訟とは異なっている。

特許を受ける権利の共有者は全員が共同して審判を請求しなければならない（132条3項）。

## ❷　訂正審判

**訂正審判**は，特許権の登録後に，その権利に無効理由が存在していたり，誤記，記載が明瞭でない点が判明した場合に，明細書，特許請求の範囲または図面を特許権者自らが訂正するための審判である（126条）。請求項が2以上ある場合には，訂正審判を請求項ごとに請求することができる（同条3項）。

訂正審判は，特許無効審判が特許庁に係属中は請求することができない（同条2項）。たとえば，甲を特許権者とする特許Aの技術的範囲内に公知技術$\alpha$が含まれているとして乙が無効審判を提起したとしよう。この場合，甲としては，特許Aについて，公知技術$\alpha$を特許Aから除外すべく特許請求の範囲の減縮（同条1項1号）の訂正審判を提起することは許されず，上記無効審判手続内において，訂正の請求（134条の2）を行うことで対応する。

## ❸ 無効審判

特許法49条によって法律上拒絶すべきとされている発明に対して特許が与えられることがある。この場合，本来誰もがその発明を実施できるにもかかわらず，それを妨害することになり，産業の発展を妨げるなどの弊害を生む。このような場合，その特許を遡及的に無効とするため，無効審判の制度が設けられている（123条）。

特許無効審判は，利害関係を有する者に限り請求できるのが原則であるが，冒認，共同出願違反の場合は，真の権利者のみが請求できる（123条2項）。

利害関係人の例としては，「実際に特許権侵害で訴えられている者」「類似の特許を有する者」「特許発明と同種の製品を製造する者」が挙げられる[2]。

拒絶査定不服審判，訂正審判の被請求人が特許庁長官であるのに対して，無効審判の被請求人は特許権者である。このため，拒絶査定不服審判を「**査定系審判**」，無効審判を「**当事者系審判**」と呼ぶことがある。

無効審判請求は，特許権消滅後においても可能である（123条3項）。訴えの利益が消滅したというためには，特許権の存続期間が満了し，かつ，特許権の存続期間中にされた行為について，原告に対し，損害賠償または不当利得返還の請求が行われたり，刑事罰が科されたりする可能性が全くなくなったと認められる特段の事情が存することが必要である[3]。共有に係る特許権について無効審判を請求するときは，共有者の全員を被請求人としなければならない（132条2項）。無効審判請求は，請求項ごとに行うことができる（123条1項本文）。

無効審判請求認容審決が確定すると，原則として特許は遡及的に無効とされる（125条・例外として123条1項7号）。一方，無効審判請求を棄却する審決が

2　特許庁『平成26年特許法等の一部改正 産業財産権法の解説』121頁（発明推進協会，2014年）。
3　知財高判平30・4・13判時2427-91［ピリミジン誘導体事件］（特許百選81）。

確定すると，当事者および参加人は，同一の事実および同一の証拠にもとづいて再度無効審判を請求することはできない（167条）。

**Caseの考えかた**

Case7　無効審判は，冒認，共同出願違反の場合を除き，利害関係人に限り請求することができる（123条2項）。甲が特許権Aについて無効を主張する理由は新規性欠如（同条1項2号）であるため，甲が，たとえば，乙から特許権Aにの侵害について訴えられているといった利害関係を有する場合は，無効審判を請求できる。

Case8　甲の主張する無効理由は冒認（123条1項6号）であり，請求人適格は当該特許について特許を受ける権利を有する者にのみ付与される（同条2項）。第三者による無効審判提起によって真の権利者による特許権取戻しが阻害されないようにする趣旨である。本件では，請求人適格は丙にのみ認められ，甲の請求は不適法却下される。

Case9　丙による公知文献X記載を理由とする請求は，甲による請求と同一の事実および証拠にもとづくものであり，甲自身によって再度提起されることは許されないが（167条），丙による請求は認められる。

## 第2節　特 許 異 議

何人も，特許掲載公報の発行の日から6ヶ月以内に限り，特許庁長官に対し，特許異議の申立てをすることができる（113条）。

特許異議は，いったん成立した権利を遡及的に消滅させる手続である点で無効審判制度と共通するが，無効審判については利害関係人にのみ請求が認められるのに対し，特許異議は全くの第三者でも申立てが可能であり，より公のための特許処分の見直しという色彩が強い。

異議理由は無効理由と共通するものが多いが，冒認，共同出願違反については異議理由となっていない。

# 第 3 節　審決取消訴訟

**Case10**　甲と乙は共同でなした発明 α について特許出願 A を行ったところ，拒絶査定を受け，審判請求も棄却された。甲のみが単独で知財高裁に審決取消訴訟を提起できるか。

**Case11**　甲と乙が共同でなした発明 α について特許権 A を保有しているところ，丙により無効審判が提起され，認容されたため，知財高裁に甲のみが単独で審決取消訴訟を提起できるか。

**Case12**　甲が保有する特許権 A について，乙は，出願時に公知文献 X に記載されていることを理由として無効審判を請求し，請求は棄却された。乙は，知財高裁における審決取消訴訟において，公知文献 Y 記載を新たに無効事由として主張することが可能か。

**Case13**　甲が保有する特許権 A について，乙が，出願時公知文献 X から容易推考できたものであること（進歩性欠如）を理由として無効審判を請求した。審判請求は棄却されたが，知財高裁における審決取消訴訟において，乙の主張は容れられ，特許庁の審決が取り消された。差戻後の再度の審判において，審判官が，特許権 A について，文献 X から容易に推考できないと判断することは許されるか。

## ❶ 当事者

審決は行政処分の一種であるので，通常の行政処分に対する取消訴訟と同様に，審決に不服を有する者はその取消しを求めて**審決取消訴訟**を提起できる。

審決取消訴訟の原告は，当事者，参加人または当該特許異議の申立てについての審理，審判もしくは再審に参加を申請して拒否された者であり（178 条 2 項），被告は，特許庁長官であるが（179 条本文），無効審判に対するものについては，審判の請求人または被請求人である（同条但書）。共有に係る特許権について無効審判を請求するときは，共有者の全員を被請求人としなければならず

(132条2項)，また，特許を受ける権利の共有者がその共有に係る権利について拒絶査定不服審判を請求するときは，共有者の全員が共同して請求しなければならない（同条3項)。

これに対して，共有に係る特許権に対する無効審判についての審決取消訴訟，特許を受ける権利が共有されている場合の拒絶査定不服審判についての審決取消訴訟については，特許法上明文を欠いており，解釈の余地がある。

最判平7・3・7民集49-3-944（特許百選84）は，実用新案を受ける権利の共有者が，その共有に係る権利を目的とする拒絶査定不服審判を提起し，審判不成立の審決に対して提起する審決取消訴訟は，共有者が全員で提起することを要するいわゆる固有必要的共同訴訟にあたるとしている。本訴訟における審決の違法性の有無の判断は，共有者全員の有する1個の権利の成否を決めるものであって，同審決を取り消すかは共有者全員につき合一に確定する必要があるから，というのがその理由である。この判決は，特許を受ける権利が共有に係る場合の拒絶査定不服審決取消訴訟についても同様に及ぶと考えられる。

一方，最判平14・2・22民集56-2-348（特許百選83）は，共有に係る商標権についてなされた無効審決に対する審決取消訴訟の提起は，商標権の消滅を防ぐ保存行為にあたるから，商標権の共有者の1人が単独でもすることができるとした。理由としては，①単独による請求を認めないと権利が遡及的に消滅してしまい不当な結果となること，②行政事件訴訟法32条により，請求認容（無効取消）の判決の効力は出訴しなかった他の共有者にも及ぶこと，③請求棄却された場合も，他の共有者はどのみち出訴期間が経過しており出訴できない（特許権の場合178条3項）ので無効審決が確定し，②③いずれにしても合一確定の要請との関係では，単独出訴を認めても許されること等があげられている。また，同判決の調査官解説によると，査定系の訴えは，権利の取得を目指す能動的な場面であるのに対し，当事者系の訴えは，受動的な立場であって降りかかった火の粉を払い落とさなければ，権利が消滅してしまうという場面であり，利益状況が異なるとも説明されている[4]。

4　高部眞規子・最判解民事篇平成14年度（上）204頁。

## ❷ 審理の対象

最大判昭51・3・10民集30-2-79［メリヤス編機事件］（特許百選82）は，**審決取消訴訟の審理対象**となるのは，「専ら審判手続において現実に争われ，かつ，審理判断された特定の無効原因に関するもののみ」であるとしている。同判決によると，たとえば，「公知文献Aに記載されているため新規性を欠く」という無効原因（理由，主張）と，「公知文献Bに記載されているため新規性を欠く」という無効原因はそれぞれ別個ということになる。ただし，審判段階で審理判断された公知技術Aの意味を理解するために，審判段階では審理判断されていない公知文献Cを審決取消訴訟段階で提出することは許されている[5]。

## ❸ 取消判決の効力

審決取消訴訟の請求に理由があると裁判所が認めるときは，審決は取り消され（181条1項），特許庁に再係属することになる。取消判決は形成判決であり，特許付与の給付判決ではないため，審判官は，取り消された前審決がなかった状態に戻って，再係属の無効審判について更に審理を行うことになる（181条2項）。

たとえば，特許庁の無効審判手続について，「本件特許は出願時公知文献Aに記載された発明と同一であり新規性を有しない」という理由で無効審決がなされ，この審決（「前審決」という）が審決取消訴訟において取り消された場合を考えよう。取消判決の主文は「特許庁が無効20××－▽□○号事件について平成2×年☆月○日にした審決を取り消す」，その理由は，「本件特許の出願時に公知文献Aに記載された発明と同一であるとは認められない」というものであったとする。

取消判決を受けて，再度特許庁の審判が行われる。その際，取消判決の既判力は判決主文に及び理由中の判断には及ばないため，仮に，差戻後の特許庁の審判官が，前審決と同じ理由（公知文献Aに記載された発明と同一であり新規性を有しない）によって前審決と同内容の審決を下しても既判力には抵触しない。

5　最判昭55・1・24民集34-1-80。

しかしながらこの結果は審決取消訴訟の制度を無意味なものとすることになるため，行政事件訴訟法33条1項によって取消判決の特別な効力として**拘束力**が認められており，差戻後の審判は，取消判決で示された結論（判決主文）だけでなくその結論を導き出すのに必要な事実認定および法律判断として判決理由中に記載された事項とに従って行われる。具体的には，上記の例では，差戻後の審判において，特許庁は，再度，本件特許は出願時公知文献Aに記載された発明と同一である，との判断を行うことは許されない。

## Caseの考えかた

**Case10** 前掲最判平7・3・7によれば，甲の訴えは却下を免れない。学説上は，保存行為等として肯定する説もある。

**Case11** 前掲最判平14・2・22によれば，認められる。甲の出訴は受動的であって，「降りかかった火の粉を払い落とさないと権利が消滅してしまう」からである。

**Case12** 前掲［メリヤス編機事件］によれば，許されない。

**Case13** 知財高裁の判決の理由中，「特許権Aは，出願時公知文献Xから容易推考できたものである」という部分は再度の審判の審判官を拘束するため，許されない。

# 第6章 特許権の効力

## 第1節 特許権の効力

**Case14** 「物質αの製造工程で発生する物質βの量の測定法」に関する特許権Aの効力は，物質αの製造販売にも及ぶか。

特許権者は，業として特許発明の実施をする権利を専有する（68条）。特許権者の専用権に関する規定である。「業として」とは，個人的・家庭的な実施を除外する趣旨である。

実施の定義は2条3項にあり，物の発明については，その物の生産，使用，譲渡等，輸出もしくは輸入または譲渡等の申出（同項1号），方法の発明については，その方法の使用（同項2号），物を生産する方法の発明については，当該方法の使用のほか，その方法により生産した物の使用，譲渡等，輸出もしくは輸入または譲渡等の申出をする行為（同項3号），をそれぞれいう。

このように，特許法は，「物」「方法」「物の生産方法」の3つのカテゴリを認めている。たとえば，新規化合物Aに関する発明について特許を取得する場合，当該化合物Aについて「物の発明」，当該化合物Aの生産方法を「物の生産方法の発明」，そして，Aの生産の過程で用いられる検知方法について「方法の発明」としてそれぞれ権利化することが考えられる。

いずれのカテゴリの発明に関する特許であるかは，特許請求の範囲の記載にもとづいて判定される[1]。たとえば，前述の例では，特許請求の範囲の末尾の文言が，「化合物A」とあれば「物の発明」，「化合物Aの生産方法」とあれば「物の生産方法の発明」，そして「検知方法」とあれば「方法の発明」というように判別される。

1　最判平11・7・16民集53-6-957［生理活性物質測定法事件］（特許百選1・2）。

なお，101条3号は，物の発明についてその物を業としての譲渡等または輸出のために所持する行為，そして，同条6号は物を生産する方法の発明についてその方法により生産した物を業としての譲渡等または輸出のために所持する行為について，特許権侵害とみなしている。これらの行為に対しては，特許発明の専用権には入らないが，排他権のみ行使できる。具体的には，特許権者は，特許製品を輸出目的で所持することについて特許法上の専用権は有しないため，所持行為について自ら独占したり，第三者にライセンスすることはできないが，無断所持行為については，差止請求（100条）をなすことができる。

特許権者は，その特許発明がその特許出願の日前の出願に係る他人の特許発明を利用するものであるときは，業としてその特許発明の実施をすることができない（利用発明。72条）。後願特許発明等を実施しようとする特許権者・専用実施権者は，先願特許権者に対し，実施許諾について協議を求めることができ，その許諾を受けることができないときは，特許庁長官の裁定を求めることができる（92条）。後願特許が72条に該当するときとは，先願特許発明の実施をしなければ自己の特許発明の実施をすることができないときをいう（いわゆる実施不可避説）[2]。

## Caseの考えかた

**Case14**　特許権Aは方法の発明に関するものであり，その効力は，方法の使用にのみ及び（2条3項2号），生産物である物質$\alpha$の製造には及ばない。

### ★ネットワーク型システムに関する物の発明における「生産」と属地主義

サーバとネットワークを介して接続された複数の端末装置から構成されるシステム全体について，物の発明として特許が成立する場合がある。このような，ネットワーク型システムに関する物の発明において，「生産」（2条3項1号）とは，単独では当該発明のすべての構成要件を充足しない複数の要素が，ネットワークを介して接続することによって互いに有機的な関係を持ち，全体として当該発明のすべての構成要件を充足する機能を有するようになることによっ

2　工業所有権審議会「裁定制度の運用要領」（1975年）。

て，当該システムを新たに作り出す行為をいう（知財高判令5・5・26判例集未登載［コメント配信システム事件］）。

日本の特許権の効力は日本の領域内においてのみ認められる。この原則を属地主義という（最判平14・9・26民集56-7-1551［カードリーダー事件］（特許百選48））。属地主義を厳格に適用すると，2条3項1号の「生産」に該当するためには，特許発明のすべての構成要件を満たす物が，日本国内において新たに作り出されることが必要とされ，システムの一部の端末装置が国外にある場合については「生産」にあたらないことになる（前掲［コメント配信システム事件］の原審である東京地判令4・3・24判例集未登載はこのように解している）。

一方，前掲［コメント配信システム事件］は，ネットワーク型システムの発明について，属地主義の原則を厳格に解釈し，当該システムを構成する要素の一部であるサーバが国外に存在することを理由に，一律に我が国の特許法2条3項の「実施」に該当しないと解することは，サーバを国外に設置さえすれば特許を容易に回避しうることとなり，当該システムの発明に係る特許権について十分な保護を図ることができないこととなって，妥当ではない等と指摘する。そのうえで，当該システムを構成する要素の一部であるサーバが国外に存在する場合であっても，当該行為の具体的態様，当該システムを構成する各要素のうち国内に存在するものが当該発明において果たす機能・役割，当該システムの利用によって当該発明の効果が得られる場所，その利用が当該発明の特許権者の経済的利益に与える影響等を総合考慮し，当該行為が我が国の領域内で行われたものとみることができるときは，2条3項1号の「生産」に該当すると解するのが相当である，とした。

## 第2節　特許権の効力の制限

**Case15**　甲は，プリンター用インクタンクαについて，特許権Aを保有している。甲は，αを乙に販売し，乙は丙に転売した。甲は，丙に対して，αの使用，第三者への譲渡の差止めを請求することができるか。

Case16　Case15において，丙が，乙が使い終わったインクタンクαを乙から入手して，インクタンクの上部に穴を開け，インクを詰め替え，穴を再び埋め，リサイクル品として販売しようとしていた場合はどうか。特許権Aの構成要件の1つとして，「インクタンク内にインクが一定以上充填されていること」と記載されていたとする。

Case17　先発医薬品メーカー甲は医薬品αについて特許権Aを保有している。後発医薬品メーカー乙は，特許権Aの存続期間が満了する前に，医薬品医療機器法上の医薬製造承認申請を行うために必要な限度で，医薬品αを製造したい（承認前なので，社外発売は行わない）。甲は，乙に対して，特許権Aにもとづき，上記の製造行為の差止めを請求することが可能か。

Case18　甲は，「プリンター用インクタンク内に一定量のインクが充填されていること」を構成要件の1つとする発明αについて，日本と中国でそれぞれ特許権を保有しており，中国において，甲が有する日本特許権の技術的範囲に属する甲インクタンクを製造，販売した。甲インクタンクを販売する際，甲は，販売先乙との間で，甲インクタンクの転売先は中国国内に限定されることを合意したが，甲インクタンクの側面に明確に中国国内限定である旨刻印していなかった。乙から甲インクタンクを購入した丙の使用によって使用済みとなった空のインクタンクを，丁が入手し，その後丁がそのインクタンクの上部に穴を開けてインクを再充填したリサイクル品が，戊によって日本に輸入，販売されている。甲は，日本特許権にもとづき，同リサイクル品の輸入，販売を差し止めることは可能か。

Case19　甲は，自動車用タイヤホイールについて，特許権Aを保有している。甲は，ドイツ国内において，特許権Aの実施品であるタイヤホイールαを乙に譲渡したが，その際，甲と乙との間で，αを日本に輸出しないこと，αに「本製品の日本への輸出を禁止する」旨のラベルを貼付することを合意した。乙は丙にαを譲渡し，丁は丙からαを購入し，日本国内に輸入，販売している。以上の状況のもと，①乙が合意に反して明確な表示を行わずに特許製品を譲渡した場合，②乙は製品αに

「本製品は日本への輸出禁止する」旨の明確な表示を付して丙に譲渡したが，丙が同ラベルをはがしたうえで丁に譲渡したという場合，丁の行為はそれぞれ甲の特許権を侵害するか。

Case20　甲は，機械αに関する特許権Aを保有している。甲は，機械αの専用部品である部品βを乙に販売した。乙から部品βを購入した丙は，βを用いて機械αを製造した。乙，丙の行為は特許権Aを侵害するか。

## ❶ 消　　尽

### (1) 消尽の抗弁

物の発明，物の生産方法の発明の効力は，その物の使用，譲渡に及ぶ。たとえば，PCプリンター用インクタンクに関する物の発明またはその生産方法の発明に関する特許権について，当該特許の技術的範囲に含まれる製品（「特許製品」という）であるPCプリンター用インクタンクを業として使用，譲渡することはその効力範囲に含まれる。

特許法2条3項1号・3号はとくに限定なく「使用，譲渡等」と規定しており，文言上は，特許権者が有する特許製品の使用，譲渡等についての権利は，最初の譲渡だけでなく，その特許製品の転用，転売行為についても含むように読める。しかしながら，判例は[3]，特許権者または実施権者によって譲渡された特許製品の転用，転売行為については，特許権はその目的を達成したものとして効力は及ばないとしている（「消尽（しょうじん）」という）。消尽は，判例上認められた特許権の制限ということができる。

もし，特許製品について譲渡を行う都度特許権者の許諾を要するとすると，①市場における特許製品の円滑な流通が妨げられ，かえって特許権者自身の利益を害し，ひいては特許法1条所定の特許法の目的にも反することになる。一方，②特許権者は，特許発明の公開の代償を確保する機会がすでに保障されているものということができ，特許権者等から譲渡された特許製品について，特

3　最判平19・11・8民集61-8-2989［インクタンク事件］（特許百選22）。

許権者がその流通過程において二重に利得を認める必要性は存在しない（二重利得の禁止）というのが理由である。

消尽は，特許権の専用権を制限する判例法理であるが，特許権侵害訴訟においては，被告の抗弁事由となる。原告である特許権者が被告に対して特許品の使用，譲渡の差止請求を行う場合，請求原因として，原告が特許権を有すること，および被告が特許製品を使用・譲渡していることを主張立証する。これに対して，被告は，抗弁として，当該特許製品が特許権者によって適法に譲渡されたものであるとの事実を主張立証することになる。

### (2)　特許製品につき加工や部材の交換がなされた場合

消尽が成立するのは特許権者が譲渡した特許製品そのものに限られる。特許権者等が我が国において譲渡した特許製品につき加工や部材の交換がされ，それにより当該特許製品と同一性を欠く特許製品が新たに製造されたものと認められるときは，特許権者は，その特許製品について，特許権を行使することが許される。

消尽の成立の根拠は①特許製品の円滑な流通および②二重利得の禁止にあるところ，この根拠は，特許権者等が譲渡した特許製品そのものについてのみ妥当し，当該特許製品がいったん効用を終えるなどして加工，部材の交換を経て新たな特許製品として製造され，「復活」した場合は，当該新製造特許製品の使用，譲渡に関する特許権者の利得は最初に譲渡された特許製品に対する利得とは別途認められるべきであろう。

特許製品の新たな製造にあたるかどうかについては，当該**特許製品の属性，特許発明の内容，加工および部材の交換の態様**のほか，**取引の実情**等も総合考慮して判断するのが相当である。当該特許製品の属性としては，製品の機能，構造および材質，用途，耐用期間，使用態様が考慮の対象とされる。加工および部材の交換の態様としては，加工等がされた際の当該特許製品の状態，加工の内容および程度，交換された部材の耐用期間，当該部材の特許製品中における技術的機能および経済的価値が考慮の対象とされる[4]。

---

4　前掲注3。なお，「新たに製造」の再抗弁は，特許製品の使用，譲渡行為に関するものであり，特許製品の「生産」とは関係がない。中吉徹郎・最判解民事篇平成19年度（下）789頁。

原告特許権者が被告に対して特許品の使用，譲渡の差止請求を行う場合，請求原因として，原告が特許権を有すること，および，被告が特許製品を使用・譲渡していることを主張立証する。これに対して，被告は，抗弁として，当該特許製品が特許権者によって適法に譲渡されたものであるという事実を主張立証することになる。被告の抗弁に対抗して，特許権者の側は，特許権者または実施権者が譲渡した特許製品について加工，部材の交換がなされ，「新たに製造」されたことを再抗弁として主張する。

前掲注3［インクタンク事件］は，使用済みプリンター用インクタンクにインクを充塡したリサイクル品の使用，譲渡が特許権侵害にあたるかが問題となった事例である。被告は消尽の成立を主張したところ，裁判所は，①本件使用済みインクタンクにインクを再充塡した場合，プリンター本体の故障を生ずるおそれがあり，使いきりを想定していること，再充塡のためにはタンクに穴を開ける必要があること，費消されたインクを再充塡する際，洗浄することにより，タンクの機能が回復すること（「特許製品の属性」に係る事情），②加工により，本件発明の本質的部分に係る構成を再充足させ，開封前のインク漏れ防止という作用効果を新たに発揮すること（「特許発明の内容」に係る事情）等を考慮して被告の行為は特許製品を「新たに製造」する行為にあたるとして，再抗弁の成立を認め，原告の請求を認容している。

### (3)　特許製品の部材が譲渡された場合

特許権者または専用実施権者が，我が国において，特許製品の生産にのみ用いる物（第三者が生産し譲渡する等すれば101条1号に該当することとなるもの。以下「1号製品」）を譲渡した場合には，当該1号製品について特許権はその目的を達成したものとして消尽し，もはや特許権の効力は，当該1号製品の使用，譲渡等には及ばず，特許権者は，当該1号製品がそのままの形態を維持する限りにおいては，当該1号製品について特許権を行使することは許されない。しかし，その後，第三者が当該1号製品を用いて特許製品を生産した場合においては，特許発明の技術的範囲に属しない物を用いて新たに特許発明の技術的範囲に属する物が作出されていることから，当該生産行為や，特許製品の使用，譲渡等の行為について，特許権の行使が制限されるものではない。

なお，このような場合であっても，特許権者において，当該1号製品を用いて特許製品の生産が行われることを黙示的に承諾していると認められる場合には，特許権の効力は，当該1号製品を用いた特許製品の生産や，生産された特許製品の使用，譲渡等には及ばない。同様の理は，我が国の特許権者（関連会社などこれと同視するべき者を含む）が国外において1号製品を譲渡した場合についても，同様にあてはまる。黙示に承諾をしたと認められるか否かの判断は，特許権者について検討されるべきものではあるが，1号製品を譲渡した通常実施権者が，特許権者から，その後の第三者による1号製品を用いた特許製品の生産を承諾する権限まで付与されていたような場合には，黙示に承諾をしたと認められるか否かの判断は，別途，通常実施権者についても検討することが必要となる[5]。

特許権侵害訴訟において，被告は，特許権者または専用実施権者が1号製品を譲渡した事実を抗弁として主張できる。これに対し，原告特許権者は，再抗弁として，被告は1号製品を用いて新たに特許発明の技術的範囲に属する物を生産しているとの事実を主張できる。被告は，再再抗弁として，特許権者において，当該1号製品を用いて特許製品の生産が行われることを黙示的に承諾しているとの事実を主張できる。

### ⑷　並行輸入の抗弁

国外で適法譲渡された特許製品を我が国に輸入，譲渡する行為は，一定の要件を充たせば，我が国特許権者の同意なく行うことができる（**並行輸入**の抗弁）。すなわち，我が国の特許権者が国外において特許製品を譲渡した場合については，特許権者は，①譲受人に対しては，当該製品について販売先ないし使用地域から我が国を除外する旨を譲受人との間で合意した場合を除き，②譲受人から特許製品を譲り受けた第三者およびその後の転得者に対しては，譲受人との間で右の旨を合意したうえ特許製品にこれを明確に表示した場合を除いて，当該製品について我が国において特許権を行使することは許されない[6]。

⑴で述べたのは日本国内での特許品の譲渡について適用される消尽の抗弁であるが，前掲注6［BBS並行輸入事件］によると，特許製品が国外で譲渡さ

---

5　知財高判平26・5・16判時2224-146［アップル対サムスン（損害賠償請求）事件］（特許百選30②）。

6　最判平9・7・1民集51-6-2299［BBS並行輸入事件］（特許百選26）。

れた場合について，国内同様に消尽を適用することはできない。その理由は，同判決によると，「特許権者は，特許製品を譲渡した地の所在する国において，必ずしも我が国において有する特許権と同一の発明についての特許権（以下「対応特許権」という。）を有するとは限らないし，対応特許権を有する場合であっても，我が国において有する特許権と譲渡地の所在する国において有する対応特許権とは別個の権利であることに照らせば，特許権者が対応特許権に係る製品につき我が国において特許権に基づく権利を行使したとしても，これをもって直ちに二重の利得を得たものということはできないからである」。消尽の2つの根拠のうち，二重利得の禁止は，国外での譲渡の場合についてはあてはまらないという趣旨である。

では，消尽のもう1つの根拠である，特許製品の円滑な流通はどうか。最高裁は，次のように述べる。

> 「国際取引における商品の流通と特許権者の権利との調整について考慮するに，現代社会において国際経済取引が極めて広範囲，かつ，高度に進展しつつある状況に照らせば，我が国の取引者が，国外で販売された製品を我が国に輸入して市場における流通に置く場合においても，輸入を含めた商品の流通の自由は最大限尊重することが要請されているものというべきである。そして，国外での経済取引においても，一般に，譲渡人は目的物について有するすべての権利を譲受人に移転し，譲受人は譲渡人が有していたすべての権利を取得することを前提として，取引行為が行われるものということができるところ，前記のような現代社会における国際取引の状況に照らせば，特許権者が国外において特許製品を譲渡した場合においても，譲受人又は譲受人から特許製品を譲り受けた第三者が，業としてこれを我が国に輸入し，我が国において，業として，これを使用し，又はこれを更に他者に譲渡することは，当然に予想されるところである。
>
> （中略）すなわち，⑴さきに説示したとおり，特許製品を国外において譲渡した場合に，その後に当該製品が我が国に輸入されることが当然に予想されることに照らせば，特許権者が留保を付さないまま特許製品を国外において譲渡した場合には，譲受人及びその後の転得者に対して，我が国において譲渡人の有する特許権の制限を受けないで当該製品を支配する権利を黙示的に授与したものと解すべきである。⑵他方，特許権者の権利に目を向けるときは，特許権者が国外での特許製品の譲渡に当たって我が国における特許権行使の権利を留保することは許されるというべきであり，特許権者が，右譲渡の際に，譲受人との間で特許製品の販売先ないし使用地域から我が国を除外する旨を合意し，製品にこれを明確に表示した場合には，転得者もまた，製品の流通過程において他人が介在しているとしても，当該製品につ

> きその旨の制限が付されていることを認識し得るものであって，右制限の存在を前提として当該製品を購入するかどうかを自由な意思により決定することができる。そして，⑶子会社又は関連会社等で特許権者と同視し得る者により国外において特許製品が譲渡された場合も，特許権者自身が特許製品を譲渡した場合と同様に解すべきであり，また，⑷特許製品の譲受人の自由な流通への信頼を保護すべきことは，特許製品が最初に譲渡された地において特許権者が対応特許権を有するかどうかにより異なるものではない」。

国際取引においても，国内と同様，商品の流通の自由は最大限尊重されるべきであるとされるが，国外での譲渡の場合は，消尽の根拠のうち1つだけがあてはまるため，国内とは異なり，特許権者による権利行使の余地を認めるというのが最高裁判決の趣旨である。

## ❷ 試験研究等

### ⑴ 試験研究

特許権の効力は，試験または研究のためにする特許発明の実施には及ばない(69条1項)。

特許法の目的は技術を公開し，当業者による改良技術の開発を促進することにある。特許によって公開された技術が新規性・進歩性等の特許要件を充足したものであるかを当業者が調査し（特許調査），特許発明を前提にこれを改良・発展させるために特許発明を実施する行為についても特許権者の同意が必要であると，これらの行為が妨げられ，特許法の目的を実現できないおそれがあるため設けられた規定である。

ただし，これらの目的で生産等した特許製品を業として譲渡等すれば，特許権の侵害になる。69条1項が対象にしているのは，あくまで，試験または研究目的での実施行為そのものに限られる。

最判平11・4・16民集53-4-627［膵臓疾患治療剤事件］（特許百選21）は，後発（ジェネリック）医薬品メーカーが，先発医薬品に関する特許権の存続期間満了後すみやかに先発品と同成分の医薬品を発売すべく，先発医薬品の特許期間存続期間中に医薬品医療機器法所定の厚労省の承認申請を行うため，承認申請の添付資料として先発医薬品の特許発明の技術的範囲に含まれる医薬品を生産する行為について，特許法69条1項に該当し，先発医薬品の特許権者の同意は要しないとした。

医薬品を製造，販売するためには，厚労省所管の医薬品医療機器法にもとづく製造承認を得る必要がある。先発医薬品に比べて簡易な手続となっているが，後発医薬品についても製造承認は必要である。そして，製造承認を得るためには，後発品が先発品と同成分である旨の添付資料を付す必要があり，このため，先発品と同成分の薬品を生産，すなわち先発品の特許発明の実施行為を後発医薬品メーカーは行う必要がある。

後発医薬品メーカーとしては，先発医薬品の特許切れ後なるべく早く市場に参入するため，先発医薬品の特許権の存続期間中に，後発医薬品としての製造承認申請を行って備えておきたい。本件で問題となったのはこのような申請の添付資料としての生産行為である。

もし仮にこのような生産行為についても先発医薬品特許権者の同意が必要となるとすれば，後発医薬品メーカーは，先発医薬品の特許期間満了を待って初めて添付資料用の生産行為を行うことが可能となり，その結果，製造承認が下りるのは，先発医薬品の特許切れからしばらく後ということになる。最高裁によると，「特許権の存続期間が終了した後は，何人でも自由にその発明を利用することができ，それによって社会一般が広く益されるようにすることが，特許制度の根幹の一つ」であるところ，本件において69条1項の適用外とすると，「特許権の存続期間を相当期間延長するのと同様の結果とな」り妥当でない。

なお，本件における後発医薬品メーカーによる生産行為は，先発医薬品特許発明を改良する目的でなされるものではなく，69条1項の趣旨から外れるのではないかという疑問が生じよう。

最高裁は，69条について，進歩・改良目的は不要であるとは述べていない。本判決は，本件事案について，69条1項の適用を認めないと，「特許制度の根幹」にもとる結果が生ずるという事情を重視したものであり，69条1項の要件論については，残された課題といえよう。

69条1項の「試験又は研究」を必ずしも技術の進歩を目的とするものに限定すべき理由はなく，事案に応じてその目的や内容等を考慮しつつ，特許権者の利益との衡量をすれば足りるとしたうえで，先発医薬品の治験行為について

69条1項該当性を認めた事例がある[7]。

（69条適用肯定）

先発医薬品 ――――――――――――――――――――――――――――――――特許期間満了

後発医薬品 ――――――申請のための実施――承認申請――――承認――後発品発売

（69条適用否定）

先発医薬品 ――――――特許期間満了…………事実上の特許期間延長………

後発医薬品 ――――――申請のための実施――承認申請――――承認――後発品発売

### ⑵　その他

以下の物や行為にも，特許権の効力は及ばない。

単に日本国内を通過するにすぎない船舶もしくは航空機またはこれに使用する機械，器具，装置その他の物（69条2項1号）。短時間で出ていくものであり，差し止められると国際交通に支障が生ずるからである。

特許出願時から日本国内にある物（69条2項2号）。他人の特許出願時にその実施をしていた者に対して特許権の効力を及ぼすことは衡平に反するという，先使用権（79条）と同様の趣旨である。もっとも，出願時に現に存在した物の存在によって，特許発明が出願時に公知（29条1項）となっていた場合には，特許自体を無効とすれば足りる（123条・104条の3）。これに対して，特許の出願時において公知といえない形で存在した物，たとえば，特許製品と同一の技術を用いた機械が倉庫内に保管されていたという場合には，69条2項2号の適用によって特許権の効力外とする実益があろう。

調剤行為（69条3項）。医師の処方箋によりなされる調剤行為について特許権の効力が及ぶことになると医療現場が混乱するために設けられている。

### Caseの考えかた

**Case15**　プリンター用インクタンク$\alpha$に関しては，甲が乙に販売した時点で特許権Aは消尽し，もはや，甲は，丙に対して，$\alpha$の使用，第三者への譲渡を差し止めることはできない。

**Case16**　①使用済みのインクタンクの上部に穴を開け，インクを詰め替え，穴を再び埋める行為は，特許製品の属性上，同一性のある製品を再生する行為と

7　知財高判令3・2・9判例集未登載［T-VEC事件］。

評価でき，また，②特許権Aの構成要件の1つである「インクタンク内にインクが一定以上充填されていること」と記載された特許発明の内容によれば，いったん費消したインクを充填することにより新たに特許発明の内容が実現されているといえること，(③その他に取引の実情を示唆する事実関係は見当たらないこと）により，「新たな製造」に該当し，特許権侵害となる。

Case17　乙の行為は69条1項の試験または研究のための実施に該当する。もしそのように解しないと，特許権Aの存続期間が延長されたのと同一の結果となり，特許制度の根幹にもとる。

Case18　中国で甲インクタンクを販売したのは特許権者甲であり，乙との間で転売先は中国内に限定される，いいかえると日本への輸出はできない旨合意したが，その旨甲インクタンクに明確に表示していないため，戊による輸入行為は並行輸入として適法になる余地があるところ，丁によるインクタンクのリサイクル行為が甲インクタンクを「新たに製造」するものと評価できる場合は，甲による戊に対する甲特許権侵害にもとづく輸入，販売の差止請求は許容される可能性がある。新たに製造したものといえるかは，特許製品，特許発明，さらに取引の実情を総合考慮して決まる。

Case19　①前掲注6［BBS並行輸入事件］最判によれば，明確な表示がない限り，特許権の行使は許されない。

②［BBS並行輸入事件］最判によると，並行輸入の抗弁の趣旨は，a. 特許権者が留保を付さないまま特許製品を国外において譲渡した場合には，譲受人およびその後の転得者に対して，我が国において譲渡人の有する特許権の制限を受けないで当該製品を支配する権利を黙示的に授与したものと解すべきであり，b. 特許権者が，前記譲渡の際に，譲受人との間で特許製品の販売先ないし使用地域から我が国を除外する旨を合意し，製品にこれを明確に表示した場合には，転得者もまた，製品の流通過程において他人が介在しているとしても，当該製品につきその旨の制限が付されていることを認識しうるものであって，同制限の存在を前提として当該製品を購入するかどうかを自由な意思により決定することができることにある。

表示が抹消された場合どうなるかは判旨からは明らかではないが，前述趣旨のうち，a. については，たとえ表示が中途で抹消されたとしても，特許権者が特許製品を譲渡した時点で支配権を黙示的に授与してはいないという事実自体は影響を受けないといえるが，他方，b. については，表示が抹消されてしまうと，転得者は当該特許製品に関する制限について認識しえず，購入するかを自由な意思により決定することはできない。このように，表示が抹消された場合，少なくとも並行輸入に対して特許権の行使を認める趣旨の1つは充たされない。［BBS並行輸入事件］最判は，並行輸入についても商品流通の自由は尊重されると述べている。趣旨b. は商品の自由な流通に関するものであり，これが充たされない限り，特許権の行使は認められるべきではないと考えられよう。あるいは，別の考え方として，転得者丁が丙による表示の抹消について悪意の場合には特許権の行使を認めるべきであるとする余地もありえよう。

Case20　部品$\beta$は，甲に無断で販売されると特許権Aの間接侵害が成立する部材である1号製品（前掲❶(3)）であるところ，甲が販売した$\beta$について特許権は消尽し，乙による$\beta$の販売行為は適法である。一方，$\beta$を用いて機械$\alpha$を製造する丙の行為については，甲の黙示の許諾がある場合を除き，特許権Aを侵害する。

## 第3節　特許権の存続期間

Case21　甲は，医薬品$\alpha$について特許権を保有しており，厚労省より医薬品$\alpha$の用法・用量を「1回5 mg/kg（体重），投与間隔2週間以上」とする製造販売承認（先行処分）を得ていた。その後，甲は，医薬品$\alpha$の用法・用量について研究開発を行った結果，用法・用量を「1回7.5 mg/kg（体重），投与間隔3週間以上」とすることに成功し，厚労省から新たに製造販売承認を得た（出願理由処分）。甲は，出願理由処分を得るまでの間医薬品$\alpha$に関する特許権を実施できなかったことを理由として，特許庁に対し，存続期間延長登録出願をした。甲の出願は認められるか。

### ❶　存続期間の原則と延長登録制度

特許権は，設定の登録により発生し（66条1項），原則として，特許出願の日から20年をもって終了する（67条1項）。出願日は特許公報に記載されている（66条3項2号）。

例外として，以下の場合には，存続期間の延長が認められる。

第1に，その特許発明の実施について安全性の確保等を目的とする法律の規定による許可その他の処分であって当該処分の目的，手続等からみて当該処分を的確に行うには相当の期間を要するものとして政令で定めるものを受ける必要があるために，その特許発明の実施をすることができない期間があったときは，延長登録の出願により5年を限度として延長することができる（67条4項）。現在，医薬品医療機器法にもとづく承認，農薬取締法にもとづく登録制度が政令で指定されている。

特許権者は，存続期間中，特許発明の実施を独占できるが，医薬品，農薬の発明については，特許権者といえども，別途，医薬品医療機器法，農薬取締法にもとづく許可等を得なければ，特許発明の実施にあたる当該医薬品，農薬の製造，販売等を行うことができない。とくに医薬品に関する承認手続は長期間を要するのが普通であるため，特許権者は，せっかく特許法上出願から20年間の独占権を得ていても，自ら独占的に実施できる期間は承認待ちの分だけ実際には少なくなる。医薬品，農薬の特許権者が実施により十分に利得できる機会を確保するため，とくに，**存続期間の延長**が認められている。

第2に，特許権の設定の登録が特許出願の日から起算して5年を経過した日または出願審査の請求があった日から起算して3年を経過した日のいずれか遅い日以後になされた場合に，延長が認められる（67条2項）。審査に時間を要した場合を想定した規定である。

## ❷　用法・用量の異なる医薬品について新たに製造販売承認を得た場合の延長登録

延長登録は，その特許発明の実施に医薬品医療機器法等にもとづく処分を受けることが必要であった場合に認められる（67条の7第1項1号反対解釈）。

既存の医薬品と効能・効果が同一であるものであっても，新たな用法・用量の医薬品として製造販売するためには，改めて医薬品医療機器法上の承認が必要となる。このような場合，特許発明の実施に医薬品医療機器法等にもとづく処分を受けることが必要であったとして，延長登録は認められるであろうか。

この点について判断したのが最判平27・11・17民集69-7-1912［ベバシズマブ事件］（特許百選31）である。この事件の原告・被上告人は，特許を有するがん治療薬について，「1回5 mg/kgまたは10 mg/kg，投与間隔2週間以上」という承認を受けていた（「先行処分」という）。その後，同じ効能・効果のがん治療薬について，新たに，「1回7.5 mg/kg，投与間隔3週間以上」という承認を受けた（延長登録出願の理由となった処分のため，「出願理由処分」という）。一般的にいって，副作用のある医薬品について，1回に投与できる用量が増え，投与間隔が長くて済むことは，患者にとって治療に伴う苦痛を和らげることにつながろう。

原告・被上告人は，出願理由処分を理由として延長登録出願を行った。最高裁は，本件のようなケースは，延長を認めるべき場合にあたるとした。最高裁の示した基準は，先行処分の対象となった医薬品の製造販売が，出願理由処分の対象となった医薬品の製造販売を包含すると認められるときは，延長登録出願に係る特許発明の実施にその出願の理由となった承認を受けることが必要であったとは認められない，というものである。この点を本件についてみると，先行処分は「1回5 mg/kgまたは10 mg/kg，投与間隔2週間以上」，出願理由処分は「1回7.5 mg/kg，投与間隔3週間以上」であり，前者が後者を包含するという関係にはない。言い換えると，原告・被上告人は，先行処分だけで「1回7.5 mg/kg，投与間隔3週間以上」の用法・用量の医薬品を製造・販売することはできず，出願理由処分を受ける必要があった。したがって，出願理由処分を理由として，延長登録を受けることができる。

延長登録された特許権の効力は，医薬品医療機器法等による処分で定められた「成分，分量，用法，用量，効能，効果」で定められた「物」およびそれと実質同一の範囲に及ぶ[8]。

## ❸　特許権の消滅事由

特許権の消滅事由としては，存続期間満了のほか，特許料の不納（112条4項），相続人の不存在（76条），特許権の放棄（97条1項），特許無効審決の確定（125条），特許の取消（独禁法100条）がある。

**★専用権と排他権**

特許法は，特許権者に対して業として特許発明の実施をする権利を専有させるとともに（68条），侵害者に対する差止請求権を付与している（100条）。前者を特許権の専用権，後者を排他権と呼ぶ。民法上，物の所有者には所有権が与えられる一方，無断占有者に対する物権的請求権が解釈上認められていることと同様である。たとえば，新薬の特許権者は，医薬品医療機器法上の新薬製

8　知財高判平29・1・20判時2361-73［オキサリプラティヌム事件］（特許百選32）。

造承認を取得するまで，自ら新薬を製造販売することは（医薬品医療機器法上）許されず，専用権を享受できないため，「特許発明の実施をすることができない期間」（67条4項）について，存続期間の延長が認められている。一方，この期間中も，特許権者が第三者の特許権侵害行為に対して差止請求権＝排他権を行使することは可能である。このように，現行の特許制度の中には，専用権と排他権の区別を前提にしていると思われるものがある。なお，先に出願された他人の特許発明と抵触する技術については専用権が制限されており（72条），排他権と専用権が抵触する場合は排他権が優先する仕組みとなっている。

## Caseの考えかた

Case21　先行処分の対象となった医薬品（「1回5 mg/kg（体重），投与間隔2週間以上」）の製造販売は，出願理由処分の対象となった医薬品（「1回7.5 mg/kg（体重），投与間隔3週間以上」）の製造販売を包含しないため，甲は，出願理由処分の対象となった医薬品の製造販売のために，出願理由処分を受けることが必要であった。したがって，延長登録は認められる。

# 第7章　特許権の侵害等

## 第1節　技術的範囲の解釈

特許発明の**技術的範囲**は，特許請求の範囲の記載にもとづいて定めなければならない（70条1項）。この場合，明細書の記載および図面を考慮して，特許請求の範囲に記載された用語の意義を解釈するものとする（同条2項）。

特許請求の範囲は，特許発明の技術的範囲を定める基準となるため，36条5項・6項において，特定性，明確性などが厳格に要求されている（「権利文献」としての特許請求の範囲）。一方，明細書の発明の詳細な説明において，特許権者は，当業者が実施可能な程度に発明を開示する義務がある（36条4項1号）。いわゆる公開代償説からの要請である（「技術文献」としての発明の詳細な説明）。発明の詳細な説明の欄には，従来の技術的課題，出願発明による課題の解決の手段，発明の作用効果等が記載される。

特許請求の範囲の解釈においては，明細書の記載および図面のほか，公知技術も判断資料となる。たとえば，特許請求の範囲に「金属製のコップ」との記載があり，明細書の発明の詳細な説明の欄には本件特許発明の技術的範囲に含まれる製品の例（実施例という）として，「アルミニウム製のコップ」が記載されていたとしよう。そして，この特許の出願時において，「銅製のコップ」が公知であったとする。このとき，第三者が，「銅製のコップ」と「亜鉛製のコップ」を特許権者に無断で製造・販売していたら特許権侵害となるだろうか。

まず，「銅製のコップ」について。特許請求の範囲の「金属」という文言には，銅も含まれうるが，出願時に公知であった銅については新規性がない技術であるため（29条1項），特許発明の技術的範囲内と解することはできず，結局，「金属」という文言には，公知技術を「参酌」して，銅を含まないものと解釈する（特許権侵害とならない）のが合理的ということになる。

次に，「亜鉛製のコップ」はどうだろうか。明細書に実施例として「アルミニウム製のコップ」が記載されていたとしても，これはあくまで実施「例」であり，特許発明の技術的範囲は，特許請求の範囲の記載，すなわち，「金属」に「基づいて」定められる。具体的には，「亜鉛製のコップ」が，明細書の記述の内容から当業者が実施しうる構成であれば，その技術的範囲に含まれると解すべきことになる[1]。

### ★プロダクト・バイ・プロセス・クレーム

特許法は，発明を物，方法，生産方法の3つのカテゴリーに分類し，それぞれ異なる効力を与えている（2条3項）。通常，物の発明は，その物の構造や特性で表現される。たとえば，「物質$\alpha$を有効成分とする頭痛薬」という物の発明に関する特許権の効力は，その製法を問わず，物質$\alpha$を有効成分とする頭痛薬に広く及ぶ。一方，「製法$\beta$によって生産される物質$\alpha$を有効成分とする頭痛薬」のように，物の発明でありながら，製法によって限定が加えられる場合がある。このような形式で記載された特許請求の範囲は「プロダクト・バイ・プロセス・クレーム」と呼ばれる。物の発明の効力は製法を問わず及ぶのが原則であるが，プロダクト・バイ・プロセス・クレームは，物の構造・特性が明確に記載されていないため，第三者の予測可能性を害するという難点がある。最判平27・6・5民集69-4-700［プラバスタチンナトリウム事件］（特許百選4①）は，①物の発明についての特許に係る特許請求の範囲にその物の製造方法が記載されているいわゆるプロダクト・バイ・プロセス・クレームの場合であっても，その特許発明の技術的範囲は，当該製造方法により製造された物と構造，特性等が同一である物として確定されるとの原則を確認したうえで，②プロダクト・バイ・プロセス・クレームの場合において，当該特許請求の範囲の記載が36条6項2号にいう「発明が明確であること」という要件に適合するといえるのは，出願時において当該物をその構造または特性により直接特定することが不可能であるか，またはおよそ実際的でないという事情が存在するときに限られる，としている。

---

1 「金属」のような外延の不明確なクレームと同様に，具体的な構成でなく，その構成が果たす機能によって記載されているいわゆる「機能的クレーム」（たとえば，「取り付け手段」という機能的クレームの技術的範囲には，接着剤，画鋲など様々な具体的構成を含みうる）についても，同様な解釈手法が必要となる。東京地判平25・10・31判例集未登載［端面加工装置事件］（特許百選5）。

## 第2節　均　　等

特許権侵害訴訟においては，①原告の特許発明を構成要件に分節し（A, B, C ……），②被告の製造販売している製品を対応させて分節したうえで（a, b, c ……），③上記被告製品の構成 a, b, c は構成要件 A, B, C にそれぞれ該当し，本件特許発明の構成要件を充足するかが問題となる。

被告製品が原告特許の技術的範囲に含まれ（70条），侵害が成立するのは，第1に，上記被告製品の構成 a, b, c が特許発明の構成要件 A, B, C にそれぞれ該当し，本件特許発明の構成要件をすべて充足する場合（**文言**（もんごん）**侵害**という），第2に，被告製品の構成 a, b, d のうち一部 d が特許発明の構成要件 C と異なるが，構成要件 C を構成 d に置き換えても特許発明の目的を達することができ，そのように置き換えることが当業者にとって被告製品の実施の時点において容易である場合（**均等侵害**という）である。

特許発明の技術的範囲に均等が含まれることについては，最判平10・2・24 民集52-1-113［ボールスプライン事件］（特許百選8）が明らかにしている。同判決は以下のように述べる。

> 「特許権侵害訴訟において，相手方が製造等をする製品又は用いる方法（以下「対象製品等」という。）が特許発明の技術的範囲に属するかどうかを判断するに当たっては，願書に添付した明細書の特許請求の範囲の記載にもとづいて特許発明の技術的範囲を確定しなければならず（特許法70条1項参照），特許請求の範囲に記載された構成中に対象製品等と異なる部分が存する場合には，右対象製品等は，特許発明の技術的範囲に属するということはできない。しかし，特許請求の範囲に記載された構成中に対象製品等と異なる部分が存する場合であっても，⑴右部分が特許発明の本質的部分ではなく，⑵右部分を対象製品等におけるものと置き換えても，特許発明の目的を達することができ，同一の作用効果を奏するものであって，⑶右のように置き換えることに，当該発明の属する技術の分野における通常の知識を有する者（以下「当業者」という。）が，対象製品等の製造等の時点において容易に想到することができたものであり，⑷対象製品等が，特許発明の特許出願時における公知技術と同一又は当業者がこれから右出願時に容易に推考できたものではなく，かつ，⑸対象製品等が特許発明の特許出願手続において特許請求の範囲から意識的に除外されたものに当たるなどの特段の事情もないときは，右対象製品等は，特許

> 請求の範囲に記載された構成と均等なものとして，特許発明の技術的範囲に属するものと解するのが相当である。けだし，㈠特許出願の際に将来のあらゆる侵害態様を予想して明細書の特許請求の範囲を記載することは極めて困難であり，相手方において特許請求の範囲に記載された構成の一部を特許出願後に明らかとなった物質・技術等に置き換えることによって，特許権者による差止め等の権利行使を容易に免れることができるとすれば，社会一般の発明への意欲を減殺することとなり，発明の保護，奨励を通じて産業の発達に寄与するという特許法の目的に反するばかりでなく，社会正義に反し，衡平の理念にもとる結果となるのであって，㈡このような点を考慮すると，特許発明の実質的価値は第三者が特許請求の範囲に記載された構成からこれと実質的に同一なものとして容易に想到することのできる技術に及び，第三者はこれを予期すべきものと解するのが相当であり，㈢他方，特許発明の特許出願時において公知であった技術及び当業者がこれから右出願時に容易に推考することができた技術については，そもそも何人も特許を受けることができなかったはずのものであるから（特許法29条参照），特許発明の技術的範囲に属するものということができず，㈣また，特許出願手続において出願人が特許請求の範囲から意識的に除外したなど，特許権者の側においていったん特許発明の技術的範囲に属しないことを承認するか，又は外形的にそのように解されるような行動をとったものについて，特許権者が後にこれと反する主張をすることは，禁反言の法理に照らし許されないからである。」

同判決によれば，均等の成立を主張する特許権者の側は，⑴相違部分は特許発明の非本質的部分にすぎず，⑵置換可能，かつ⑶置換容易であることを立証する必要がある。被告の側は，均等が問題とされる部分が⑷出願時に公知技術または当該公知技術から容易想到であること，あるいは，⑸特許権者が出願手続において技術的範囲に属しないことを承認したことを抗弁として主張できる（均等の5要件）[2]。

均等の第1要件にいう，特許発明の本質的部分とは，特許請求の範囲に記載された特許発明の構成のうち，従来技術に見られない特有の技術的思想を構成する特徴的部分をいう[3]。均等が成立する前提として，特許発明の構成と被告製品の相違点が，特許発明の本質的部分でないこと（非本質的部分であること）が必要となる。他の構成に置き換えられると技術的思想が別個になってしまう

---

2　知財高判平28・3・25判時2306-87［マキサカルシトール事件：控訴審］（特許百選9）も参照。

3　同上。

ということは，均等が成立する余地がないことを意味する。

均等の第3要件である「置換容易性」の基準時は，「対象製品の製造時時点」つまり侵害時である。

均等の第5要件は，「対象製品等が特許発明の特許出願手続において特許請求の範囲から意識的に除外されたものに当たるなどの特段の事情がないこと」である。たとえば，特許権者が，特許審査過程において，審査官から拒絶理由の通知を受けた際，補正または意見書において，特許発明と被告製品の相違点である構成について（前述の例では構成d），自らの特許発明の権利範囲に含まれないことを承認していた（意識的に除外していた）にもかかわらず，侵害訴訟において，当該構成（相違点）について均等を主張することは禁反言に該当し，許されない。

では，出願時に構成要件Cを代替しうる構成dが存在したにもかかわらず，出願人が構成dを特許請求範囲に記載しなかったことは，「意識的除外」にあたるだろうか。この点について，最判平29・3・24民集71-3-359［マキサカルシトール事件：上告審］（特許百選10）は，出願人が，特許出願時に，特許請求の範囲に記載された構成中の他人が製造等をする製品または用いる方法と異なる部分につき，同製品等に係る構成を容易に想到することができたにもかかわらず，これを特許請求の範囲に記載しなかった場合であっても，それだけでは，同製品等が特許発明の特許出願手続において特許請求の範囲から意識的に除外されたものにあたるなどの同製品等と特許請求の範囲に記載の構成とが均等なものといえない特段の事情が存するとはいえない，とした。

ただし，特許出願時に，その特許に係る特許発明について，特許請求の範囲に記載された構成中の対象製品等と異なる部分につき，特許請求の範囲に記載された構成を対象製品等に係る構成と置き換えることができるものであることを明細書等に記載するなど，客観的，外形的にみて，対象製品等に係る構成が特許請求の範囲に記載された構成を代替すると認識しながらあえて特許請求の範囲に記載しなかった旨を表示していたといえるときには，同製品等が特許発明の特許出願手続において特許請求の範囲から意識的に除外されたものにあたるなどの同製品等と特許請求の範囲に記載の構成とが均等なものといえない特段の事情が存するとしている。

上記の例では，出願人が，出願時に，構成要件Cに置き換えることのできる構成dを特許請求の範囲には記載しなかったものの，明細書には記載していたという場合には，dは「意識的に除外」されたものとみなされ，均等の第5要件の充足は否定されるということになる。

## 第3節　間接侵害

Case22

甲は「コンタクトレンズの洗浄方法」に関する発明$\alpha$について特許権Aを保有している。発明$\alpha$は，ソフトコンタクトレンズの洗浄方法に関する技術的課題を解決するものであった。乙は，甲には無断で，発明$\alpha$を用いてコンタクトレンズを洗浄するための乙錠剤を国内で製造し，国内で販売するとともに，中国に輸出している。乙錠剤は，ソフトコンタクトレンズ用，ハードコンタクトレンズ用に両用可能であり，その販売対象は消費者である。乙の行為は，特許権Aの侵害となるか。

### ❶　直接侵害と間接侵害

特許権侵害は，被告製品等が特許発明の構成要件のすべてを充足する場合に成立する（**直接侵害**）。

これに加えて，101条各号において，侵害とみなす行為が列挙されている。数個の構成要件から成る特許発明に係る物が2つ以上の部品に分けて生産，譲渡され，譲渡を受けた者によって組み立てられ，同構成要件のすべてを具備する物が完成される場合において，部品を組み立てて完成する業者が多数にのぼり，これに対して権利行使をすることが著しく困難なときや，組立て，完成が最終の需要者によって個人的，家庭的に行われるため，これに対して権利行使をすることが許されない場合がある。このような場合，特許権の効力が著しく減殺されることがあることに鑑み，特許法101条1号・2号・4号・5号所定の行為は，特許権を侵害するものとみなし（**間接侵害**），特許権の効力を拡張して本来特許権の侵害とならない行為に対してまでもその権利行使を認めているのである[4]。

なお，101条所定の行為のうち，3号と6号は直接侵害の幇助行為すなわち間接侵害ではなく，直接侵害の成立を2条3項所定の特許発明の実施行為から拡大するものである。101条3号は，物の発明について，その物を業としての譲渡等または輸出のために所持する行為，そして，同条6号は物を生産する方法の発明についてその方法により生産した物を業としての譲渡等または輸出のために所持する行為について，特許権侵害とみなしている。

## ❷　101条の成り立ち

平成14年改正前は，現在の101条1号・4号に該当する条文のみが存在していた。後述［製パン器事件］は，改正前法2号の事件であり，現行法では4号に相当する。平成14年改正によって，現在の2号・5号が追加された。さらに，平成18年改正により，3号・6号が追加され，現行法にいたっている。

## ❸　「のみ」

101条1号・4号は，いわゆる「**のみ**」品の生産，譲渡等を間接侵害とする規定である。1号に該当する例としては，カメラについて特許が成立している場合に，当該特許製品であるカメラを完成品としてではなく，キットとして生産，販売する場合がある。

4号に該当する例としては，パンを焼く方法に関する特許権について，当該方法の発明を使用してパンを焼くために用いられるパン焼き器を販売する行為がある[5]。「のみ」という文言は，文字通りの専用品に限らず，「当該物に経済的，商業的又は実用的な他の用途がない」場合も含むものと解釈されている[6]。

［製パン器事件］では，被告の製品にはタイマーを使用する用途（方法特許を侵害する）と，使用しない用途（侵害しない）があるところ，裁判所は，使用しない用途は，「実用的」なものとはいえず，被告製品は「のみ」品にあたると判断されている。

4　東京地判昭56・2・25無体集13-1-139。
5　大阪地判平12・10・24判タ1081-241［製パン器事件］。
6　知財高判平23・6・23判時2131-109［食品の包み込み成形方法事件］（特許百選11）。

## ❹ 発明の課題の解決に不可欠なもの

101条2号・5号が追加されたのは，「のみ」にあたらない場合にも間接侵害の成立を認めるためである。

「発明の課題の解決に不可欠なもの」とは，それを用いることにより初めて発明の解決しようとする課題が解決されるようなものをいう[7]。たとえば，「消しゴムで消せるボールペン」の発明について，そのインキに用いる特殊な顔料は，「発明の課題の解決に不可欠」なものにあたりうる。その際，顔料について，特許の請求項に記載されていなくても，「課題の解決に不可欠なもの」とみなしうる。「発明の課題の解決」とは，「特許発明の本質的部分」とは区別される。

請求項に記載のない事項も「課題の解決に不可欠」とする結果，発明の構成以外の公知なものについても間接侵害が成立してしまうおそれがあるため，「日本国内において広く一般に流通しているもの」すなわち汎用品は間接侵害の成立対象外とされている。前述の例でいえば，「消しゴムで消せるボールペンの発明」について，特殊インク用顔料は「課題の解決に不可欠」であるが，一般的なインク用顔料の生産等は「広く一般に流通」しているので，間接侵害は成立しない。

## ❺ 「知りながら」

101条2号・5号の間接侵害の成立には，主観的要件として「その発明が特許発明であること」と「その物がその発明の実施に用いられること」の認識が必要である。このうち，「その発明が特許発明であること」については，たとえば，差止請求の事実審の口頭弁論終結時までに特許権者から警告書またはその写しが送付されている場合には認められるとした事例がある[8]。

---

7 東京地判平25・2・28判例集未登載［ピオグリタゾン事件］（特許百選12）。
8 東京地判平23・6・10判例集未登載［医療用器具事件］（特許百選15）。

**★方法の一部の第三者による実施**

間接侵害が成立するためには，直接侵害者がすべての構成要件充足行為を実施する必要がある。一方，東京地判平13・9・20判時1764-112［電着画像事件］では，原告の方法発明は6つの工程から成り，被告はこのうち5工程までを使用した半製品を提供し，購入者が最後の工程を使用するという形で，分担していた。本件において被告の責任を問う理論構成としては，①被告は購入者を「道具」としてすべての構成要件を単独で実施しているとみるか，②被告と購入者による共同侵害に対して差止請求権を認めるかという2つが考えられる（共同直接侵害)。本判決は①を採用した。判旨は，被告が提供する製品には特許方法の使用のため以外の他の用途は考えられず，これを購入した者が特許方法の使用のため使用することが当然のことと予想されている，としている。

**★いわゆる「間接の間接」**

たとえば，甲が方法の発明$\alpha$に関する特許権Aを保有しており，乙が，甲に無断で，方法$\alpha$の使用にのみ用いる物$\beta$の部品$\gamma$を製造販売していたとしよう。仮に，乙が，$\beta$を製造・販売していたとすれば，$\beta$は101条4号にいう「方法の使用にのみ用いる物」にあたるため，乙の行為は間接侵害となりうる。ところが，上記の事例では，$\gamma$は，「方法の使用にのみ用いられる物」ではなく，「方法の使用に用いられる物（$\beta$）の生産に用いられる物」であるため，文言上，101条4号が適用されないのではないかという問題が生ずる。このような，いわゆる「間接（侵害品）の間接（侵害)」について，知財高判平17・9・30判時1904-47［一太郎事件］（特許百選16）は，間接侵害は成立しないとしている。

## Caseの考えかた

Case22　乙の行為は，①国内販売用乙錠剤の国内での製造・販売，②中国輸出用乙錠剤の国内での製造，③乙錠剤の輸出，に分けられる。いずれも，方法の発明$\alpha$の使用行為（直接侵害）ではなく，方法の発明$\alpha$を使用したコンタクトレンズの使用に用いる物の製造等行為であり，方法の発明の間接侵害である101条4号・5号の適否が問題となる。

第1に，101条4号について。まず，乙錠剤が101条4号の「のみ」品にあたるかについては，乙錠剤がソフトのみならずハードコンタクトレンズにも使用可能であることから，方法特許Aの使用「にのみ」用いる物とはいえないのではという点が問題となりうる。「のみ」に該当するかは，ハードコンタクトレンズについての使用が，「経済的，商業的又は実用的な他の用途」といえるかによる。

第2に，仮に4号が適用されない場合，5号の適用がさらに問題となる。

⑴　乙錠剤は，発明$\alpha$の方法の使用にとって，それがあって初めて発明$\alpha$の課題が解決されるものと評価でき，「発明の課題の解決に不可欠」といえるだろう。

⑵　乙錠剤は，ソフト，ハード双方に利用可能なものであり，「日本国内において広く一般に流通している」汎用品の錠剤にはあたらない。

⑶「知りながら」の要件は，甲が乙に対する警告，提訴を行うことによって充たされる。

⑷　乙の行為のうち，まず，③の輸出行為は，101条5号の文言上，適用対象から除外されている。

⑸　①国内販売用の乙錠剤の国内での製造・販売行為については，5号の「生産」「譲渡」にそれぞれ該当する。ここで，方法の発明$\alpha$の使用行為については，消費者によって行われるため，業としての実施（68条）にあたらず，直接侵害が成立しない点を間接侵害の成立において考慮するかという問題がある。

この点については，本件のように直接侵害が成立しない場合には間接侵害は成立しないと解する立場もありうるところである（いわゆる従属説）。あるいは，間接侵害規定の立法趣旨が，直接の侵害行為が消費者によってなされる場合に権利行使が許されないことによる特許権の効力の減殺を想定したものであることから，本件のような場合に間接侵害を肯定すべきであるという立場（いわゆる折衷説）も成り立とう。

⑹　②中国輸出用の乙錠剤の国内での製造行為は，形式上は5号の「生産」にあたるが，日本特許権の効力は日本の領域内にのみ及ぶので（いわゆる属地主義。最判平14・9・26民集56-7-1551［カードリーダー事件］（特許百選48）），中国での発明$\alpha$の使用行為（直接侵害）は日本の特許権Aを侵害しないことをどう考えるかが問題となる。この場合についても，直接侵害が成立しない場合には間接侵害は成立する余地はない，とする立場と，たとえ輸出用であっても国内での生産行為である以上，文言上5号の「生産」にあたるとして5号の適用を肯定する立場があろう。なお，参考となる裁判例として，前掲注5［製パン器事件］がある。

# 第4節　抗　弁　等

## ❶　先使用権

Case23

甲は，発明$\alpha$について2021年1月5日に特許出願を行い，2024年5月8日に特許権Aを取得した。乙は，$\alpha$と同一の発明を甲とは独自に発明し，2020年10月には$\alpha$を商品化した試作品$\beta$を完成していた。その後，乙は，試作品$\beta$に公知の技術を付加した$\gamma$を製造，販売している。乙の行為は，甲の特許権を侵害するか。

### (1)　先使用権の趣旨

特許出願に係る発明の内容を知らないで自らその発明をし，または特許出願に係る発明の内容を知らないでその発明をした者から知得して，特許出願の際現に日本国内においてその発明の実施である事業をしている者またはその事業の準備をしている者は，その実施または準備をしている発明および事業の目的の範囲内において，その特許出願に係る特許権について通常実施権を有する(79条)。通常実施権とは，特許権者から差止請求を受けない地位のことであり，特許権者の許諾により発生する場合（78条）のほか，35条1項の職務発明に関する使用者等が有する通常実施権のように，一定の要件を充たすときには特許権者の許諾なしに法律上当然に発生する法定通常実施権がある。79条も35条1項と同様，法定通常実施権であり**先使用権**（せんしようけん）と呼ばれる。先使用権者は，特許権者から差止請求等を受けることがなく，もし訴訟上差止請求を受けた場合には，抗弁として主張できる（先使用の抗弁という）。先使用権の趣旨は特許権者と先使用権者との公平を図ることにある[9]。

### (2)　「発明をし」「知らないで」の要件

特許出願の時点で，最終的な製作図面までは作成されていなくとも，その物

9　最判昭61・10・3民集40-6-1068［ウォーキングビーム式加熱炉事件］（特許百選27)。

の具体的構成が設計図等によって示され，当業者がこれにもとづいて最終的な製作図面を作成しそれにもとづいてその物を製造することが可能な状態になっていれば「発明をした」，すなわち発明を完成したといえる[10]。

「知らないで」とは，先使用権者が特許権者とは独立に発明をしたことである。

### (3) 特許出願の際現に日本国内においてその発明の実施である事業をしている者またはその事業の準備をしている者

「事業をしている」とは，自ら直接行う場合に限らず，「事業設備を有する他人に発注して，自己のためにのみ製造させ，その引渡しを受けてこれを販売する場合」もこれにあたる[11]。「事業の準備」とは，いまだ事業の実施の段階にいたらないものの，「即時実施の意図を有しており，かつ，その即時実施の意図が客観的に認識できる態様，程度において表明されていること」で足りる[12]。

### (4) その実施または準備をしている発明および事業の目的の範囲内

実施もしくは準備をしていた具体的な実施形式に限られず，これに具現された発明と同一性を失わない範囲内において変更した実施形式にまで先使用権が成立する[13]。先使用権については，事業とともに譲渡できる。

## Caseの考えかた

**Case23** 乙は甲とは独自に（「知らないで」）特許発明$\alpha$と同内容の発明を完成し，特許権Aの出願の時点ですでに試作品$\beta$を完成していた。この段階ですでに「即時実施の意図を有しており，かつ，その即時実施の意図が客観的に認識される態様，程度において表明されて」おり，「実施の準備」にあたる余地が十分にあろう。乙が現在製造・販売しているのは$\beta$ではなく公知の技術を付加した$\gamma$であるが，先使用権の効力は，特許出願の際に先使用権者が現に日本国内において準備をしていた実施形式だけでなく，これに具現された発明と同一性を失わない範囲内において変更した実施形式にも及ぶため，$\gamma$の製造・販売についても，乙の先使用権は及ぶと考えられよう。

---

10 前掲注9。
11 最判昭44・10・17民集23-10-1777［地球儀型トランジスターラジオ意匠事件］（特許百選28）。
12 前掲注9。
13 同上。

## ❷ 無効の抗弁

Case24

発明$\alpha$について特許権Aを保有する甲が，特許権Aの技術的範囲に含まれる製品を製造，販売する乙に対して，特許権侵害にもとづく差止請求訴訟を提起したところ，乙は，発明$\alpha$は特許権Aの出願時公知文献Bに記載されている発明$\beta$を含むと反論する一方，特許庁に対して，特許権Aについて無効審判を提起した。乙の反論に対して，甲はどのような再反論を行うことができるか。裁判所が甲の再反論を認め，甲の乙に対する請求を認容し，判決が確定した後，特許庁において乙の無効審判請求が認められ，審決が確定した場合，右確定判決はどのような影響を受けるか。

### ⑴　無効の抗弁の趣旨

特許の有効性について争いがある場合，特許庁に対して無効審判が提起され，無効審決が確定すれば，特許は遡及的かつ対世的に無効となる（125条）。

特許権侵害訴訟が提起されると，しばしば，被告の側は，侵害訴訟への対抗として特許庁に対して無効審判を提起する。この場合，侵害訴訟の裁判所は，特許庁の無効審決が確定するまでは，特許を有効なものとして扱わなければならない。ただし，特許権侵害訴訟の裁判所が，当該特許について，無効審判により無効にされるべきものと認める場合には，特許権者は，被告に対して特許権を行使することができない（104条の3）。104条の3にもとづき，特許権侵害訴訟において，被告側は，原告の特許権が無効審判により無効にされるべきものである，とのいわゆる**無効の抗弁**を主張できる。104条の3第2項にいう「防御の方法」である。特許権侵害にもとづく差止請求権不存在確認の訴えにおいては，原告の「攻撃の方法」として104条の3を援用可能である。

無効審判の存在を前提としつつ，特許侵害訴訟において無効の抗弁が認められている趣旨は，無効理由を抱えた特許権にもとづく権利行使を許容することは衡平の理念に反し，また，紛争の一回的解決の理念にもとることにある[14]。無効審判の審決と異なり，あくまで当事者間の相対的効果としての抗弁が前提とされている[15]。

冒認者等による権利行使が，真の権利者から技術供与を受けて実施している者にも及ぶ可能性があること，また，そもそも冒認者は特許権を取得しうる者ではないことを理由として，冒認等を理由とする無効の抗弁については，何人も提起できる（104条の3第3項）。ただし，特許権の移転登録がなされ，無効理由が解消した場合には，もはや主張できない（123条1項2号・6号）。

### (2)　無効の抗弁に対する対抗主張――訂正の再抗弁

無効の抗弁に対する再抗弁として，特許権者側は，①当該請求項について訂正審判請求ないし訂正請求をしたこと，②当該訂正が126条の訂正要件を充たすこと，③当該訂正により，当該請求項について無効の抗弁で主張された無効理由が解消すること，④被告製品が，訂正後の請求項の技術的範囲に属することを，主張立証することにより，無効の抗弁の成立を妨げることができる。

104条の3第2項の趣旨は，訴訟遅延の防止にある。したがって，無効主張だけでなく，無効主張に対する「対抗主張」も，同項による却下の対象となりうる。

特許権者が，控訴審の審理中に早期に提起すべきであった対抗主張を提起しないでおきながら，上告受理申立書提出期間中に訂正審決が確定したことを理由に，控訴審判決の判断には民事訴訟法338条1項8号の再審事由があるとしてこれを争うことは，104条の3第2項の規定の趣旨に照らし，紛争を不当に遅延させるものであり許されない[16]。

同様に，特許権者が，事実審の口頭弁論終結時までに訂正の再抗弁を主張しなかったにもかかわらず，その後に訂正審決が確定したことを理由に事実審の判断を争うことは，訂正の再抗弁を主張しなかったことについてやむをえないといえるだけの特段の事情がない限り，特許権の侵害に係る紛争を不当に遅延させるものとして，104条の3第2項の規定の趣旨に照らし許されない[17]。

---

14　無効理由を有する特許権にもとづく権利行使が許されないことについては，最判平12・4・11民集54-4-1368［キルビー事件］（特許百選17）において権利濫用とされた後，平成16年改正で新設された104条の3によって明文化された。

15　前掲注14［キルビー事件］最判は，無効主張が認められるのは「特許の対世的な無効までも求める意思のない当事者」である，と述べている。

16　最判平20・4・24民集62-5-1262［ナイフの加工装置事件］（特許百選19）。

### ⑶ 再　　審

侵害訴訟等の判決が確定した後に，無効審決，訂正審決，延長登録無効審決が確定しても，当該訴訟の当事者であった者は，当該確定判決に対する再審の訴えにおいて当該審決が確定したことを主張できない（104条の4）。

侵害訴訟において，当事者は，特許の有効性および範囲について互いに攻撃防御を尽くす十分な機会を与えられており，侵害訴訟の判決確定後に無効審決，訂正審決が確定した場合であっても，紛争の蒸し返しを認めるべきではないとの趣旨にもとづく。

104条の4第3号にいう，政令によって定められる訂正認容審決とは，第1に，侵害訴訟勝訴判決の場合は，当該訂正が当該侵害訴訟で立証された事実（無効理由）以外の事実を根拠として当該特許が無効審判により無効にされないようにするためのものである審決をいう（施行令8条1号）。侵害訴訟において被告が主張した引用発明にもとづく無効の抗弁（「当該訴訟において立証された事実」）に対する原告の訂正の再抗弁が認められて無効の抗弁が排斥され，原告の請求を認容する判決が確定した後に，特許権者がこれとは異なる引用発明にもとづく無効理由（「当該訴訟において立証された事実以外の事実」）を回避するために訂正請求を行って審決が確定した場合がこれに該当し，被告は訂正審決の確定を再審の訴えにおいて主張できない。

第2に，侵害訴訟敗訴判決の場合は，当該訂正が当該侵害訴訟で立証された事実を根拠として当該特許が無効審判により無効にされないようにするためのものである審決をいう（同条2号）。侵害訴訟で被告の無効の抗弁が認められて原告の敗訴が確定した場合，その後，特許権者である原告が，侵害訴訟で争われて原告不利に判断された無効理由を回避するため，訂正請求を行って審決が確定した場合，特許権者は，訂正により無効理由を回避するに至った旨の再審事由を主張することができない。

## ❸ 包袋禁反言

特許権者が権利付与段階で行った主張と相容れない主張を権利行使段階で行

---

17　最判平29・7・10民集71-6-861［シートカッター事件］（特許百選20）。

うことは許されない（包袋禁反言(ほうたいきんはんげん)）。たとえば，特許権者が，出願審査の過程で拒絶理由通知を受け，これに対応するため，出願された発明の構成の一部については権利範囲に含まれない旨の意見書や補正書を提出していたにもかかわらず，権利付与後に，第三者に対する権利行使の場面で特許発明の技術的範囲に含まれるとの主張を行うことは，矛盾主張・禁反言であり許されない[18]。

## ❹ 権利濫用の抗弁

第1に，標準化団体に対し，その保有する特許が標準規格に必須であり，公正，合理的かつ非差別的な条件（fair, reasonable and non-discriminatory terms and conditions: FRAND条件という）で許諾する旨の宣言（FRAND宣言）を行った特許権者による損害賠償請求は，FRAND条件でのライセンス料相当額を超える部分では権利の濫用にあたるが，FRAND条件でのライセンス料相当額の範囲内での損害賠償請求については制限されない[19]。

標準必須特許についてFRAND宣言がなされている場合，当該標準規格に準拠した製品を製造，販売等しようとする者は，当該製造，販売等に必須となる特許権のうち，少なくとも当該標準化団体の会員が保有するものについては，適時に必要な開示がされるとともに，FRAND宣言をすることが要求されていることを認識しており，特許権者とのしかるべき交渉の結果，将来，FRAND条件によるライセンスを受けられるであろうと信頼する。FRAND宣言がされている本件特許についてFRAND条件でのライセンス料相当額を超える損害賠償請求権の行使を許容することは，このような期待を抱いて当該標準規格に準拠した製品を製造，販売する者の信頼を害することになるからである。

したがって，FRAND宣言をした特許権者が，当該特許権にもとづいて，FRAND条件でのライセンス料相当額を超える損害賠償請求をする場合，そのような請求を受けた相手方は，特許権者がFRAND宣言をした事実を主張立証をすれば，ライセンス料相当額を超える請求を拒むことができる。

---

18 東京高判平12・2・1判時1712-167［血清CRP定量法事件］（特許百選6）。
19 知財高判平26・5・16判時2224-146［アップル対サムスン（損害賠償請求）事件］（特許百選30②）。特許百選25と同事件。

これに対し，特許権者が，相手方がFRAND条件によるライセンスを受ける意思を有しない等の特段の事情が存することについて主張立証をすれば，FRAND条件でのライセンス料を超える損害賠償請求部分についても許容される。

第2に，FRAND宣言がなされている特許については，差止請求権の行使を許容することは，特許権者とのしかるべき交渉の結果，FRAND条件でのライセンスを受けることができるとの期待を抱いて規格に準拠した製品を製造，販売する者の信頼を害することになる。

したがって，FRAND宣言された特許にもとづく差止請求に対し，相手方は，権利濫用の抗弁として，特許権者がFRAND宣言を行ったこと，被告がFRAND条件による意思を有する者であることを主張立証する[20]。

第3に，特許権者の権利行使その他の行為の目的，必要性および合理性，態様，当該行為による競争制限の程度などの諸事情に照らし，特許権者による特許権の行使が，特許権者の他の行為とあいまって，公正な競争を阻害するおそれがある場合には，当該事案に現れた諸事情を総合して，その権利行使が，特許法の目的である「産業の発達」を阻害しまたは特許制度の趣旨を逸脱するものとして，権利の濫用（民法1条3項）にあたる余地がある（東京地判令2・7・22判時2553-70)。知財高判令4・3・29判時2553-28（令和4年重判解知的財産法1）は，使用済みの原告特許権者製のトナーカートリッジ製品からその電子部品を取り外し，被告電子部品に取り替えたうえで，トナーを再充塡して製造した各トナーカートリッジ製品（被告製品）を販売する被告（リサイクル事業者）に対する特許権の行使が権利の濫用にあたらないとした事例である。

## Caseの考えかた

**Case24**　甲としては，特許庁に対して，特許権Aの請求の範囲から$\beta$を削除，減縮する旨の訂正の請求を行い，侵害訴訟においては，仮に右訂正が認められれば，特許権Aの無効理由は解消し，かつ，訂正後も乙は特許権Aの技術的範囲に属する製品等を製造等しているとの訂正の再抗弁（対抗主張）を再反論として行う。無

20　知財高決平26・5・16判時2224-89［アップル対サムスン（差止請求）事件］（特許百選30①)。

効の抗弁が排斥されて請求認容判決が確定した後，特許権Ａについて無効審決が下されても，乙はこれを再審事由として主張できない（104条の4第1号)。

# 第8章 侵害に対する救済

## 第1節 差 止 め

Case25

甲は「医薬品Ｘの製造過程における物質Ｙの発生量の測定方法」に関する特許権Ａを保有している。乙は，甲に無断で，医薬品Ｘを製造販売している。甲は，特許権Ａにもとづき，乙による医薬品Ｘの製造販売の差止め，製造済の在庫を破棄する請求を行うことが可能か。

特許権者または専用実施権者は，自己の特許権または専用実施権を侵害する者または侵害するおそれがある者に対し，その侵害の停止または予防を請求することができる（100条1項）。

**差止請求**の範囲は発明のカテゴリごとに決まる。

物の発明に関する特許権の効力はその物の生産，使用，譲渡等に及ぶため（2条3項1号），物の発明の特許権者は，当該者に無断で特許製品の生産，使用，譲渡等をする者に対して，100条1項にもとづき差止請求を行うことができる。

方法の発明に関する特許権の効力は，その方法の使用をする行為に及ぶ（2条3項2号）。方法の発明の特許権者は，当該者に無断で特許方法の使用をする者に対して，差止請求可能である。

そして，物の生産方法の発明の特許権の効力は当該方法の使用に加えて，その方法により生産した物の使用，譲渡等に及ぶため（2条3項3号），物の生産方法の特許権者は，当該者に無断で当該方法を使用する者に加え，特許製品を使用・譲渡等する者にも差止請求可能である。

発明のカテゴリと差止請求の対象の関係について説示した判例が最判平11・7・16民集53-6-957［生理活性物質測定法事件］（特許百選1）（特許百選2と同事件）である。本件における原告は「生理活性物質測定方法」に関する特許権を有していた。本件特許発明は，医薬品の製造工程において使用され，一定の物質が含有されているかを測定するものであった。本件特許権と同じ方法を用いて医薬品を製造している被告に対して，原告が被告による同医薬品の製造販売等の差止めを請求したが，請求は棄却された。本件特許の特許請求の範囲の記載にもとづけば，本件発明は物の生産方法ではなく方法の発明であり，原告は被告に対して方法の使用の差止めを求めることはできるが，医薬品の製造販売の差止め等を請求することはできないというのがその理由である。

特許権者または専用実施権者は，同項にもとづき請求をするに際し，侵害の行為を組成した物の廃棄，侵害の行為に供した設備の除却その他の侵害の予防に必要な行為を請求することができる（100条2項）。

前掲［生理活性物質測定法事件］の原告は，100条2項にもとづき医薬品の廃棄，製造承認申請の取下げ等も合わせて請求したが，最高裁は，同項にいう「侵害の予防に必要な行為」とは，「特許発明の内容，現に行われ又は将来行われるおそれがある侵害行為の態様及び特許権者が行使する差止請求権の具体的内容等に照らし，差止請求権の行使を実効あらしめるものであって，かつ，それが差止請求権の実現のために必要な範囲内のものであることを要する」ところ，本件原告の「特許発明の内容」は方法の発明であり，物の生産方法の発明ではないため，その効力は特許製品の生産，譲渡等には及ばないとして請求を棄却した。101条所定のみなし侵害行為も差止請求の対象となる。

### Caseの考えかた

Case25　前掲［生理活性物質測定法事件］によれば，方法の発明に関する特許権Aにもとづき医薬品Xの製造販売について差止請求（100条1項）を行うことはできない。また，方法の発明という特許権Aの内容からみて，100条2項にもとづき在庫の廃棄を請求することもできない。

### ★生産方法の推定

物を生産する方法の特許の侵害行為は，被告の工場内などで行われるため，侵害の立証は困難である。このため，104条によって，その物が特許出願前に日本国内において公然と知られた物でないときは，立証責任が転換され，当該方法で生産したものと推定される。これに対して，被告は，特許発明の技術的範囲に属しない方法を用いていることを主張立証すれば，104条の推定は覆ることになる。

**★書類提出命令**

特許法105条1項は，侵害行為の立証に必要な場合，または損害の計算に必要な場合の書類または電磁的記録の提出命令について定めている。特許法上の書類提出命令は，民事訴訟法221条の文書提出命令の特則であり，その要件は，①侵害立証のための必要性，②相手方が提出を拒むことに正当な理由がないこと，である。①は，濫用的・探索的申立ての疑いが払しょくされる程度に，侵害行為の存在について合理的な疑いを生じたことが疎明されていれば足りる（知財高判平28・3・28判タ1428-53［FOMA事件］（特許百選45））。特許法105条2項は，上記①②の判断に必要な場合にはインカメラ手続（裁判所のみが書類を実見し，判断を下す手続）を行いうるとしている。

**★秘密保持命令**

特許侵害訴訟において準備書面や証拠の内容に営業秘密が含まれる場合等には，裁判所は，当事者の申立てにより，決定で，当事者等，訴訟代理人または補佐人に対して，当該営業秘密を訴訟の追行の目的以外の目的で使用し，または営業秘密に係る秘密保持命令を受けた者以外の者に開示してはならないことを命ずることができる（105条の4）。秘密保持命令は仮処分手続についても適用がある（最決平21・1・27民集63-1-271［液晶モニター事件］（特許百選46））。

**★査証制度**

特許権侵害訴訟においては，権利者側で侵害の立証をする必要があるところ，侵害しているのかどうかの証拠を被疑侵害者側が保有しており，権利者側で入手することが難しい場合がある。たとえば，製造方法の特許が対象で，被疑侵害者がその製造方法を用いて製品を製造したかどうかわからない場合や，プログラムの発明で，サーバに置かれていたり，解析が難しい場合等が挙げられる。このような場合に，被疑侵害者側が保有する証拠を入手する手段として，従前，文書提出命令（民事訴訟法221条，特許法105条），証拠保全（民事訴訟法234条）等の証拠収集手続が定められていたものの，必ずしも活用されてきたとはいえない状況にあった。このため，新たに，権利者がより侵害立証をしやすくなるよう，訴訟提起後，第三者の専門家が工場等に立ち入り，特許権侵害について調査を行う査証制度が導入された（特許法105条の2〜105条の2の10）。

**★第三者意見募集制度**

当事者による証拠収集手続の特例として，裁判所は，当事者の申立てにより，必要があると認めるときは，他の当事者の意見を聴いて，広く一般に対し，当該事件に関するこの法律の適用その他の必要な事項について，相当の期間を定めて，意見を記載した書面または電磁的方法による提出を求めることができる（特許法105条の2の11）。

**★特許関係訴訟の管轄**

特許関係訴訟のうち，審決取消訴訟は東京高裁の専属管轄に属し（178条1項），東京高裁の特別支部である知的財産高等裁判所が事件を担当する（知的財産高等裁判所設置法2条2号）。特許権侵害訴訟の第1審は，東京地裁と大阪地裁の専属管轄とされ（民事訴訟法6条1項），控訴審は東京高裁の専属管轄に属し（同条3項），知財高裁が事件を担当する（知的財産高等裁判所設置法2条1号）。知的財産高等裁判所は，平成17年に設置された知的財産に関する事件を専門的に取り扱う裁判所であり，5人の裁判官の合議体（いわゆる大合議）で審理，裁判をすることができる（民事訴訟法269条の2・310条の2）。

# 第2節　損害賠償

Case26

甲は特許権Aを保有しており，特許権Aについては自己実施しない一方，特許権Aの実施品ではない甲製品を別途販売し，甲製品1個あたり，3000円の利益を上げている。甲の工場における甲製品の製造能力は上限1万個である。乙は，甲に無断で，特許権Aの技術的範囲に属する乙製品を販売している。甲製品と乙製品とは，市場において競合しており，乙製品の販売によって甲製品の販売は減少している。乙製品1個あたりの乙の利益は4000円で，これまでの販売総数は2万個である。また，かりに甲が特許権Aの実施を第三者に許諾する場合，実施料は製品1個あたり1000円であるとする。市場において，甲製品，乙製品のほかに第三者丙の販売による丙製品が競合しており，乙製品を除いた甲製品と丙製品のシェアは，それぞれ60%，40%であったとする。甲は，乙に対し，102条1項・2項・3項にもとづき，どのような額の損害賠償を請求できるか。

## ❶　民法709条の特則としての特許法102条

特許権者は特許権侵害にもとづく**損害賠償**を請求できる（民法709条）。差止請求については特許法100条に明文が置かれているが，損害賠償請求については，特許法には根拠規定はなく，民法709条にいう「他人の権利」の1つとして不法行為が成立する。

特許権侵害にもとづき損害賠償を請求するためには，特許権者は，被告の故意または過失による侵害行為によって，相当因果関係のある損害が発生したこと，およびその額を請求原因として主張立証する必要がある。

民法709条によって請求できる損害としては，積極的財産損害，消極的財産損害（逸失利益），無形損害（慰謝料）があるが，このうち，特許法には，侵害による権利者の販売減少による逸失利益の額の推定等（102条）について特則が置かれている。

なぜ，特許法には逸失利益に関する特則が必要とされるのだろうか。有体物の所有権が侵害された場合と特許権侵害の場合には，損害賠償の額の算定においてどのような違いがあるのだろうか。

所有権侵害の例として，自動車を所有し，毎日この自動車を商品の宅配に使用していた者が，この車を盗まれ，商品の配達ができなくなり，新しい自動車を調達するまで，営業停止に追い込まれたという場合を考えよう。この場合，損害は，「もし自動車を盗まれていなければ自動車で商品を配達することにより1日あたり○○円売上げがあった」という数字をベースに計算することになろう。このように，所有権侵害の場合，所有物が奪われることにより，所有権者は当該所有物の利用ができなくなるので，もし当該所有物が奪われていなければどれだけの利益が上げられたか，という形で逸失利益を算定できる。

これに対して，特許権などの知的財産の侵害については，侵害行為が行われていても，特許権者自身による特許発明の実施行為自体が物理的に妨げられるわけではない，という大きな違いがある。

たとえば，甲が特許権Aを保有しており，特許製品$\alpha$を製造していたとしよう（以下，「①の例」という）。乙が，特許権Aを侵害して自社で侵害品$\beta$の生産を開始したとしても，特許権者の企業の工場の操業がその日からストップするというようなことはない。このため，もし，所有権についての損害の計算の考え方をそのまま特許権にあてはめると，「特許権を侵害されても，特許権者は特許発明の実施自体は続けられたのだから何も失っていない」として，損害なしということになりかねない。しかしながら，①の例でも，乙の侵害によって甲の売上が減少するなど，甲が財産的損害を被る場合はある。このような特許権侵害の特性に合わせた特則として102条が置かれている。

このように，特許権者甲の実施行為と，侵害者乙の実施行為が，併存した形で行われうるというのが特許権侵害と所有権侵害の違いである。特許法は，無体物である発明について，有体物の所有権と似た権利を設定する法制度であるが，損害賠償額の算定という場面では，発明と有体物を全く同様に扱うことはできないのである。

## ❷　特許権侵害による損害額

①の例で，甲が，特許製品$\alpha$の販売により，1ヶ月あたり1000万円の利益を上げていたとする。一方，乙が侵害品$\beta$を市場に投入し，両社の製品は市場で競合することになった結果，甲の利益は減少しはじめ，ついに1ヶ月500万円になったとしよう。一方，この間，乙は300万円の利益を上げたとしよう。この場合，甲はいくらの損害を被ったと主張できるだろうか。

甲としては，本来，「甲が特許製品$\alpha$ 1個の販売によって上げる利益」×「侵害行為がなければ甲が販売可能であった数量」を損害額として立証すべきところであるが，乙の侵害行為によって，甲は特許製品$\alpha$の販売行為自体ができなくなるわけではないので乙の侵害行為によって甲が市場で受ける影響を正確に算定することは難しい。そこで，特許法は，いくつかの選択肢を用意している。

### ⑴　侵害者の譲渡数量にもとづく算定方法

第1の選択肢は，侵害がなければ特許権者はどれだけ利益を上げられただろうか，という仮定にもとづく算定方法である（102条1項）。

上記の例で，乙が侵害品$\beta$を30個販売していたとしよう。そして，甲が自社で製造した特許製品$\alpha$を販売すると，1個あたり5万円利益を上げるとする。もし，B社の侵害が発生しなければ，甲は，乙が売り上げた30個分，余計に$\alpha$を売り上げることができたのではないか，というのが，この計算方法の発想である。

102条1項1号は，「特許権者……がその侵害の行為がなければ販売することができた物の単位数量当たりの利益」（上記の例でいえば5万円）に，「侵害した者が譲渡した物の数量」（**譲渡数量**。上記の例でいうと乙による$\beta$の販売数量30個）のうち特許権者の実施の能力に応じた数量（**実施相応数量**）を超えない部分を「乗じて得た額」を，損害額とすることができると規定している。「侵害した者が譲渡した物の数量」の全部または一部に相当する数量を特許権者が「販売することができないとする事情」がある場合は，当該数量（**特定数量**）は控除される。

侵害行為と相当因果関係のある販売減少数量の立証責任の転換を図ることによる，より柔軟な販売減少数量の認定を趣旨とする規定である。

「特許権者……がその侵害行為がなければ販売することができた物」とは，侵害行為によってその販売数量に影響を受ける特許権者の製品，すなわち，侵害品と市場において競合関係に立つ特許権者の製品のことをいう[1]。

「単位数量当たりの利益の額」とは，特許権者の製品の販売価格から製造原価および製品の販売数量に応じて増加する変動経費を控除した額（**限界利益**）であり，主張立証責任は，特許権者の実施能力を含めて特許権者側にある[2]。

特許発明の特徴部分が特許発明を実施した特許権者の製品の一部分にすぎな

---

1　知財高判平27・11・19判タ1425-179［オフセット輪転機版胴事件］（特許百選36）。
2　同上。

い場合も，特許権者の製品の販売によって得られる限界利益の全額が特許権者の逸失利益となることが事実上推定され，特徴部分の特許権者の製品における位置づけ，特許権者の製品が特徴部分以外に備えている特徴やその顧客誘引力などの事情を総合考慮した結果，事実上の推定が一部覆滅される場合には，限界利益から控除される[3]。

「実施の能力」は，潜在的な能力で足り，生産委託等の方法により，侵害品の販売数量に対応する数量の製品を供給することが可能な場合は実施の能力があるというべきであり，その主張立証責任は特許権者側にある[4]。

「販売することができないとする事情」とは，侵害行為と特許権者の製品の販売減少との相当因果関係を阻害する事情のことであり，たとえば，市場の非同一性，市場における第三者の競合品の存在，侵害者の営業努力，侵害品の性能などがこれにあたる[5]。

### ⑵ 被告の利益にもとづく算定方法

第2の選択肢は，乙の利益を甲の損害と推定する，という算定方法である（102条2項）。

甲は，「乙が侵害品β1個の販売によって上げる利益」[6]×「乙のβ販売数量」＝300万円を102条2項にいう「利益」として証明すれば，あとは，損害額の立証責任は乙に課される。損害額の立証の困難性の軽減を図る趣旨の規定であり，特許権者に，侵害者による特許権侵害行為がなかったならば利益が得られたであろうという事情が存在する場合に，適用が認められる。

「特許権侵害行為がなかったならば利益が得られたであろうという事情」が認められる場合の典型例としては，特許権者が自ら特許製品を製造販売し，侵害者の製品と市場で競合している場合がある。

このほか，特許権者が特許製品を自ら製造販売していなくても，たとえば，

---

3 知財高判令2・2・28判時2464-61［美容器事件］。

4 同上。

5 知財高判平27・11・19判タ1425-179［オフセット輪転機版胴事件］（特許百選37）。

6 侵害者の売上高から，侵害品の製造または販売に直接必要であって，その数量の増減に応じて変動する経費を控除したもの（いわゆる**限界利益**）をいう。東京地判平24・11・2判時2185-115［生海苔異物分離除去装置における生海苔の共回り防止装置事件］（特許百選38）。

甲が，特許製品$\alpha$を直接販売していないが，第三者である丙との間で販売店契約を締結し，丙を通じて販売しており，甲と乙は市場において競合関係にある場合には，$\beta$の販売によって$\alpha$の売上げが低下したことについて，102条2項にもとづき損害賠償請求することが認められる[7]。

これに対し，たとえば，特許権者が個人発明家であって，自己実施の能力を有さず，他人に実施許諾を行っておらず，およそ侵害者と市場で競合するおそれのない場合には，102条2項の適用は困難である。

102条2項は法律上の事実推定の規定であり，侵害者が推定事実の不存在を立証すれば推定の覆滅が認められる。102条2項の推定を覆す事情としては，たとえば，①甲と乙の業務態様等に相違が存在すること（市場の非同一性），②市場における競合品の存在，③乙の営業努力（ブランド力，宣伝広告），④侵害品$\beta$の性能（機能，デザイン等特許発明以外の特徴）などの事情がある。102条2項における推定の覆滅については，侵害者が主張立証責任を負う[8]。

102条2項による推定が一部覆滅される場合であっても，当該推定覆滅部分について，特許権者が実施許諾をすることができたと認められるときは，102条3項が適用される。102条2項による推定の覆滅事由には，a.侵害品の販売等の数量について特許権者の販売等の実施の能力を超えることを理由とする覆滅事由と，b.それ以外の理由によって特許権者が販売等をすることができないとする事情があることを理由とする覆滅事由がありうるものと解されるところ，a.に係る推定覆滅部分については，特許権者は，特段の事情のない限り，実施許諾をすることができたと認められる。これに対し，b.に係る推定覆滅部分については，当該事情の事実関係の下において，特許権者が実施許諾をすることができたかどうかを個別的に判断すべきものである。具体的には，102条2項の推定の覆滅事由のうち，特許発明が侵害品の部分のみに実施されていることを理由とする覆滅事由に係る推定覆滅部分については102条3項の適用が否定されるが，市場の非同一性を理由とする覆滅事由に係る推定覆滅部分については102条3項の適用が認められる[9]。

---

7　知財高判平25・2・1判時2179-36［紙おむつ処理容器事件］（特許百選39）。
8　知財高判令元・6・7判時2430-34［二酸化炭素含有粘性組成物事件］。
9　知財高判令4・10・20判例集未登載［椅子式マッサージ機事件］（令和4年重判解知

### (3)　実施料相当額にもとづく算定方法

第3の選択肢として，もし，乙が甲に対して特許のライセンスを求めてから製造販売していたら，乙はいくら甲に払うべきであったかを基準にする算定方法がある（102条1項2号・3項・4項）。

上記の例でいえば，もし乙からライセンスを求められていたなら，甲は，乙の製品1個あたり3万円要求していたと仮定すると，損害額として，30個×3万円＝90万円支払うべきである，ということになる。102条3項は損害の額としてその賠償を「請求することができる」と規定しており，損害の発生は前提となるものの，とくに，**実施料相当額**は損害賠償の最低保証として機能している。ただし，実施料というものは本来はあくまで実施について特許権者の許諾がある場合の額であり，この額を，無断実施の場合の損害とすることは，特許権者の救済に欠ける面がある。このため，実施料にある程度上乗せした額を認定可能とするべく特許発明に対し「受けるべき金銭の額」との規範的文言が用いられている。

特許権侵害訴訟において実施料相当額を損害額として認定する際には，侵害があったことを前提とした対価（平時のライセンス契約における実施料より高い金額）を考慮できる（102条4項）。

特許権者の実施能力を超える部分，譲渡数量の全部または一部を特許権者が譲渡できないとする事情がある部分，については，102条1項1号の適用を受けることはないが，当該数量について，実施料相当額を損害額とすることができる（同項2号）。

同項2号は，侵害者の侵害行為により，権利者が（特許製品の販売から得られる利益を喪失したとはいえないが）ライセンスの機会を喪失したことに伴う逸失利益を規定するものである。

特許発明が侵害製品の付加価値全体の一部にのみ貢献している場合のように，「譲渡数量の全部または一部を特許権者が譲渡できないとする事情」は認められるものの，「特許権者又は専用実施権者が，当該特許権者の特許権についての専用実施権の設定若しくは通常実施権の許諾又は当該専用実施権者の専用実

---

的財産法2)。

施権についての通常実施権の許諾をし得たと認められない場合」(101条1項2号括弧書) には，101条1項2号は適用されない (同号括弧書)。このような場合には，権利者は，ライセンスの機会を喪失したとはいえないからである。たとえば，上記の例で，乙の侵害品βへの甲の特許発明の貢献度が30%であったと仮定する。この場合，侵害品βの譲渡数量30個のうち，100−30=70%である30個×0.7=21個については，譲渡数量の全部または一部を特許権者が譲渡できないとする事情が認められるため，特定数量として控除され，102条1項1号にいう譲渡数量は30−21=9個となる。特定数量である21個については，102条1項2号の適用は認められない[10]。

### (4)　3項に規定する金額を超える損害賠償

102条3項の規定は，同項に規定する金額を超える損害の賠償請求を妨げるものではない (102条5項前段)。102条3項の額を超える賠償額を請求するに際しては，侵害者に故意・重過失のない場合 (軽過失)，裁判所はこの点を参酌できる (102条5項後段)。

#### ★過失の推定

103条は侵害者の過失を推定している。特許権の存在と特許発明の内容は特許公報によって公示されている (66条3項) ことが理由である。特許権侵害にもとづく損害賠償請求の本則である民法709条においては被告の過失の存在が法律効果の発生要件であるとされているが，特許法103条の特則によって，特許権侵害訴訟においては，過失の不存在が効果発生の障害要件となる (いわゆる「暫定真実」。他の例として，民法186条1項などがある)。民法709条と特許法103条の関係は，本文と但書に読み替えることが可能である。すなわち，特許法103条は，「他人の特許権を侵害した者は，これによって生じた損害を賠償する責任を負う。ただし，その侵害の行為について過失がなかったときは，この限りではない」という内容を規定していることになる。なお，無過失を立証するには，権利の存在の認識の欠如または権利侵害に関する認識の欠如の評価根拠事実の本証が必要となる。

---

10　特許庁総務部総務課制度審議室編『令和元年 特許法等の一部改正 産業財産権法の解説』18頁 (発明推進協会，2020年)。

## Caseの考えかた

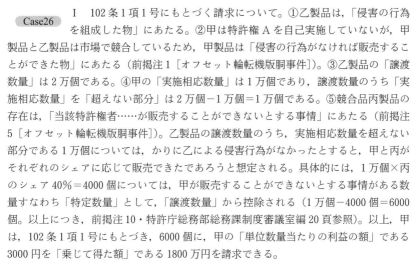

Case26 Ⅰ 102条1項1号にもとづく請求について。①乙製品は，「侵害の行為を組成した物」にあたる。②甲は特許権Aを自己実施していないが，甲製品と乙製品は市場で競合しているため，甲製品は「侵害の行為がなければ販売することができた物」にあたる（前掲注1［オフセット輪転機版胴事件］）。③乙製品の「譲渡数量」は2万個である。④甲の「実施相応数量」は1万個であり，譲渡数量のうち「実施相応数量」を「超えない部分」は2万個－1万個＝1万個である。⑤競合品丙製品の存在は，「当該特許権者……が販売することができないとする事情」にあたる（前掲注5［オフセット輪転機版胴事件］）。乙製品の譲渡数量のうち，実施相応数量を超えない部分である1万個については，かりに乙による侵害行為がなかったとすると，甲と丙がそれぞれのシェアに応じて販売できたであろうと想定される。具体的には，1万個×丙のシェア40％＝4000個については，甲が販売することができないとする事情がある数量すなわち「特定数量」として，「譲渡数量」から控除される（1万個－4000個＝6000個。以上につき，前掲注10・特許庁総務部総務課制度審議室編20頁参照）。以上，甲は，102条1項1号にもとづき，6000個に，甲の「単位数量当たりの利益の額」である3000円を「乗じて得た額」である1800万円を請求できる。

102条1項2号にもとづく請求について。102条1項1号において控除された実施相応数量を超える数量（1万個）および特定数量4000個の合計14000個について，甲が，乙に対して通常実施権を許諾していた場合，実施に対し受けるべき金銭の額は，14000×1000円＝1400万円である。

102条1項1号にもとづく額と2号にもとづく額の合計1800万円＋1400万円＝3200万円が，102条1項にもとづく損害の額となる（102条1項柱書）。

Ⅱ 102条2項にもとづく請求について。乙製品1個あたりの利益4000円にこれまでの販売総数2万個を乗じた額が乙の利益額と推定される。甲は，特許権Aを自己実施していないが，甲製品と乙製品は市場で競合しており，乙による特許権侵害行為がなかったならば利益が得られたであろう事情が存在する（前掲注7［紙おむつ処理容器事件］，東京地判平21・10・8判例集未登載［経口投与用吸着剤事件］（特許百選〔第4版〕85））ため，102条2項が適用される。ただし，乙の販売数量である2万個のうち，甲の実施能力である1万個を超える部分である1万個，および，競合品である丙製品のシェア40％に相当する4000個については，2項の推定は一部覆滅される（前掲注9［椅子式マッサージ機事件］）。結果として，2項にもとづき，甲は，乙に対し，2万個－1万個－4000個＝6000個に，乙の1個あたりの利益である4000円を乗じた2400万円を請求できる。

Ⅲ 102条3項にもとづく請求について。① 102条2項にもとづく請求において，甲は，推定が一部覆滅された14000個について，甲は，乙に実施許諾することが可能であったとして，102条3項に基づき，14000個×1000円＝1400万円を予備的に請求できる（前掲注9［椅子式マッサージ機事件］）。これが認められた場合，甲の損害額は，2400万円＋1400万円＝3800万円となる。

②甲は，乙の販売数量2万個に，実施料1000円を乗じた2000万円を102条3項にもとづき請求できる。

甲は，102条1項，2項（一部覆滅部分について予備的に3項），3項にもとづく主張を選択的に主張でき，裁判所は，その中で額がもっとも大きなもの（上記の例では2項にもとづく3800万円）を損害額と認定する。

## 第3節　不当利得返還請求権

特許権侵害の場合には，民法709条にもとづく損害賠償請求権と並存，競合しうるものとして，民法703条または704条にもとづく不当利得返還請求権が認められる。

特許権者が「損害及び加害者を知った時」から3年の経過により損害賠償請求権が時効消滅（民法724条）した場合であっても不当利得返還請求はなお可能であるという点にメリットがある。

## 第4節　特許権侵害罪

特許権または専用実施権を侵害した者は，10年以下の拘禁刑もしくは1000万円以下の罰金に処し，またはこれを併科する（196条）。間接侵害については，5年以下の拘禁刑もしくは500万円以下の罰金に処し，またはこれを併科する（196条の2）。特許法上は過失犯，未遂については規定がないため処罰されない。法人の代表者等がその法人の業務に関し特許権侵害罪を犯したときは，行為者を罰するほか，その法人に対して，3億円以下の罰金刑が科される（201条1項1号）。

# 第9章　特許権の経済的利用

Case27　甲は保有する特許権Ａについて，乙に通常実施権を設定している。丙が特許権Ａを侵害している場合，乙は丙に対してどのような請求をなしうるか。

Case28　甲は，特許権Ａを保有している。乙は，特許権Ａについて，その存続期間全部に対応する実施料全額を甲に一括して支払って，甲から，専用実施権の設定・登録を受け，特許権Ａを実施している。丙は，特許権Ａの技術的範囲に含まれる丙製品を販売している。甲は，丙に対し，丙製品の販売の差止めを請求することができるか。

## 第1節　共　　有

特許権が共有に係る場合は，契約で別段の定めをしたときを除き，他の共有者の同意を得ないで，その持分にかかわりなくその特許発明の全体について自己実施することができる（73条2項）。発明は無体物であるため，共有者の1人による実施が他の共有者の実施を妨げるものではないとの理由にもとづく。この結果，たとえば，経済的に資金，経営力を有する者が新たに共有者となった場合，既存の共有者は大きな影響を受ける。

このように，誰が新たに共有者となるかは各共有者にとって重要な利害にかかわるため，各共有者は，他の共有者の同意を得なければ，その持分を譲渡することできない（73条1項）。専用実施権や通常実施権の設定についても同様である（同条3項）。

特許権の共有者の1人が第三者に当該発明の実施品の製造を委託した場合，下請けによる自己実施と評価できれば73条2項により他の共有者の同意は不要であるが，通常実施権の設定と評価されると共有者に無断では行えない（同条3項）[1]。

## 第2節　通常実施権

### ❶　通常実施権の内容

特許権者は，その特許権について他人に**通常実施権**を許諾（ライセンス）することができる（78条1項）。通常実施権者は，特許法により，または設定行為で定めた範囲内において，業としてその特許発明の実施をする権利を有する（同条2項）。通常実施権の発生原因としては，契約（許諾）によるもの，特許法上法定されているもの（35条1項・79条など），および裁定によるもの（83条・92条・93条）がある。

通常実施権の種類としては，①単に実施を許諾するにとどまるもの，②特許権者と通常実施権者との間に，当該通常実施権者のみに実施権を付与する旨の約定があるもの（**独占的通常実施権**），さらに，③当該通常実施権者のみに実施権が与えられ，かつ，特許権者自身も自己実施しない旨定めたもの（**完全独占通常実施権**）がある。

通常実施権の法的性質は，「単に特許権者に対し実施を容認すべきことを請求する権利」すなわち特許権者に対して差止請求権等を行使しないように求める不作為請求権にすぎない[2]。特許権侵害訴訟において，実施権の存在は抗弁として主張できる。

なお，特許を受ける権利については，仮通常実施権を設定することができる（34条の2～34条の5）。

### ❷　通常実施権の対外的効力

通常実施権の対象である特許権を侵害する第三者に対し，通常実施権者は差止請求，損害賠償請求を行うことができるか。通常実施権の性質は特許権者に

1　仙台高秋田支判昭48・12・19判時753-28［蹄鉄事件］（特許百選93）は，共有者の下請けに対する指揮監督，製品のすべてが共有者に納入されている点などをふまえ，共有者の機関による自己実施であると認めている。

2　最判昭48・4・20民集27-3-580（特許百選100）。

対する不作為請求権にすぎず，排他権ではない。100条は，特許権者，専用実施権者のみに差止請求権を付与しており，通常実施権者については少なくとも固有の差止請求権は認められない[3]。

特許権者が無断実施者に対して有する差止請求権を，通常実施権者が特許権者に対して有する実施を容認すべき請求権によって代位行使することは可能か。侵害者に対する妨害排除について，特許権者が通常実施権者に約しているときには，当該債権をもって，代位行使を認める余地があろう。旧特許法下の事例であり，また，代位を認める理由づけも詳らかではないものの，東京地判昭40・8・31判タ185-209は，独占的通常実施権者が特許権者に対して本件特許権を独占的，排他的かつ全面的に実施し，当該実施品を販売することに積極的に協力すべきことを請求する債権を有しているとの認定を前提に，代位行使を認めている。

独占的通常実施権者は，特許製品の製造販売による市場および利益を独占することができる法的利益を有しており，侵害者に対して損害賠償請求を行うことができる。

## ❸ 実施許諾の対象となっている特許について無効審決が確定した場合の既払実施料の取扱い

実施許諾契約の対象である特許権が，契約締結後に無効審決によって遡及的に無効となることがある。この場合，実施許諾契約に要素の錯誤があるといえるか。また，既払いの実施料は不当利得となるか。

実施許諾契約上，特許が無効となっても既払いの実施料は返還しない旨の合意があったという事情の下，特許が無効審決によって無効とされ，実施権者が錯誤による契約の無効を主張し，不当利得の返還を請求したという事例について，知財高判平21・1・28判時2044-130［石風呂事件］は，要素の錯誤にはあたらず，あるいは重過失があるとして実施権者の主張を斥けている。①合理的な事業者としては，「発明の技術的範囲がどの程度広いものであるか」，「当該特許が将来無効とされる可能性がどの程度であるか」，「当該特許権（専用実

---

3　大阪地判昭59・12・20無体集16-3-803［パンチパーマブラシ事件］（特許百選102）。

施権）が，自己の計画する事業において，どの程度有用で貢献するか」等を総合的に検討，考慮することは当然であり，②仮に，本件特許が無効とされる事情が発生しなかったとすれば，本件特許権は，その特許請求の範囲の記載のとおりの技術的範囲およびその均等物に対する専有権を有していたのであり，その専有権は，原告の計画していた事業において，有益であったというべきである，というのが錯誤無効の主張が認められなかった理由である。

## ❹ 当然対抗制度

通常実施権者は，登録を要さずに，特許権の譲受人に対抗できる（99条）。**当然対抗制度**と呼ばれる。

たとえば，特許権者甲が特許権Aについて乙に通常実施権を設定した後，特許権Aを丙に譲渡した場合，乙は，丙に対し，通常実施権の効力を主張できる。通常実施権の効力を主張できるのは，設定行為で定めた範囲（78条2項）においてであり，具体的には，特許発明の実施の地域，期間，内容の制限つきでの実施である。乙が甲から特許権Aについて東海地方限定で販売ライセンスを受けていた場合，乙が丙に対して主張できる通常実施権は東海地方での販売に限られる。

特許のライセンス契約においては，地域，期間，内容の制限以外にも，ライセンス料，原材料の購入先といった様々な合意がなされる。これらすべてに関して，通常実施権者は譲受人に対し主張できるのかについては，特許法は明文の規定を置いていない。このため，たとえば，甲と乙との間で，ライセンス料を月額○○円とするとの合意がなされていた場合，乙は，丙に対しても，同額を支払えばよいのか，そもそも丙と甲いずれにライセンス料を支払えばよいのか，といった問題がある。学説上は，99条の効果として，これらすべての合意も含めて承継されるとする説と，78条2項にいう通常実施権の範囲に関する合意以外の事項は当然には承継されず，乙の実施の条件は，丙との間での別途合意にゆだねるべきである，とする説とがある。99条の文言上前者の見解が当然には導かれない以上，当面後者の見解を前提にすべきであろう。

# 第3節　専用実施権

特許権者は，その特許権について**専用実施権**を設定することができる（77条1項）。専用実施権者は，設定行為で定めた範囲内において，業としてその特許発明の実施をする権利を専有しており（同条2項），当該範囲内については，特許権者も実施できない（68条但書）。

通常実施権と異なり，専用実施権については，100条で排他性が明定されている。このため，専用実施権は，登録が効力発生要件とされている（98条1項2号）。専用実施権を設定した特許権者は，自ら特許発明を実施できなくなるが，侵害者に対する差止請求権も行使できなくなるわけではない。最判平17・6・17民集59-5-1074（特許百選103）は，その理由として，①100条1項の文言上，専用実施権を設定した特許権者について差止請求権が制限される根拠は見当たらないこと，②実質的にみても，専用実施権者の売上げにもとづいて実施料が定まる場合には，特許権者には，実施料確保という観点から，特許権の侵害を排除すべき現実的な利益があること，③特許権の侵害を放置していると，専用実施権が何らかの事情で消滅し，特許権者自らが特許発明を実施する際に不利益を被る可能性があることを挙げている。

### ★通常実施権の範囲の制限

通常実施権の範囲は，当事者間の許諾契約により定まるものであり，その範囲を特許権の全部とすることも，一部の範囲に限定することもできる。一般に，通常実施権の範囲は，地域（例　九州地区限定），期間（例　令和○○年○月○日から同□年□月□日まで），および内容（例　生産・譲渡に限定，下請け生産可）によって画される（大阪高判平15・5・27判例集未登載［育苗ポット事件］）。通常実施権者が，特許権者の許諾なく，当該範囲を超えた特許発明の実施をなした場合は，原則として，特許権侵害となり，当該侵害行為により市場に出された製品については，特許権の消尽は成立しない。一方，原材料の購入先，製品規格，販路，標識の使用等に関するその他の義務は，通常実施権の「範囲」外であり，その違反は債務不履行にとどまるものと考えられる。評価の分かれるのは特許製品の最高製造数量の制限（例　月産△個まで）についてであり，通常実施権の範囲の合意とみる見解[4]と，数量制限内の製品であるかが第三者にとって判別困難であり取引の安全を害すること等を理由として通常実施権の「範囲」外の合意とする見解とがある[5]。

## Caseの考えかた

**Case27** 固有の差止請求権は認められない。甲が乙との間で侵害排除義務を約している場合には，債権者代位によって差止請求が肯定される余地がある。判例・通説によれば，通常実施権が独占的なものである場合は，損害賠償請求が可能である。その際，過失の推定，譲渡数量にもとづく損害額の認定規定の類推適用が認められる。

**Case28** 前掲最判平17・6・17が専用実施権を設定した特許権者による差止請求権を肯定する際に考慮した，②の事情が本件では存在しない。このため，同判決の射程が本件に及ぶか問題になる。②の事情の有無にかかわらず，100条の文言上，専用実施権を設定した特許権者による差止請求権に制限はないため，本件でも甲による丙に対する請求を認めても差し支えないと考えられる。

---

4　知財高判平18・7・20判例集未登載，小泉直樹「数量制限違反の特許法上の評価」牧野利秋判事退官記念『知的財産法と現代社会』354頁（信山社，1999年）。

5　三村量一「特許実施許諾契約」椙山敬士他編『ビジネス法務大系Ⅰライセンス契約』115頁（日本評論社，2007年）。

# 第Ⅱ編　著作権法

## 本編のあらすじ

著作権法1条は,「この法律は, 著作物並びに実演, レコード, 放送及び有線放送に関し著作者の権利及びこれに隣接する権利を定め, これらの文化的所産の公正な利用に留意しつつ, 著作者等の権利の保護を図り, もって文化の発展に寄与することを目的とする」と規定する（以下, 本編においては, 著作権法については, 法令名を省略する)。

本条は, 著作権法の基本構造と目的について以下のとおり定めるものである。

第1に,「並びに」の文言が用いられていることからわかるとおり, 著作権法上,「実演, レコード, 放送及び有線放送」は,「著作物」とは別個の保護対象として扱われる。これに対応して, 実演, レコード, 放送, 有線放送に関して著作権法上与えられる権利は「著作者の権利」ではなく,「これに隣接する権利」(著作隣接権。89条以下）と呼ばれる。

音楽CDを例にとると, 楽曲の作曲家, 作詞家, 編曲家は音楽の著作者として, 一方, 歌手, バンド, レコード会社, 放送局などは, 著作隣接権者としてそれぞれ著作権法上の権利を与えられる。

第2に, 著作権法の最終目的は,「文化の発展に寄与」することにある。「もって」という文言から明らかなように,「著作者等の権利の保護を図る」ことも, 法の最終目的実現のための手段として位置づけられる。

第3に,「文化」という言葉は多義的であるが, 著作権法の適用領域を画する際に, 文化と対置されるべき概念としては, 特許法, 実用新案法が対象とする技術, 実用, 機能といったものがあげられよう。

著作権法を所管するのは, 文部科学省文化庁である。

## 第1章　著作物の定義

**著作物**とは「思想又は感情を**創作的に表現**したものであって，文芸，学術，美術又は音楽の範囲に属するもの」をいう（2条1項1号）。著作物として保護されるのは創作的表現部分であって，**アイデア**は保護されない。

## 第2章　著作物の例示

言語，音楽，舞踊，美術，建築，図面，映画，写真，プログラムが著作物として例示されている（10条）。

## 第3章　二次的著作物

既存の著作物に創作を加えたものを**二次的著作物**という（2条1項11号）。二次的著作物に関する権利は**原著作物**に関する権利とは別個に成立する（11条）。二次的著作物が利用される際には，二次的著作物の著作者と，原著作物の著作者の権利がはたらく（28条）。

## 第4章　編集著作物・データベースの著作物

電話帳，辞書のように**素材の選択または配列**によって創作性を有する著作物を**編集著作物**という（12条）。

## 第5章　著作者

著作物を創作した者を**著作者**という（2条1項2号）。職務上作成される著作物については，**職務著作**として法人への権利の帰属が認められる（15条）。**映画の著作物**については，監督らにまず権利が発生し，そのうち著作財産権については，映画製作者に法定帰属する（16条・29条）。

## 第6章　著作者人格権

著作者には，審査，登録などの手続を要さずに，**著作者人格権**と著作（者財産）権が原始的に帰属する（17条）。著作者人格権は著作者の一身に専属する譲渡不能な権利であり，**公表権**，**氏名表示権**，**同一性保持権**が法定され（18条～

20条），その他著作者の人格的利益を害する利用についても侵害とみなされる（113条）。

## 第7章　著作権

著作者の財産的な権利として，**複製権**，**上演権**，**上映権**，**公衆送信権**，**口述権**，**展示権**，**頒布権**，**譲渡権**，**貸与権**，**翻案権**が与えられる（21条〜27条）。

## 第8章　著作権の制限

著作権は，**私的複製**，図書館における複製，**引用**，教育目的の利用，障害者のための利用，非営利上演，報道・国家活動のための利用，放送事業者による一時的固定，所有権との調整，情報処理などのための利用の各場合について制限される（30条〜50条）。

## 第9章　権利の取引

著作権は**譲渡**，**利用許諾**が可能である（61条・63条）。**出版権者**は，著作権者等と同様，差止請求権を行使できる（112条1項）。

## 第10章　著作権の保護期間

著作権は，原則として**創作時点から著作者の死後70年間**存続する（51条〜58条）。

## 第11章　著作隣接権

**実演家**，**レコード製作者**，**放送・有線放送事業者**については，著作物を利用して経済的価値を生み出すものとして著作隣接権が与えられている（89条〜104条）。

## 第12章　権利侵害

著作権を侵害する者に対しては，**差止請求**，**損害賠償請求**等を行うことが可能であり，**罰則**も科される（112条，民法709条，119条〜122条の2，124条）。

# 第1章 著作物の定義

## 第1節 創 作 性

**著作物**とは，思想または感情を創作的に表現したものであって，文芸，学術，美術または音楽の範囲に属するものをいう（2条1項1号）。

著作物の第1の要件は，**創作性**である。

第1に，創作的に表現されたというためには，厳密な意味で独創性が発揮されたものであることは必要なく，作者の何らかの個性が表現されたもので足りる[1]。個性的とは，その人らしい，他と違うということであり，既存の作品よりも美的に秀でているということは必ずしも意味しない。客観的には作品中のミス・欠点といえる部分でさえも，1つの個性とみることができる。

第2に，既存の作品を忠実に再現したにすぎない作品については，創作性は認められない。版画を忠実に撮影した写真の創作性が否定された例として，東京地判平10・11・30知裁集30-4-956［版画写真事件］がある。

第3に，そもそも，何らかの個性を発揮しうる程度に，表現形式を選択する余地がない場合には，創作性は認められない。東京地判平6・4・25判時1509-130［城の定義事件］は，城の定義（人によって住居，軍事，政治目的をもって選ばれた一区画の土地と，そこに設けられた防御的構築物）について，同じ学問的思想に立つ限り「同一又は類似の文言を採用して記述する外はなく，全く別の文言を採用すれば，別の学問的思想による定義になってしまう」こと，すなわち，表現形式に選択の余地がないか極めて限られていることを1つの根拠として，創作性を否定している。

文章自体がごく短い場合にも，創作性が否定されることがある。文化庁の元担当官による解説[2]は，キャッチフレーズには創作性は認められないと述べている。

---

1 知財高判平20・7・17判時2011-137［ライブドア裁判傍聴記事件］（著作権百選3）。
2 加戸守行『著作権法逐条講義〔7訂新版〕』23頁（著作権情報センター，2021年）。

一方，判例は，短い作品であるからという理由で直ちに創作性を否定することなく，表現形式に個性が認められるかを個別に判断している。東京高判平13・10・30判時1773-127［交通標語事件］は，「ボク安心　ママの膝より　チャイルドシート」なる標語の創作性を肯定したが，交通標語については，創作性が認められる場合，その保護範囲は一般的に狭いと指摘したうえで，「ママの胸より　チャイルドシート」について，著作権侵害にあたらないと判断している。一方，知財高判平17・10・6判例集未登載［YOL事件］は，「マナー知らず大学教授・マナー本海賊版作り販売」等の記事の見出しの創作性を否定したが，その理由づけは，見出しが短文であることではなく，表現がありふれていることにもとづく。

第4に，表現が平凡かつ，ありふれたものであると評価される場合も，同様に創作性が否定される。雑誌の休刊の挨拶文について，東京地判平7・12・18知裁集27-4-787［ラストメッセージin最終号事件］（著作権百選27）は，①当該雑誌が今号限りで休刊となる旨の告知，②読者に対する感謝の念，お詫びの表明，③残念である旨の感情の表明，④当該雑誌のこれまでの編集方針の骨子，⑤休刊後の再発行や新雑誌刊行の予定の説明，引き続き購読してほしい旨の要望，が記事の内容となることは常識上当然であり，これらをありふれた表現で記述しても創作性は認められないとした。

## 第2節　表　現　性

著作物性の第2の要件は，思想または感情そのもの（アイデア）ではなく，表現であることである（表現性）。

前掲［城の定義事件］では，創作性を否定したうえで，著作物性を否定するもう1つの理由として，定義が城の学問的研究のための基礎として城の概念の不可欠の特性を簡潔に言語で記述したものであり，学問的思想（アイデア）そのものであること，をあげる。

大阪高判平6・2・25知裁集26-1-179［脳波数理解析論文事件］は，一般に，学問分野における出版の目的は，知見を伝達し，他の学者等をして，これを更に展開する機会を与えることにあり，学問上の定義や数学的命題の解明過程そのものが著作権法によって独占されると，同じ学問思想に立つものが同一または類似の定義を採用することが妨げられ，また，論文等に書かれた命題の解明過程を発展させることもできないことになり，適切でないと述べている。

大阪地判昭59・1・26無体集16-1-13［万年カレンダー事件］（著作権百選2）は，万年カレンダーの構成およびその標識体に色彩を採用した着想（アイデア）そのものは，著作権法の対象とならない，と述べている。

著作権法が奨励するのは，個性的で多様な表現活動である。もし，表現の大本にあるアイデアや事実が特定の人に独占されてしまうと，後から表現しようとする人は，逐一許諾を得る必要が生じる。アイデアや事実，思想または感情自体について，著作物としての保護の対象から除外されている理由はこのようなものである。

## 第3節　文芸・学術・美術・音楽の範囲

厳格にある著作物をジャンル分けしてこれらのカテゴリにあてはまるかを検討する必要はなく，知的・文化的精神活動の所産全般といえればこの要件を充たす[3]。ただし，応用美術については例外的扱いがなされており，美的鑑賞可能性が認められる場合にのみ，美術の著作物として保護対象となる。

3　東京高判昭62・2・19無体集19-1-30［当落予想表事件］。

# 第2章　著作物の例示

## 第1節　著作物の例示の意義

著作物として保護されるためには，2条1項1号の要件を充たせば十分である。10条1項は，どのようなものが著作物であるかをより明確にするために置かれた例示規定である。「おおむね次のとおりである」との文言からも明らかなとおり，仮にこれら各号に例示されている類型に該当しなくても，2条1項1号の要件を充たす限り，著作物として保護を受ける。

著作権侵害訴訟における原告は，請求の基礎となる著作物が10条1項列挙のどれに属するかを特定する必要は，原則としてない。例外として，24条（口述権）・25条（展示権）・26条1項（頒布権）のように，特定の類型の著作物についてのみ与えられる権利にもとづく主張を行う場合は，請求の基礎となる著作物が当該類型（口述権については言語の著作物，展示権については美術・写真の著作物，頒布権については映画の著作物）に該当することを主張立証しなければならない。

## 第2節　言語の著作物

**言語の著作物**（10条1項1号）とは，言語により表現される著作物である。例示されているもののほか，たとえば，詩歌，手紙なども言語の著作物になりうる。言語の著作物には，文書のような形で有形的に作成されているものだけでなく，講演のように口頭で無形的に作成される場合も含む。

小説等の題号（タイトル），見出し，広告コピー，キャッチフレーズのように，数単語の短い表現については，その表現の選択の幅が小さいため，一般論として，著作物性が認められることは比較的容易ではないといえる。

**事実の伝達にすぎない雑報および時事の報道**は，言語の著作物に該当しない（10条2項）。訃報，人事異動の記事のようなものについては，創作性が認められず，2条1項1号の著作物に該当しない，ということを確認的に規定したものである。

なお，13条に列挙されている憲法その他の法令等の創作物については，著作物ではあるが，公益的理由により，著作権法による保護を受けることがないという点で，違いがある。

小説等の言語の著作物の登場人物，動物等について，その名称や姿態，容貌，性格，役柄その他の特徴の総体として，読者に一定のイメージとして感得されるものを**キャラクター**と呼ぶ。

視覚的に表現された漫画の登場人物についての事案であるが，最判平9・7・17民集51-6-2714［ポパイネクタイ事件］（著作権百選78）は，「キャラクターといわれるものは，漫画の具体的表現から昇華した登場人物の人格ともいうべき抽象的概念であって，具体的表現そのものではなく，それ自体が思想又は感情を創作的に表現したものということができない」と説示している。この理は，言語で表現されたキャラクターにも基本的にあてはまる。

［ポパイネクタイ事件］が指摘しているのは，「キャラクターの著作権」という独立の権利が小説，漫画の著作権と別個に存在するわけでないということである。いいかえると，同判決は，登場人物などの特徴すなわちキャラクターが，小説，漫画において具体的に表現されている場合に，表現の無断利用について小説，漫画の著作権侵害が成立することまでを否定するものではないと考えられる。

既存の小説等の続編を作成する行為が著作権侵害となるかという問題がある。たとえば，第三者が，「ハリーポッター」の著者に無断で，読者が「ハリーポッター」の「続編」と認識できるような形式の作品を公刊した場合，著作権侵害となるかは，その「続編」において，「ハリーポッター」各巻における人物描写，場面，せりふ等の具体的表現部分がどの程度利用されているかによって決まる。

## 第3節　音楽の著作物

音楽の著作物（10条1項2号）とは，音によって表現されるものであり，メロディ，ハーモニー，リズム，形式により表現される楽曲，および楽曲に伴う歌詞が音楽の著作物となる。特定の音楽作品の表現について創作性が認められるかの判断においては，これらのすべての要素が考慮されるが，打楽器のみによる音楽のような特殊な例を除き，一般に，楽曲の表現上の創作性は，とくにメロディに表れる[1]。

楽譜に固定されていることは保護の要件となっていないため，即興演奏等も，音楽の著作物として保護されうる。

## 第4節　舞踊または無言劇の著作物

舞踊または無言劇の著作物（10条1項3号）とは，身振り，動作によって表現されるものである。著作物として保護されるのは振付自体であり，舞踏行為は別途，実演として著作隣接権の対象となる。モダンバレエの振付[2]，日本舞踊の振付[3]について，著作物性が認められた例がある。一方，フィギュア・スケート，アーティスティックスイミング，社交ダンスなどの競技の振付については，定型化された部分の占める割合が大きいため，著作物性が認められる余地は相対的には小さいといえよう。

大阪地判平30・9・20判時2416-42［フラダンス事件］は，ハンドモーションとステップから構成されるフラダンスの振付の特殊性（ハンドモーションは特定の言葉に対応する動作が決まっており手話のようなものであり，ステップも典型的なものが存在すること）をまず指摘したうえで，第1に，振付の各構成要素について作者の個性が表れるのは例外的であり，具体的には，ハンドモーションについては「当該振付けに独自のものであるか又は既存の動作に有意なアレンジを加えたもの」，ステップについては「既存のものと顕著に異なる新規なもの」，ハンドモーションとステップの組み合わせについては「舞踊的効果を顕著に高めたりしている」ものに限られるところ，仮に右各動作に作者の個性が表れたとしても，一瞬の動作のみでは舞踊は成立しないため，各動作に個別には舞踊

1　東京高判平14・9・6判時1794-3［記念樹事件］（著作権百選55）。
2　東京地判平10・11・20知裁集30-4-841［ベジャール事件］。
3　福岡高判平14・12・26判例集未登載。

の著作物性は認められないとした。第2に，舞踊のひとまとまりの動作の流れに着目してさらに検討すると，本件各振付には，「完全に独自な振付け」，「他の振付けとは有意な差異を生じさせる振付け」が含まれており，全体としての著作物性を肯定できるとした。

## 第5節　絵画，版画，彫刻その他の美術の著作物

### ❶　純粋美術と応用美術

美術の著作物（10条1項4号）は，形状，色彩によって表現される。

10条1項4号は，絵画，版画，彫刻などについて美術の著作物として例示するとともに，2条2項において，「**美術工芸品**」が，美術の著作物に含まれる，ことを規定している。10条1項4号に例示されているもののほか，書，舞台装置なども，美術の著作物として保護されうる。

まず，条文上の定義は存在しないが，現行法の立法時以来，美術について，絵画，彫刻のようにそれ自体を鑑賞目的としており，実用性を有しない「**純粋美術**」と，実用性を有する「**応用美術**」とに二分するという考え方が存在する。そして，現行法の立法時には，応用美術のうち，壺，刀剣といった一品制作の美術的工芸品に限って，美術の著作物として保護するという趣旨で2条2項が制定された。

一方，最近の判例は，2条2項の美術工芸品にはあたらない実用品，応用美術についても，**実用目的を達成するために必要な機能に係る構成と分離して，美的鑑賞の対象となりうる美的特性である創作的表現を備えている場合**には，美術の著作物として保護する[4]。

### ❷　印刷用書体（タイプフェイス）・デザイン文字

最判平12・9・7民集54-7-2481［ゴナ書体事件］（著作権百選9）は，印刷用書体が著作物に該当するためには，従来の書体に比して顕著な特徴を有する独

4　知財高判令3・12・8判例集未登載［タコの滑り台事件］。

創性が必要であり，かつ，それ自体が美術鑑賞の対象となりうる美的特性を備えていなければならないとの基準を示し，具体的あてはめとしては，本件書体は従来のゴシック体から大きく外れていないとして著作物性を否定した。

仮にこれらの書体を著作権により保護した場合，書体を用いた印刷等について許諾が必要となってしまうこと，文字の情報伝達機能は重要であること，および，わずかな差異の多数の書体が無登録で保護されることになり，権利関係が複雑になることが理由としてあげられている。印刷用書体（**タイプフェイス**）の著作物性についての長い論争に終止符を打ったものとしての意義がある。

同様に，広告用のロゴマークとなったデザイン文字（ロゴタイプ）についても，文字が有する情報伝達機能に照らし，著作権法による保護を認められることは一般的にいって困難である[5]。これに対し，美的鑑賞性を有する美術としての「書」については，美術の著作物として保護される[6]。

文字のデザインが保護されるかは，情報伝達機能である文字の本質を害しない程度の個性が認められるかといった考慮によって個別に判断されることになろう。

## ❸　漫画等の視覚的表現を伴う著作物の登場人物のキャラクター

漫画等の視覚的表現を伴う作品の登場人物を描いた原画等は，美術の著作物として保護を受けることができる。一方，原画を離れた，その登場人物の性格，生い立ちなどの抽象的な特徴自体は，具体的表現と認められないため，独立の著作物として保護を受けることはない。この点について明らかにしたのが，前掲［ポパイネクタイ事件］である。

漫画等の登場人物の図柄を第三者が無断利用して商品化したような事例については，漫画の「**キャラクターの著作権**」というものを漫画と別個に観念してその侵害の成否を論ずる必要はなく，あくまで，当該商品において，漫画の著作物の創作的表現の利用が認められるかによって判断される。［ポパイネクタイ事件］判決は，「複製というためには，第三者の作品が漫画の特定の画面に描かれた登場人物の絵と細部まで一致することを要するものではなく，その特

5　東京高判平 8・1・25 知裁集 28-1-1［「Asahi」ロゴマーク事件］。
6　大阪地判平 11・9・21 判時 1732-137［装飾文字「趣」事件］。

徴から当該登場人物を描いたものであることを知り得るものであれば足りる」と述べている。ある程度のデフォルメがなされていても，当該キャラクターであると認識可能な程度に似ていれば，権利侵害となるという趣旨である。

## 第6節　建築の著作物

一般に，著作権法における創作性の要件は，何らかの個性が表れていれば充たされると解釈されている。このような中，**建築の著作物**については，応用美術と同様，美的鑑賞性，芸術性が要求される結果，一般住宅については原則として著作物としての保護を受けることが困難な状況にある。

大阪高判平16・9・29判例集未登載［グルニエ・ダイン事件］（著作権百選13）は，著作権法が「建築物を『建築の著作物』として保護する趣旨は，建築物の美的形象を模倣建築による盗用から保護するところにあり，一般住宅のうち通常ありふれたものまでも著作物として保護すると，一般住宅が実用性や機能性を有するものであるが故に，後続する住宅建築，特に近時のように，規格化され，工場内で製造された素材等を現場で組み立てて，量産される建売分譲住宅等の建築が複製権侵害となるおそれがある。そうすると，一般住宅が同法10条1項5号の『建築の著作物』であるということができるのは，客観的，外形的に見て，それが一般住宅の建築において通常加味される程度の美的創作性を上回り，居住用建物としての実用性や機能性とは別に，**独立して美的鑑賞の対象**となり，建築家・設計者の思想又は感情といった文化的精神性を感得せしめるような**造形芸術としての美術性**を備えた場合と解するのが相当である」（太字筆者）としたうえで，建設会社がシリーズとして企画し，一般人向けに多数の同種の設計により建築される戸建住宅のデザインは建築の著作物に該当しないとした。

建築物の特殊性は，著作物として保護された場合の権利の内容についても考慮制限される。建物に居住する者が，居住のために建物を増改築することは当然想定されることから，建築の著作物については，20条2項2号により，増改築・修繕，模様替えの場合には同一性保持権がはたらかないこととされている。また，46条2号は，建築の著作物を建築により複製する場合，すなわち模倣建築だけを複製権侵害としており，建築を写真撮影により複製する場合については，著作権者の許諾を要しない。

なお，建築設計図は，建築とは別個に図形の著作物（10条1項6号）として保護される。図面に従って建築物を完成させることは，設計図の複製ないし翻案ではなく，建築の著作物の複製となる（2条1項15号ロ）。

## 第7節　地図または学術的な性質を有する図面，図表，模型その他の図形の著作物

**Case29**　建築家甲は，住宅Aのデザインを創作し，住宅Aの設計図Bを創作した。甲の助手乙は，甲に無断で設計図Bを複製し，複製物Cを建築家丙に渡した。丙は，Cをもとに，住宅Aと同一のデザインを有する住宅Dを建築した。乙，丙の行為は甲の著作権を侵害するか。

10条1項6号は，**地図**，**設計図**，グラフ，図表，図解などの平面的なもの，および地球儀や人体模型のような立体的で学術的な性質を有するものが対象となる。

地図は，実際の地形，地理的事項を正確に表現するものであるから，おのずと表現の幅は制約されるが，どのような情報を選択，表現するかということについて創作性を発揮できる[7]。

設計図について創作性が認められる可能性があるのは，大別して，①線の引き方，記号，数値の用い方といった作図法と，②建築，機械部品など表現された図形の2つである。

設計図の中でも，機械・工業製品の設計図と建築の設計図とでは，状況が異なる。すなわち，機械・工業製品の設計図について，①作図法は，そのための基本的な訓練を受けた者であれば，誰でも理解できる共通のルールに従って表

7　住宅地図について創作性の余地はとくに限定されていると述べるものとして，富山地判昭53・9・22無体集10-2-454。

現されているのが普通であり，同一の機械を設計図に表現するときは，おのずと類似の表現にならざるをえず，著作物性の認められる余地は限られる[8]。また，②表現対象である図形についても，機械，工業製品のデザインについてはそもそも実用品として著作物性が認められないことが多いので，そのような著作物性の認められないデザインを図面で表現した設計図については，創作性が認められる余地は小さい[9]。ただし，およそ認められないというわけではない[10]。一方，建築の設計図については，①作図上の表現方法，②具体的な表現内容（建物の形状，寸法を含めた表現）のいずれかに個性が認められる場合には著作物性が認められる[11]。

**Caseの考えかた**

**Case29**　乙の行為は設計図Bの複製権および譲渡権を侵害する。設計図Cをもとに住宅Dを建築する丙の行為は，建築の著作物Aの複製権を侵害する（2条1項15号ロ）。

## 第8節　映画の著作物

映画の著作物（10条1項7号）とは，音を伴い，または伴わないで，連続する映像により表現されたものである。創作性が認められるのは，映像表現，カメラワーク，フィルム編集などにおける創意工夫である。したがって，ビデオカメラを設置して，自動的，機械的に単に撮影した映像は，映画の著作物とはならない。2条3項により，ビデオテープやディスクなどに固定されており，かつ，映画と同様の視覚的または視聴覚的効果を生じさせるもの，たとえば，多数の静止画像を映写幕に高速，順次投影したものなども，映画の著作物として保護される。

8　東京地判平9・4・25判時1605-136［スモーキングスタンド事件］（著作権百選11）。
9　同上。
10　肯定例として，大阪地判平4・4・30知裁集24-1-292［丸棒矯正機設計図事件］。
11　知財高判平27・5・25判例集未登載［メゾンA事件］（著作権百選12）。

**映画の著作物**について，他の著作物には存在しない固定要件が定められているのは，テレビの生放送番組を除外する趣旨である。もっとも，実際は，放送と同時に固定されている場合が多い。

映画の著作物については，権利の帰属（16条・29条），権利（26条），保護期間（54条）について特則が置かれており，一般の著作物とは異なる扱いを受けるため，裁判上，映画の著作物の該当性が争われてきた。とくに，ゲームの動画映像については，劇場用映画と異なり，同一内容の映像が常に再現されるのではなく，個々のプレイヤーの操作によって映し出される映像に変化が生じうるため，固定要件の充足性に疑問が呈されたこともあったが，最判平14・4・25民集56-4-808［**中古ソフト事件**］（著作権百選62）によって，映画の著作物にあたるとされた。

## 第9節　写真の著作物

Case30

**甲と乙は協力して人形αの写真βを撮影した。甲は，人形αのポーズを決め，乙は，写真構図，採光，露光，シャッタースピード等を決めてシャッターを切った。写真βの著作者は誰か。**

**写真の著作物**（10条1項8号）の創作性は，撮影者が意図的に被写体を配置したり，撮影対象物を自ら付加したような場合には，当該配置・付加行為について，また，構図，カメラアングル，レンズ選択，背景，照明の組み合わせ，シャッター速度，現像手法など様々な点における独自の工夫を行った場合には撮影手法について，それぞれ認められる余地がある。

撮影対象ないし被写体の配置，付加についての創作性が認められた例として，スカイダイビング中にダイバー自身が共にダイビングする者を撮影した写真において，撮影者と被写体の安全に注意しつつ，被写体との距離関係を保てるよう自己の位置を調整すること[12]，すいか，籠，氷などを組み合わせた人為的な

12　東京高判平15・2・26判例集未登載。

被写体を選択すること[13]，お祭りの神輿，見物人の一瞬の風景を撮影対象とすること[14]があげられる。

一方，既存の廃墟建造物を撮影した写真については，創作性が認められなかった[15]。同判決は，被写体に関する工夫一般について創作性を否定するのではなく，既存の廃墟建造物であるということを理由に，表現上の本質的な特徴を構成しないと述べている。その際，同事案が，「撮影者が意図的に被写体を配置したり，撮影対象物を自ら付加したものでない」と付言している。この判示部分によって，前掲注13［西瓜写真事件］のように，撮影者が意図的に被写体を配置，自ら付加したことにより創作性が肯定された先例と，自由にアクセス可能な既存の建造物を被写体として選択したことについて創作性が否定された本件を，整合的に理解することが可能となると思われる。

平面的な作品である版画を原画に忠実に紹介する目的で撮影される写真について，正面から撮影することには他に選択の余地がなく，光線の照射方法を含めて，創作性が認められないとされた例がある[16]。いわゆるプロの写真家でなく，一般人が撮影したスナップ写真についても，被写体の構図，シャッターチャンスにおいて創作性が認められることがある[17]。

写真の著作権の侵害は，ネガを焼く，スキャナでコピーするといった原作品そのままの利用によってだけでなく，既存の写真の著作物を参照し，その本質的特徴を直接感得させるような別個の写真を撮影する行為によっても生じうる（前掲注13［西瓜写真事件］）。前述の例でいえば，ダイビングの写真を見て，自らダイビングし，類似の写真をとる行為，すいかの写真を真似て，同様の被写体を自ら作り，撮影する行為，翌年のお祭りで同一の撮影場所から実質類似の場面を撮影する行為のいずれもが，侵害行為となりうる。

13　東京高判平13・6・21判時1765-96［西瓜写真事件］。
14　東京地判平20・3・13判例集未登載。
15　知財高判平23・5・10判タ1372-222［廃墟写真事件］（著作権百選54②）。
16　東京地判平10・11・30知裁集30-4-956［版画写真事件］。
17　知財高判平19・5・31判時1977-144。

**Caseの考えかた**

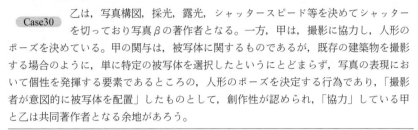

Case30　乙は，写真構図，採光，露光，シャッタースピード等を決めてシャッターを切っており写真βの著作者となる。一方，甲は，撮影に協力し，人形のポーズを決めている。甲の関与は，被写体に関するものであるが，既存の建築物を撮影する場合のように，単に特定の被写体を選択したというにとどまらず，写真の表現において個性を発揮する要素であるところの，人形のポーズを決定する行為であり，「撮影者が意図的に被写体を配置」したものとして，創作性が認められ，「協力」している甲と乙は共同著作者となる余地があろう。

## 第10節　プログラムの著作物

プログラムとは，電子計算機を機能させて1つの結果を得ることができるようにこれに対する指令を組み合わせたものとして表現したものをいう（2条1項10号の2）。プログラムの設計書，フローチャートは，電子計算機に対する指令にあたらないため，**プログラムの著作物**（10条1項9号）ではなく，言語の著作物（同項1号）または図表等の著作物（同項6号）として保護を受ける。

10条3項では，プログラムの著作物の表現部分ではなくアイデアとして保護されるべきではない部分について，確認的に規定している（1号～3号）。確認的，という趣旨は，仮に3項の規定がなくても，2条の著作物の定義にあたらないとして，いずれにしても保護されるべきではないという意味である。

プログラム言語（1号）とは，プログラムを表現する手段としての文字，数字，記号であり，これらの用法の体系，文法は著作権法による保護の対象とはならない。規約（2号）とは，特定のプログラムにおける表現の特別の約束事をさす。たとえば，利用するPCのOSとの関係で遵守すべきルール，通信プロトコルがこれにあたる。これらのルールに従いプログラミングすることは著作権侵害とならないが，プロトコルなどがプログラムの著作物の形で表現されている場合，それを複製する行為は著作権侵害にあたると考えられている。規約自体はアイデアであるが，それを表現する方法に創作性が認められる余地はゼロとはいえないであろう。しかしながら，ルールというものの性格上，その表現形式にはおのずと制約が伴い，実際に著作物性が認められる部分は限定されよう。解法（3号）とは，PCに一定の処理をさせる一連の手順，プロセスの設定，論理的な構成法をいう。

### ★不法行為法による補完的保護の可能性

著作物性が否定された情報の複製行為について民法709条の不法行為が成立する場合があるが，著作権法で保護されていない対象については原則として利用は自由であるため，不法行為の成立は自由競争を逸脱したといえるような特段の事情の下に限られる。最判平23・12・8民集65-9-3275［北朝鮮著作権事件］（著作権百選104）は，未承認国である北朝鮮国民の著作物は日本著作権法6条3号にもとづき日本著作権法で保護すべき著作物にはあたらないとして著作権法による保護は否定したうえで，著作権法が規律の対象とする著作物の利用による利益とは異なる法的に保護された利益を侵害するなどの特段の事情がない限り，不法行為を構成するものではないと述べている。本判決のいう「著作物の利用による利益とは異なる法的に保護された利益」には営業の自由が含まれる[18]。本件で具体的には，2時間超の長さの北朝鮮映画のうち2分ほどが日本のテレビ放送局の6分間のニュース番組で無断利用された事例について，報道目的上正当であり，自由競争を逸脱した営業妨害として不法行為を構成するとはいえないとした。

18　山田真紀・最判解民事篇平成23年度（下）734頁。

# 第3章　二次的著作物

## 第1節　二次的著作物の意義

著作物を翻訳し，編曲し，もしくは変形し，または脚色し，映画化し，その他翻案することにより創作した著作物を**二次的著作物**とよぶ（2条1項11号）。翻訳とは，言語の著作物を言語体系の違う他の言語に表現しなおすこと，編曲とは，音楽の著作物について，楽曲をアレンジして原曲に付加的価値を生み出すこと，変形とは，美術の著作物について，絵画を彫刻にしたり，彫刻を絵画にするように次元を異にしたりすること，翻案とは，ストーリー性等をそのまま維持しながら，具体的表現を変える，シチュエーションを変えるような場合をそれぞれ指す。

漫画を原著作物として映画の著作物が創られ，さらにその映画の著作物をもとにしてゲームの著作物が創作される場合のように，三次的，さらには四次的以降の著作物も，「二次的」著作物とよばれる（ちなみに，アメリカの著作権法上は，原著作物に新たな創作を加えた著作物を「派生的著作物（derivative work)」という)。

二次的著作物も，保護を受けるためには，思想または感情の創作的表現であること（2条1項1号）を要する[1]。既存の著作物に依拠し，新たな創作的表現を付け加えることなく終わっている場合は既存の著作物の単なる複製物にすぎず，二次的著作物として保護を受けることはできない[2]。

言語の著作物の翻案の意義について，最判平13・6・28民集55-4-837［江

---

1　二次的著作物として保護を受けるための要件事実は，①思想または感情の表現であること，②他の著作物を翻案等したものであること，③表現に新たな創作性が付与されていること，の3点である。瀬戸さやか「著作権侵害を理由とする差止請求及び損害賠償請求の要件事実」牧野利秋＝飯村敏明編『新・裁判実務大系22 著作権関係訴訟法』57頁（青林書院，2004年)。

2　浮世絵の模写作品について，原画に新たな創作的表現を付与したものと認められず，原画の複製物にすぎないとされた例として，知財高判平18・11・29判例集未登載［豆腐屋事件］（著作権百選4②)。

**差追分事件**〕（著作権百選44）は，「既存の著作物に依拠し，かつ，その表現上の本質的な特徴の同一性を維持しつつ，具体的表現に修正，増減，変更等を加えて，新たに思想又は感情を創作的に表現することにより，これに接する者が既存の著作物の表現上の本質的な特徴を直接感得することのできる別の著作物を創作する行為」と述べている。翻訳，編曲などの翻案以外の行為によって作られた二次的著作物も，同様に，「既存の著作物の表現の本質的な特徴を直接感得すること」ができ，「新たに思想又は感情を創作的に表現」したものといえる[3]。

## 第2節　原著作物と二次的著作物の権利関係

### ❶　二次的著作物に関して当該二次的著作物の著作者が有する権利

二次的著作者の権利は，原著作物の著作者の権利とは別個のものである（11条)。二次的著作物が原著作物から独立した別個の著作物として保護を受けるのは，原著作物に新たな創作が付与されているためであるから，二次的著作物の著作権は，二次的著作物において新たに付与された創作的部分にのみ生じ，原著作物と共通しその実質を同じくする部分には生じない[4]。

たとえば，甲が小説Aを創作し，これに依拠しつつ，乙が戯曲用脚本Bを創作したとしよう。丙が戯曲用脚本Bにもとづく上演を無断で録音，録画した場合，脚本Bの複製権侵害となる（2条1項15号イ)。ただし，乙が丙に対して上演の無断録音，録画の禁止を請求できるのは，脚本Bの表現のうち，乙自身が新たに付け加えた乙固有の創作的部分についてのみであり，小説Aから引き継いだ甲の創作的部分については，乙は権利行使をすることはできない。

---

3　髙部眞規子・最判解民事篇平成13年度（下）562頁。楽曲の編曲について江差追分判決の基準を適用した例として，東京高判平14・9・6判時1794-3〔記念樹事件〕（著作権百選55)。

4　最判平9・7・17民集51-6-2714〔ポパイネクタイ事件〕（著作権百選78)。

## ❷ 二次的著作物に関して原著作者が有する権利

一方，原著作者は，二次的著作物について，二次的著作物の著作者が有するのと同一の種類の権利を有している（28条）。このため，二次的著作物の利用については，当該二次的著作物の権利者の許諾に加え，原著作物の著作者の許諾も必要となる。前述の例でいうと，戯曲用脚本Bの上演の複製については，丙は，乙のみならず甲の許諾もとる必要がある。なお，28条は「同一の種類の権利」と規定しているため，たとえば，小説を原作として漫画（美術の著作物である）が二次著作された場合，原著作者は，小説の著作者としては有していない美術の著作物の展示権を，二次著作である漫画について有する。その意味で，著作権法は，「原著作物の利用態様を超えた利用に原著作物の著作者の権利が及ぶ」[5]ことを想定していることになる。

さて，戯曲用脚本Bの利用について甲と乙の双方の許諾を必要とするとして，その際，甲の許諾をとる必要があるのは，甲自身の創作的部分に限られるのか。この点に関連する判決として，最判平13・10・25判時1767-115［**キャンディ・キャンディ事件**］（著作権百選49）がある。同判決は，原著作物である漫画用原稿をもとに創作された二次的著作物である漫画原画の利用に際し，第三者は，28条の規定に従い，その全体について，言い換えると，二次的著作者単独の創作部分についても，原作者と漫画家の双方の許諾を要するものとした。判決はその理由について詳しく述べていないが，28条の文理上，原著作者の許諾を要する範囲から二次的著作者固有の創作部分が除外されていないこと，原著作物を引き継ぐ部分と二次著作の独自の創作部分を区別することは，実際には困難であり，区分を要求することは権利関係を不安定にすること[6]によるものと推察される。

いずれにしても，本判決の解釈を前述の例にあてはめると，甲は，戯曲用脚本B全体の利用について，丙による無断利用を禁止することができることになる。以上のとおり，判例上，二次的著作物に関する原著作者と二次的著作者の権利は，いわば非対称に扱われている。

---

5　加戸守行『著作権法逐条講義〔7訂新版〕』223頁（著作権情報センター，2021年）。
6　判タ1077号174頁〈解説〉（2002年）。

28条においては原著作物の利用態様を超えた利用に原著作物の著作者の権利が及ぶことが予定されていることからすると，判例の立場は制度の趣旨に忠実なものと評価できる。それでは，なぜそもそも原著作者は二次著作者よりも「優遇」されるのか。二次的著作物は，原著作がなければ成り立ちえなかったものであり，二次的著作者よりも，原著作者の貢献を大とすべきであるという考え方に行き着くことになろう。

原著作者に，自ら創作を行っていない部分（二次的著作者が新たに付け加えた部分）についても権利を認める本判決の考え方については，著作権法の基本的な考え方に反する，との批判も強い。

# 第4章　編集著作物・データベースの著作物

## 第1節　編集著作物

Case31

文芸評論家甲は，小説家乙が著作した50編余りの短編小説のうち，保護期間満了となったもの10編を選び，甲の評価による「ベスト10ランキング」の順に並べ，「乙短編ベスト10」（甲短編集）として公刊した。文芸評論家丙は，甲短編集の刊行後，甲短編集が収録したのと同じ10編について，丙の評価による「ベスト10ランキング」の順に並べた，「乙の短編真のベスト10」（丙短編集）の出版を企画中である。丙の行為は著作権法上問題があるか。

### ❶　編集著作物の素材

編集物で**素材の選択または配列**によって創作性を有するものを編集著作物という（12条1項)。編集著作物の中には，著作物を素材とするものと，著作物ではない事実等を素材とするものとがある。ある著作物が**編集著作物**の素材として収録されても，その権利には何ら影響はない（同条2項)。

編集著作物において保護を受けるのは，具体的な編集物に創作的な表現として表れた素材の選択や配列であって，具体的な編集物と離れた編集方針それ自体はアイデアにすぎず，保護されない。たとえば，医療従事者向けに薬剤を分類した書籍において，編集著作物として保護を受けるのは薬剤の分類体系自体ではなく，当該体系に従った具体的な配列結果である[1]。

厳密には素材が異なる2つの編集物について，素材の表現が編集物において有する役割や，具体的配置・配列の強度の類似性等を総合的に判断した結果，

1　知財高判平25・4・18判時2194-105［治療薬ハンドブック2008事件］（著作権百選48)。

創作的表現としての同一性が肯定される場合がある。たとえば，原告の会社案内パンフレットのラフ案において用いられているイメージ写真がパンフの特徴を決定づける中心的な役割を果たしている場合に，具体的な被写体を異にするものの，与える印象において共通のあるイメージ写真を掲載した被告の会社案内との間で，素材の選択および配列の同一性が認められた[2]。

## ❷　選択または配列の創作性

素材の収集の資本・労力自体は，創作性の根拠とはならない[3]。この点は一般の創作性判断と異なるところはない。しかし，現実に編集著作物として保護を求められる製作物の中には，素材の選択というよりは収録事項の網羅性，個性的な配列というよりはその効率性によって経済的な価値を有するリスト等が多いのも事実である。このような場合，製作者の側は，素材の収集にいかに資本・労力を投じたかを強調しがちである。

編集著作物についても，創作性が認められるためには，厳密な意味での新規性，独創性は必要なく，何らかの意味での創作活動の表現といえること，従来ありふれたものでないことが求められる点で他の著作物とかわらない[4]。

### Caseの考えかた

Case31　甲短編集は，甲が乙の作品のうちから10編を選択し，甲の視点により配列したものであり，甲の編集著作物といえる。丙短編集は，甲短編集に依拠し，甲による乙作品の選択行為の創作性は利用しつつ，その配列について変更を加えて創作された二次的著作物であり，無断で行われた場合，甲は丙に対し，翻案権（27条），譲渡権（26条の2），氏名表示権（19条），同一性保持権（20条）の侵害にもとづく，差止請求，損害賠償請求等が可能である。

---

2　東京高判平7・1・31判時1525-150［会社パンフ事件］（著作権百選47）。
3　東京地判平11・2・25判時1677-130［松本清張小説リスト事件］。
4　東京地判平8・9・27判時1645-134［四進レクチャー事件］（著作権百選64①）。

## 第2節　データベースの著作物

データベースとは,「論文,数値,図形その他の情報の集合物であって,それらの情報を電子計算機を用いて検索することができるように体系的に構成したものをいう」(2条1項10号の3)。そして,「データベースでその情報の選択又は体系的な構成によって創作性を有するものは,著作物として保護」を受ける(12条の2)。

情報の選択における創作性が認められるためには,情報の選別,決定におけるデータベース作成者の創作的な精神活動が必要とされる。裁判例においては,タウンページデータベースの各職業分類への個々の電話番号情報のあてはめ行為について選択の創作性が否定され[5],また,国内自動車整備業者用のデータベースにおいて実在の自動車,車検証記載項目,車種といった項目を選択する行為についても創作性は認められなかった[6]。我が国でこれまで創作性が認められた例としては,タウンページの職業分類体系[7]のほか,旅行業者向けシステムに関するデータベースについて,それまでのデータベースにはなかった設計思想にもとづき構成した創作活動の成果であるとして,その体系的構成について創作性が認められた[8]。

**体系的な構成における創作性**とは,抽象的には,コンピュータによるデータ検索のための論理構造における創作性といえる。一般的に,他のデータベースとは多少異なる構成をとっていても,その分野のデータベースにおいて通常用いられる構成にすぎないものや,ごくありふれた構成にすぎないものについては「体系的な構成」に創作性があると認めるべきではない[9]。

---

5　東京地判平12・3・17判時1714-128［タウンページ事件］(著作権百選5)。
6　東京地中間判平13・5・25判時1774-132［翼システム事件］(著作権百選15)。
7　前掲注5［タウンページ事件］。
8　知財高判平28・1・19判例集未登載［旅nesPro事件］(著作権百選58)。
9　東海林保「データベースの著作物性」牧野利秋＝飯村敏明編『新・裁判実務大系22 著作権関係訴訟法』187頁(青林書院,2004年)。

## 第3節　権利の目的とならない著作物

13条は，憲法，法令，告示，通達，判決等その性質上国民に広く開放して自由な利用を図るべきものについては，たとえ思想または感情の創作的表現物であっても，著作権法の保護対象外とすることを定めている。これに対して，10条2項は，事実の伝達にすぎない雑報および時事の報道について，「著作物に該当しない」と規定しているが，こちらは，2条1項1号の創作性が認められないことの注意的規定にすぎない。

# 第5章 著作者

## 第1節 著 作 者

著作者とは，著作物を創作する者をいう（2条1項2号）。著作物作成のための素材・アイデアの提供者[1]，自ら創作を行う技能・経験を有しない著作物作成の依頼人・注文者[2]，アイデアの提供・助言を期待されるアドバイザー[3]のように，その関与の程度，態様からして当該著作物につき自己の思想または感情を創作的に表現したと評価できない者は，**著作者**とならない。

著作者には，創作と同時に，出願・登録など何らの手続も要さずに，著作者人格権と著作権が帰属する（17条1項・2項）。

著作権については何らの審査・登録を経ずに無方式で権利が発生するため，ある作品に著作権が有効に成立していることを公示する登録制度は存在しない。著作権の有効性については，紛争となった場合，裁判所によって初めて明らかにされることになる。

著作権侵害訴訟においては，請求原因として，当該著作物について自己が著作権を有することを主張立証する必要がある。創作は事実行為であり，過去のある時点において，当該著作物を現実に創作したという事実を立証することには困難が伴うことがある。立証の負担を軽減するため，著作物の原作品に，または著作物の公衆への提供・提示に際して氏名もしくは名称等として周知のものが著作者名として表示されている者は，当該著作物の著作者と推定される（14条）。この規定により，自己の氏名等が著作物に表示されていることが立証されれば，著作者であることを争う側は，氏名を表示されている者は現実には創作行為を行わなかったということを証明する義務を負う[4]。

---

1 最判平5・3・30判時1461-3［智恵子抄事件］（著作権百選16），東京地判平10・10・29知裁集30-4-812［「SMAP大研究」事件］。

2 東京高判平10・11・26判時1678-133［「だれでもできる在宅介護」事件］。

3 知財高決平28・11・11判時2323-23［著作権判例百選事件］（著作権百選18）。

4 著作物に氏名が表示されており，14条の著作者としての推定を受けた者について，

# 第2節　共同著作

## ❶　共同著作物

共同著作物とは，2人以上の者が「共同して」「創作」した著作物であって，その各人の寄与を「分離して個別的に利用することができないもの」をいう(2条1項12号)。

第1の要件は，複数の者の**創作的関与**である。雑誌に掲載された芸能人のインタビュー記事について，インタビューを受けた芸能人は，出版社の企画に沿った記事の作成に際し，素材を提供した者にとどまるとして，創作的関与が否定された例がある[5]。本件インタビューはそのまま活字になることをもともと想定しておらず，また，インタビューを受けた側が原稿を閲読していないといった記事への関与の希薄さが，1つの決め手とされている。

なお，一般に，インタビュー記事に関する著作権の帰属としては，①インタビュアー単独の著作物となり，芸能人は単なる素材の提供者にとどまる場合，②芸能人の単独著作物となり，インタビュアーは単なる筆記・複製行為者にとどまる場合，③芸能人のインタビューの著作物をもとに作成された二次的著作物としての記事につき，インタビュアーが二次的著作者となる場合，④共同著作者となる場合，⑤①・④についてインタビュアーの属する会社の職務著作が成立する場合がありうる。

第2の要件として，**共同性**が必要となる。共同性は，AとBに共同創作の意思が存するかによって判断され，共同創作の意思の有無が明示的に表示されていない場合には，各行為者の作成過程における地位，権限，当該行為のされた時期，状況等に鑑みて理解，把握される当該行為の当該著作物作成過程における意味ないし位置づけをも考慮して客観的に把握することになる。Aが闘

---

現実には創作行為を行っていなかったとの事実が証明され，著作者性が否定された例として，知財高判平18・2・27判例集未登載［ジョン万次郎像事件］(著作権百選40)。

5　前掲注1［「SMAP大研究」事件］。

病後死亡し，遺された婚約者Bが出版したAの闘病記のうち，Bが，Aの死後，Aの遺したメモを参考とし，できるだけ故人の意思に沿うように心がけ執筆した部分について，Aはその作成に関与していないとして，共同著作物ではなく，B単独の著作物であるとされた裁判例がある[6]。

第3の要件である分離不可能性は，1個の著作物を構成する個々の表現部分について，経済的利用可能性がない場合に認められる[7]。なお，分離不可能である場合の典型例として，座談会における各発言者の発言部分があげられる。たとえば，座談会の参加者Aが，他の参加者Bの発言を受けて「あなたの言っていることはおかしい。そんなことを言う気持ちがわからない」と発言している場合，（Aの発言に著作物性が認められるという前提で）Aの発言とBの発言は1つのまとまりとして利用価値を持つとみるのが普通であろう。一方，参加者Aが，まず自分の考えを述べ，続けて，B, C, とAの考えに対して順次コメントしていく形で座談会が進行する場合，場合によっては，Aの発言部分に独立の利用可能性が認められることもあろう。実際に，座談会の特定の発言を，論文などに引用することは，よく行われる。結局，座談会の発言であれば常に分離不可能とまではいえないであろう。

なお，共同著作物にならないものの例として，小説と挿絵があり，共同著作物と対比して，俗に「結合著作物」と称される。同様に，たとえば，1冊の書籍のうち，第1章は甲，第2章は乙がそれぞれ分担執筆し，その際，とくに両者がお互いの関与部分について創作的関与をしたとはいえない場合にも，分離可能な「集合著作物」と通称され，共同著作物にはあたらない。「俗に」「通称」と述べた趣旨は，結合著作物であれ，また集合著作物であれ，いずれにしても各構成著作物に単独著作権が認められる点ではかわりがなく，著作権法上の取扱いに関しては両者の区別に実益はないからである。

---

6　大阪地判平4・8・27知裁集24-2-495［静かな焔事件］（著作権百選22）。

7　前掲注2［「だれでもできる在宅介護」事件］においては，4コマ漫画とその吹き出し部分について，分離不可能性が認められ，一方，イラストと説明文については，分離して利用可能であるとされた。

## ❷ 共同著作物に関する権利関係

### (1) 保護期間の起算

共同著作物については，最終に死亡した著作者の死後70年を経過するまでの間，存続する（51条2項）。

### (2) 著作者人格権の行使

共同著作物の著作者人格権（第6章参照）は，著作者全員の合意によらなければ，行使できない（64条1項）。ここでいう「行使」とは，侵害者に対する差止請求等ではなく，共同著作物について，自ら公表・氏名表示・改変（18条～20条）すること，またはこれを第三者に許諾することをいう。各共有者は，信義に反しない限り，行使に関する合意の成立を拒むことが許される（64条2項)。他の共有者は，信義に反して合意を拒む共有者に対して訴訟を提起し，合意の意思表示を命ずる判決（民事執行法177条）を得ることにより，著作者人格権を行使できる。現行制度は，共同著作物の利用に関し，各共有者の自律をできる限り尊重する制度となっている。「信義に反して」というのは，たとえば，嫌がらせで反対する場合がこれにあたる。

一方，著作者人格権を侵害する第三者に対しては，各共同著作者は，他の共有者の同意なく，単独で，差止請求を行うことができる（117条1項)。

### (3) 著作権の行使

共同著作権および著作権が共有されるときは，各共有者は，他の共有者の同意なくして持分を譲渡等することができず（65条1項)，また，全員の合意によらなければ，権利を行使することはできない（同条2項)。ここでも，権利の行使とは，たとえば，複製，翻案といった著作権の内容となる行為を自ら主体的に行い，また，他者に許諾することをさす。

著作者人格権については，信義に反しない限り合意成立を妨げることができるのに対して，著作権については，逆に，各共有者は「正当な理由がない限り」，同意を拒んだり合意の成立を妨げたりできない（同条3項)。「正当な理由」が認められる例としては，たとえば，著作物複製の許諾を与えようとする会社の財政状況が良くない，といった場合があげられる。著作者人格権の場合と比べ，著作権については，各共有者の自律よりも，共有された著作権の対象である著作物の利用の円滑化が重視されているといえよう。他の共有者は，正当な理由なく同意を拒む共有者に対して訴訟を提起し，同意の意思表示を命ずる判決（民事執行法177条）を得ることにより，著作権を行使できる。

裁判例では，企業や官庁等で利用されており，信頼性に問題のない性格検査の用紙の著作物に関する利用更新を，当該検査の信頼性に問題があるとして拒んだ行為について，正当性がないとされたものがある[8]。

## 第3節　職務著作

Case32　甲は，乙との間で，「甲が開発するプログラムについてのすべての著作権を乙が有し，当該プログラムにその著作者名として乙を表示する」旨の契約を締結した。そして，甲は，その従業員である丙にαプログラムを作成させ，これを乙に納入した。αプログラムには，本件契約に従い，乙がその著作者として表示されていた。αプログラムの著作者は誰か。

### ❶ 趣　旨

法人その他使用者（法人等）の発意にもとづきその法人等の業務に従事する者が職務上作成する著作物で，その法人等が自己の著作の名義の下に公表するものの著作者は，その作成の時における契約，勤務規則その他に別段の定めがない限り，その法人等とする（**職務著作**。15条1項）。プログラムの著作物については，法人名義での公表要件を充たさない場合も，職務著作となる（同条2項）。

最判平15・4・11判時1822-133［RGBアドベンチャー事件］（著作権百選23）は，「法人等において，その業務に従事する者が指揮監督下における職務の遂行として法人等の発意に基づいて著作物を作成し，これが法人等の名義で

---

8　大阪高判平25・8・29判例集未登載［YG性格検査事件］（著作権百選102）。

公表されるという実態があること」を，法人等を著作者とすることの趣旨として説明している。

このほか，当該著作物に対する社会的評価，信頼，責任の主体は従業員ではなく法人であると考えられること，および，著作物の円滑な利用の必要性も，職務著作制度の趣旨として言及されることがある。

## ❷ 要　件

### (1) 法人等の発意

法人等の発意とは，著作物の創作についての意思決定が直接間接に法人等の判断によっていることである。法人等の具体的な指示あるいは承諾がなくとも，業務に従事する者が所定の職務の遂行上，当該著作物の作成が予定または予期される限り，「法人等の発意」の要件は充たされる[9]。

### (2) 業務に従事する者

業務性が認められる典型は当該法人等と雇用関係にある者である。前掲［RGB アドベンチャー事件］は，「法人等が著作者とされるためには，著作物を作成した者が『法人等の業務に従事する者』であることを要する。そして，法人等と雇用関係にある者がこれに当たることは明らかであるが，雇用関係の存否が争われた場合には，……法人等と著作物を作成した者との関係を実質的にみたときに，**法人等の指揮監督下**において労務を提供するという実態にあり，法人等がその者に対して支払う金銭が**労務提供の対価**であると評価できるかどうかを，業務態様，指揮監督の有無，対価の額及び支払方法等に関する具体的事情を総合的に考慮して，判断すべき」（太字筆者）であると述べている。本判決はあくまで雇用関係の認定例であり，雇用関係が認められない場合にも15条の業務性が肯定されうるかについて基準を示すものではない。

この点，下級審の中には，雇用関係が存在しない場合であっても，指揮命令関係があり，法人に著作権全体を原始的に帰属させることを当然の前提としているような関係にある場合には，業務性を肯定すべきであるとの一般論を述べるものがある[10]。また，派遣労働者は，派遣先の指揮命令下でその業務に従事

9　知財高判平18・12・26判時2019-92［宇宙開発事業団プログラム事件］（著作権百選25）。

しており，派遣先の業務に従事する者と考えられている。

### (3)　職務上

「職務上」とは，勤務時間の内外を問わず，自己の**職務**として作成することを意味する。業務に従事する者に直接命令されたもののほかに，業務に従事する者の職務上，当該著作物を作成することが予定または予測される行為も含まれる[11]。

### (4)　法人等の著作名義

職務著作では，単に法人名が著作物に記載されているだけでは足りず，当該著作物の著作者名として表示されている必要がある。職務著作制度の趣旨の1つは，当該著作物に対する社会的評価，信頼，責任の主体は従業員ではなく法人であると考えられることにある。したがって，著作名義の判断においても，当該著作物の内容について誰が責任を負うか，という点は鍵となろう。

甲社の従業員乙が，団体丙から依頼されて講習会の講師を務めた際に作成した資料集に丙団体の名称が作成名義として表示され，講師名として「甲社東京支店　計装システム部部長乙」なる記載がなされていた場合，甲社の著作名義で公表されたものではなく，著作者は乙個人であるとされた例がある[12]。

### (5)　公表するもの

職務著作物について，「公表したもの」ではなく，「公表するもの」と規定されているのは，未公表の著作物であっても，**法人名義での公表**が予定されているものを含む趣旨である。さらに，内部資料として公表を予定していないものであっても，仮に公表するとすれば法人の名義を付すような性格のものは，職務著作となる[13]。内部資料とすることにより，かえって作成者個人の著作物となることは不合理であるからである。

なお，プログラムの著作物については，公表要件が不要とされている（15条2項)。プログラムの中には，ソースコードのように，公表を予定されていないものが存在することを理由とする。

10　雑誌に写真を掲載されたフリーカメラマンについて，結論的に業務性を否定した例であるが，大阪地判平17・1・17判時1913-154［セキスイツーユーホーム事件］。
11　前掲注9［宇宙開発事業団プログラム事件］。
12　知財高判平18・10・19判例集未登載［計装工業会講習資料事件］(著作権百選36)。
13　東京高判昭60・12・4判時1190-143［新潟鉄工刑事事件］(著作権百選26)。

### (6) 別段の定め

前述の要件を充たしている場合であっても，著作物の作成の時点における契約，勤務規則等に従業員を著作者とする旨の別段の定めがおかれている場合には，著作者は当該従業員となる。一方，職務性ほかの要件を充たさない著作物について，契約，勤務規則によって著作者を法人とすることは許されない。

#### Caseの考えかた

Case32　$\alpha$プログラムは甲が従業員丙に作成させたものである。$\alpha$プログラムの公表名義は乙であり甲ではないが，15条2項により，プログラムの著作物については法人名での公表は職務著作成立の要件ではない。したがって，$\alpha$プログラムの著作者は15条2項により甲となる。なお，甲と乙との契約上，$\alpha$プログラムの著作権は乙に移転するが，61条2項により，翻案権は甲に留保される。

## 第4節　映画の著作者，著作権者

Case33　映画会社甲は，小説家乙の許諾を得て，乙執筆にかかる小説$\alpha$を原作にした映画$\beta$を製作した。映画$\beta$の監督はフリーランス監督の丙であり，映画$\beta$のサントラ楽曲$\gamma$は，作曲家丁に依頼して作られた。戊は，映画$\beta$のDVDを無断でコピーして動画投稿サイトにアップした。戊の行為は，著作権侵害となるか。

### ❶ 映画の著作者

**映画の著作物の著作者**は，その映画の著作物において翻案され，または複製された小説，脚本，音楽その他の著作物の著作者を除き，制作，監督，演出，撮影，美術等を担当してその**映画の著作物の全体的形成に創作的に寄与**した者である（16条）。

第1に，映画の著作物の原作となった小説，脚本，サントラ音楽その他の著作物については，映画の著作物とは別個に，それぞれの著作権者が著作権を有する。すなわち，原作，脚本等の著作物は映画において「翻案」され，サントラ音楽の著作物は，映画の著作物に「複製」されている，という関係にある。

第2に，映画に関与する多数の者のうち，**制作**（**プロデューサー**），**監督**，**演出**，**撮影**，**美術等**を担当してその映画の著作物の「全体的形成に創作的に寄与した者」のみが著作者となる。監督「等」は例示であり，列挙されていない者，たとえば録音，照明担当者についても，「全体的形成に創作的に寄与」したと認められれば，映画の著作者となりうる。他方，例示されている職を務めた者，たとえばタイトルバックに「監督」として氏名表示されている者であっても，当該映画全体への創作的関与が認められず，映画の著作者と認められないこともありうる[14]。具体的認定例としては，映画の企画段階から完成にいたるまでの全製作過程に関与し，監督を務め，創作性の高い部分を決定し，自ら撮影，編集作業の全般にわたって指示を行ったいわゆる総監督について，「全体的形成に創作的に寄与した」として，映画の著作者と認められた[15]。

第3に，監督等について職務著作が成立する場合には，16条は適用されない（同条但書）。したがって，たとえば，映画制作会社が自己の従業員にプロデュース，監督を行わせて作成する映画については，15条所定の要件を充たせば，当該映画制作会社が職務著作者となる。

## ❷　映画の著作権の法定帰属

制作，監督等を行った者に発生した著作者の権利のうち，著作権は，映画製作への参加約束によって，**映画製作者**に法定帰属する（29条1項）[16]。著作者人格権については，著作者である監督等にそのまま残る。映画著作物の利用に関

14　東京地判平14・3・25判時1789-141［宇宙戦艦ヤマト事件］（著作権百選20）。

15　知財高判平18・9・13判時1956-148［グッドバイ・キャロル事件］（著作権百選29）。

16　参加約束がなされ，製作が開始されたが途中で中止された場合，未編集部分のフィルムについては，映画の著作物として完成していないので，29条1項にもとづき著作権は移転せず，監督に帰属するとされた事例として，東京高判平5・9・9判時1477-27［三沢市勢映画製作事件］（著作権百選28）。映画製作者が投じた資金の回収という観点から，その結論には異論も多いが，29条1項の文理上は「映画の著作物」についてのみ適用があることが明確であり，解釈としてはやむをえないところであろう。

しては，映画製作者と著作者との間の契約によって，映画製作者の権利行使に委ねられていること，映画製作者が自己のリスクの下に巨額の製作費を投資していること，そして，多数の著作者すべてに著作権行使を認めると映画の円滑な利用が阻害されること，が本条の趣旨である。

映画製作者とは，映画の著作物の製作に**発意と責任**を有する者をいう（2条1項10号)。「発意」とは，自己の計算において製作にとりかかることをいう。「責任」とは，法律上の権利義務の主体となり，また，経済的な収入・支出の主体となることをいう。映画製作のためには企画，資金調達，制作，配給の各段階において様々な契約を締結する必要があり，多様な法律上の権利義務が発生する。この主体が誰であるかが，「発意と責任」を有する者を認定する際の重要な要素となる[17]。

なお，著作権法は「制作」と「製作」の語を使い分けている。16条にいう「制作」は，映画の著作物の著作行為を指し，29条の「製作」は，映画制作のための企画と資金調達の担い手であることをいう。

## ❸　テレビ放送用固定物

29条2項により，テレビ局が製作する番組著作物のうち所定のものについては，その著作権の一部がテレビ局に法定帰属する。有線放送事業者についても同様の規定がある（同条3項)。

著作物の対象にも限定があり，第1に，専ら当該放送事業者により，単独で製作する場合に限られる。外部の制作会社が映画製作者となる場合には，2項は適用されない。第2に，製作目的が放送のための技術的手段としてでなければならず，たとえば，後にDVD化することを予定しつつ製作する場合には該当しないことになる。

29条2項が適用される映画の著作物の放送権等（同項1号)，放送同時配信等する権利（同項2号)，複製権および複製物により放送事業者に頒布する権利

17　テレビCMの広告主について，制作費，出演料を支払い，期待した広告効果が得られるか否かについてのリスクを負担しており，著作物の円滑な利用を確保する必要が高いとして，映画製作者と認めた事例として，知財高判平24・10・25判例集未登載［テレビCM原版事件］（著作権百選30)。

(同項３号）については，放送事業者に法定移転される。たとえば，テレビ局甲が単独で，外部の監督乙等を起用してDVD化を予定せずに映画の著作物である番組丙を製作した場合，映画の著作権は乙等に原始的に帰属するが，それらの権利のうち，放送権等と複製権は当然に甲に移転する。なお，同条２項３号によって移転されるのは，「複製物により放送事業者に頒布する権利」であるので，甲が有するのは，番組丙の複製物を他のテレビ局に提供する権利のみであり，DVDを市販する権利ではないことに注意を要する。

**Caseの考えかた**

Case33　監督丙はβの著作者であり（16条），その著作権は甲に帰属する（29条）。なお，丙はフリーであり，甲の職務著作とはならない。映画βにおいて翻案されている原作α，複製されているサントラγの著作権は映画の著作権とは別個にそれぞれ乙，丁に帰属する（16条）。βはαを原著作物とする二次的著作物であり，乙はβの利用について甲と同一の種類の権利を有する（28条）。したがって，映画の著作物βの複製物であるDVDを無断で複製，公衆送信する戊の行為は，甲，乙，丁の複製権，公衆送信権を侵害する。

# 第6章　著作者人格権

## 第1節　著作者の権利

著作物には，著作者の思想感情が創作的に表現されており，著作物の利用態様は，著作者の人格的利益と密接に結びついている。このため，著作権法は，著作者に，自己の著作物の利用態様についての自己決定権としての著作者人格権を与え（18条〜20条），第三者による著作者人格権侵害行為に対して差止請求等を認めている（112条・113条11項・115条・116条）。加えて，著作者は，著作物の利用について，経済的利益を有している。著作権法上，著作者には，著作物の経済的利用についての著作（財産）権が与えられ（21条〜28条），第三者による著作権侵害に対して差止請求等が認められている（112条・113条）。

著作者人格権は，著作者の人格的利益を保護するものであり，当該著作者を離れては存在しえないため，一身専属であり，他人に譲渡することはできない（59条）。相続・放棄も認められない。これに対して，著作権は，譲渡できる（61条1項）。相続も可能である。著作者人格権は，自然人の著作者の場合はその生存中，職務著作の場合は当該法人の存続する限り，保護が存続する。著作権については，原則として，著作者の死後70年を経過するまで保護が存続する（51条2項）。

このように，著作財産権と著作者人格権は，保護法益，譲渡性，相続性，保護期間の定めの有無などの点で法的保護の態様を異にする。ある著作物に対する同一の行為によって著作財産権と著作者人格権が侵害された場合であっても，著作財産権にもとづく差止請求権・損害賠償請求権と著作者人格権にもとづく差止請求権・損害賠償請求権とは，訴訟物を異にする別個の請求である[1]。

---

1　最判昭61・5・30民集40-4-725［モンタージュ写真事件：第2次上告審］は，旧著作権法下の損害賠償請求権について，著作財産権にもとづく請求と著作者人格権にもとづく請求は別個である旨判示している。

# 第2節 公 表 権

> Case34
> 甲美術大学の学生乙は卒業制作として美術の著作物$\alpha$を創作した。甲大学は$\alpha$を優秀作品と認め，乙に対してその原作品$\beta$の大学への寄贈を求めるとともに，乙との間で「乙が有する$\alpha$の著作権および原作品$\beta$の所有権を甲大学に譲渡する」との書面を交わした。それから数年後，甲美術大学は乙に無断で$\beta$を同大学の「卒業生優秀作品展」において展示した。甲の行為は乙の著作者人格権を侵害するか。

## ❶ 権利の内容

著作者は，その著作物で未公表のもの（その同意を得ないで公表された著作物を含む）について，これを公衆に提供し，または提示する権利を有する（**公表権**。18条1項）。著作物の公表とは，著作物が発行され，または著作権者の許諾を得て上演，演奏，上映等の方法で公衆に提示された場合をいう。建築の著作物の場合は，複製権者の許諾を得て建設された場合をさす（4条1項）。

著作物は，その性質に応じて公衆の要求を満たすことができる相当程度の部数の複製物が，複製権者またはその許諾を得た者等により作成され，頒布された場合に発行されたものとする（3条1項）。

**公衆**には，不特定の者のみならず，特定かつ多数の者を含む（2条5項）。親睦会や特定サークルのような特定人のグループであっても，多数であれば公衆にあたることになる。

頒布とは，有償，無償を問わず，複製物を公衆に譲渡し，または貸与することをいう（2条1項19号）。たとえば，著名なスポーツ選手が創作した詩の著作物が中学校在学中に「学年文集」に掲載され，同中学校の教諭および卒業生に合計300部以上が配布された，という事例について，判例は，教諭および卒業生300名以上という特定多数の者の要求を満たすに足りる部数の複製物が作成されて頒布されたものといえるので，本件詩の著作物は公表されたものであり，また，本件のスポーツ選手は，本件詩が文集に掲載され，公表されることに同意していた，として言語の著作物の公表にあたると判断しており，参考になる[2]。

著作者は，当該著作物を原著作物とする二次的著作物の公表についても，同様の権利を有する。二次的著作物の公表について，二次的著作物の著作者が同意していても，原著作物の著作者が同意しない場合は，公表できない。一方，原著作物が公表された場合は，二次的著作物の公表について原著作者が公表権を行使することはできない。

## ❷　同意の推定

以下の場合には，著作者は，公表に同意したものと推定される（18条2項）。推定規定であるので，著作者は，当事者間の特約等によって公表について著作者の同意を要するとしていることなどを立証して，推定を覆すことができる。

**(1)　未公表の著作物の著作権の譲渡があった場合に，著作権者がその著作権の行使によって著作物を公衆に提供・提示すること（1号）**

著作権を譲渡された譲受人は，その著作権を行使して経済的利益をあげるよう予定しているところ，著作者の公表権の行使によって著作権者の権利行使が妨げられないよう配慮した規定である。たとえば，小説の著作物$\alpha$の著作者甲が乙に著作権を譲渡した場合，甲は，乙が$\alpha$を出版その他の方法で公表することに同意したものと推定される。

**(2)　未公表の美術の著作物または写真の著作物の原作品の譲渡があった場合に，これらの著作物を原作品の展示によって公衆に提示すること（2号）**

原作品とは，美術作品の原画のようないわゆるオリジナル作品をさす。写真の原作品とは，フィルム・カメラのネガ，デジタル・カメラの写真データのことではなく，ネガ，写真データから作られたオリジナル・コピーのことをいう。美術または写真の著作物の原作品の所有者は，著作権である展示権（25条）にもとづく許諾を得ることなく，公衆に対して原作品を展示できる（45条1項）。当該作品が未公表作品の場合，著作者の公表権によって展示公開が妨げられる

---

2　東京地判平12・2・29判時1715-76［中田英寿事件］（著作権百選31）。

と所有者は展示に制約を受けるため，著作者は公表に同意したものと推定される。

**(3)　映画の著作権が29条により映画製作者に帰属した場合に，映画製作者が著作権の行使によって未公表の著作物を公衆に提供・提示すること（3号）**

映画製作者は，その著作権にもとづき，映画の著作物である劇場用映画を映画館で上映し，また，DVDソフト等として販売することができる。当該映画の著作物が未公表作品の場合，著作者の公表権により著作権者の権利行使が害されないようにしたものである。

## ❸　情報公開法との調整

国・地方公共団体等に対する行政手続等において，申請者からの提出資料などの中に未公表の著作物が含まれる場合があるが，**情報公開制度との関係**で公表権が障害とならないよう調整規定が置かれている。

行政機関情報公開法などの法令の定める手続に従った情報開示において，著作物が公衆に提供・提示されるときは，著作者は同意したものとみなされる（18条3項）。ただし，行政機関情報公開法などにもとづき，申請者が，開示決定のときまでに公開を拒む旨の別段の意思表示を行った場合には，著作者は公表について同意したものとみなされることはない（18条3項各号括弧書）。

例外的に，人の生命，健康，財産の保護に関する情報や公益上の必要性があるため国・地方公共団体などが法令上の開示義務を負う場合（行政機関情報公開法5条1号ロハ・同2号但書等）には，そもそも公表権は適用されない（18条4項）。

### Caseの考えかた

Case34　乙は甲に対してαの著作権と原作品βの所有権を譲渡しているので，公表に同意したものと推定される（18条2項1号・2号）。ただし，あくまで推定であるので，卒業生乙が，たとえばαの出来に満足していないなどの理由で，現時点での展示による公表には不同意である可能性もあり，甲としては念のため乙の意思を確認すべく乙に連絡を試みる方が無難であろう。

# 第3節　氏名表示権

## ❶　権利の内容

氏名表示権とは，著作物の原作品または著作物を公衆へ提供・提示するに際して，著作者の実名や変名を**著作者名として表示**し，または著作者名を表示しないことに関する権利である（19条1項前段）。二次的著作物が公衆へ提供・提示される場合には，二次的著作物の著作者とともに，原著作物の著作者も氏名表示権を行使できる（同項後段）。

### ⑴　著作物の原作品または著作物の公衆への提供・提示

原作品への表示の例としては，絵画に画家が落款を付す場合があげられる。原作品については，公衆に提示されない場合でも，氏名表示権の行使の対象となる。公衆への提示・提供とは，たとえば，書籍の発行，演劇の上演，音楽の演奏，映画の上映，公衆送信などをいう。

「著作物の公衆への提供若しくは提示」は，必ずしも，21条から27条までに規定する権利に係る著作物の利用によることを要しない。旧ツイッター（現X）上におけるリツイート（現リポスト）行為が，複製権，公衆送信権侵害にあたらない場合であっても，ユーザーの端末の画面上に著作物を表示したことは，「著作物の公衆への……提示」にあたり，氏名表示権を侵害するとされた[3]。

### ⑵　著作者名としての表示

氏名表示権がはたらくのは，「著作者名として表示」される場合に限られる。たとえば，映画のタイトルバックには映画の制作に関与した多数の人々の氏名が表示されているが，そのうち，映画の著作者として表示されているのは，16条所定のいわゆるメインスタッフのみである[4]。

---

3　最判令2・7・21民集74-4-1407［リツイート事件：上告審］。

4　テレビ番組において翻案された小説について，当該番組のエンド・ロールで「参考文献　X著『書名』」との表示を行うことは，19条1項にいう「著作者名の表示」にあたり，かりに著作者名の表示とはいえないとしても，同条3項により著作者名の表示を省略できる場合にあたるとされた事例として，知財高判平28・6・29判例集未登載［歴史小説事件］（著作権百選32②）。

### (3) 実名もしくは変名

「実名」とは著作者の氏名や法人等の名称のことである。「変名」とは，雅号，筆名，略称その他実名にかえて用いられるものをいう（14条)。変名のうち，著作者を特定可能であり，社会的に認知されているものを「周知の変名」という。著作物の原作品または著作物の公衆への提供・提示の際に，周知の変名が著作者名として通常の方法で表示されている場合，その著作物の著作者として推定を受ける点で実名と同様の扱いを受ける（同条)。

無名または周知でない変名で公表された著作物については，原則として保護期間は公表から70年となるが（52条1項)，周知の変名については，実名で公表された著作物と同様，著作者の死後70年保護される（同条2項1号)。文化庁に実名登録を行った場合（同項2号)，著作者がその実名または周知の変名を著作者名として表示してその著作物を公表したとき（同項3号）も同様である。

## ❷ 氏名表示権者の同意を得る必要がない場合

### (1) 著作者自身による著作者名表示に従って表示する場合

著作物の利用のたびに逐一著作者に氏名表示の方法を確認することは煩瑣であるため，著作物について，すでに著作者が特定の方法で著作者名を表示している場合には，その著作物の利用者はその表示方法に従って著作者名を表示すれば足りる。ただし，著作者が別段の意思表示を行った場合は別である（19条2項)。

たとえば，作曲家甲が音楽CDにおいて周知の変名Aを用いている場合，その音楽CDを放送する場合，改めて甲に氏名表示の方法について確認する必要はなく，Aを著作者として表示しておけば氏名表示権の侵害とならない。

旧ツイッター（現X）の仕様上，ツイート（現ポスト）画面やリツイート（現リポスト）画面上でトリミング画像をクリックすることにより，元画像が表示されていたとしても，利用者が画像をクリックしない限り，著作者名は表示されないため，「すでに著作者が表示しているところに従って著作者名を表示」している（19条2項）とはいえないとされた[5]。

---

5　前掲注3［リツイート事件：上告審］。

### (2) 氏名表示を省略できる場合

利用の円滑化のため，著作物の利用の目的および態様に照らし，著作者が創作者であることを主張する利益を害するおそれがない場合には，公正な慣行に反しない限り，氏名表示を省略できる（19条3項）。

「著作物の利用の目的及び態様に照らし」省略できる場合とは，著作物の利用の性質から著作者名の表示の必要性がないか著作者名表示が極めて不適切な場合をいう。国語教科書の掲載著作物をその教科書に準拠した書籍に掲載する場合について著者名を省略することは認められないとされた例がある[6]。

写真が新聞・雑誌に広告として用いられた際に氏名が省略された場合について，広告に写真を用いる場合には撮影者の氏名が省略されることが通例であるとの認定のもと，これを許容した例[7]と，個々の著作物ごとにその脇に著者名を表示することが不適切であったとしても，頁ごとあるいは記事のまとまりごとに写真を特定して著者名を表示することも不適切であるとする事情はないとして省略を認めなかった例[8]がある。

「著作者が創作者であることを主張する利益を害するおそれがない」場合とは，著作者名を意図的に隠蔽したり，無名作品であるという錯覚を抱かせることがないことをいう。雑誌の中頁に使用される写真についても，他人の著作物と区別することを求める利益は十分に是認できるとして，省略が認められなかった例がある[9]。

慣行は公正なものである必要がある。たとえば，音楽を演奏会において演奏する場合，演奏中に作曲者名をアナウンスすることが不可能でも，プログラム配布によって作曲者名を表示することは可能であれば，演奏会において作曲者名を不表示とすることは，「公正な慣行」には合致しないとされるであろう。一般に，広告に写真を用いる場合に氏名を表示しないのが通例であるとの認定のもと，省略を認めた事例がある[10]。

---

6　東京地判平13・12・25判例集未登載［国語科検定教科書準拠書籍事件］。
7　大阪地判平17・1・17判時1913-154［セキスイツーユーホーム事件］。
8　東京地判平5・1・25判時1508-147［ブランカ事件］。
9　同上。
10　前掲注7［セキスイツーユーホーム事件］。

## ❸　情報公開法との調整

法令に従った情報の開示に際して氏名表示権を制限する規定が置かれている（19条4項）。

# 第4節　同一性保持権

**Case35**　甲は短歌$\alpha$を創作し，乙新聞の短歌欄に投稿した。同欄の選者丙は，$\alpha$を乙新聞短歌欄に掲載することを推薦したが，その際，$\alpha$の末尾の言葉づかいを修正し，修正された短歌$\beta$が乙新聞に掲載された。その際，丙は，甲にとくに許諾を求めることはなかった。丙による修正行為は，著作権法上問題はあるか。

## ❶　権利の内容

### (1)　意に反する改変

著作者は，その著作物および，その題号の**同一性を保持する権利**を有し，その意に反してこれらの変更，切除その他の改変を受けない（20条1項）。著作物の完全性を保持することにより，著作者の人格的利益を保護する規定である。「及び」で接続されていることからわかるとおり，著作物の題号（作品の題名など）は，それ自体は一般的に著作物とはいえないが，著作物と不可分一体の存在として，同一性保持権の対象とする趣旨である[11]。

20条1項は，著作者の「**意に反して**」行われる改変であれば同一性保持権を侵害すると規定している。これまで，懸賞論文の表記方法の無断改変[12]，漫画のカット位置の変更[13]，ゲームソフトのストーリー展開の改変[14]，観音像の頭

11　ゲームのタイトル（題号）の改変行為について20条1項の適用を認めた事例として，大阪地判平13・8・30判例集未登載［毎日がすぷらった事件］（著作権百選34）。
12　東京高判平3・12・19知裁集23-3-823［法政大学懸賞論文事件］。
13　東京高判平12・4・25判時1724-124［脱ゴーマニズム宣言事件］。
14　最判平13・2・13民集55-1-87［ときめきメモリアル事件］（著作権百選33）。

部のすげかえ[15]，ツイッター（現X）のタイムラインに表示される際の画像の改変[16]について，同一性保持権侵害が肯定された例がある。

他人の著作物を大きく改変した結果，もはや他人の著作物の表現形式上の本質的特徴を感得できないといえる場合には，同一性保持権の侵害とはならない。具体的には，他人の著作物において38行にわたって記述された内容を3行に要約して紹介したという事例において，同一性保持権侵害は否定された[17]。

20条の規定の構造上著作者の主観的意思が尊重されていることは明らかであるが，具体的事案の解決においては，著作者の「意」を杓子定規に貫くと利用者側に酷な場合も生じる。裁判所は，様々な構成により，同一性保持権の侵害を否定している。たとえば，著作者が，改変について黙示の許諾を与えていたという認定のもと，同一性保持権侵害が否定された例[18]，形式的には同一性保持権侵害にあたるが，行使の態様が権利の濫用にあたるとされた例[19]，さらには，投稿された俳句を選者が添削するための改変は事実たる慣習に従った適法行為であるとされた例がある[20]。

なお，20条1項は改変行為自体を禁止しており，改変著作物を出版，公衆送信，展示などする行為については，同一性保持権侵害とならない[21]。

### ⑵　私的領域における改変

ゲームのストーリーの展開の改変に関する前掲注14［ときめきメモリアル事件］においては，専ら原告ゲームソフトを改変する目的で使用されるメモリーカードを輸入・販売し，他人の使用を意図して流通に置いた被告に対して損害賠償責任が認められた。本判決は，同一性保持権の侵害の主体として，被告であるメモリーカード販売業者，また，ユーザーのいずれを想定したものであるか，明示していない[22]。

リツイート（現リポスト）された画像が表示されるに際して，HTMLプログ

15　知財高判平22・3・25判時2086-114［駒込大観音事件：控訴審］（著作権百選39）。
16　知財高判平30・4・25判時2382-24［リツイート事件：控訴審］（著作権百選61）。
17　最判平10・7・17判時1651-56［「諸君！」事件］。
18　知財高判平18・10・19判例集未登載［計装工業会講習資料事件］（著作権百選36）。
19　東京地判平8・2・23知裁集28-1-54［やっぱりブスが好き事件］。
20　東京高判平10・8・4判時1667-131［俳句の添削事件］。
21　東京地判平21・5・28判例集未登載［駒込大観音事件：第1審］。
22　高部眞規子・最判解民事篇平成13年度（上）106頁。

ラムやCSSプログラム等により，位置や大きさなどを指定されたために改変されたことについて，同一性保持権，氏名表示権の侵害が認められ，侵害の主体はリツイート者とされた[23]。

## ❷ 同一性保持権の制限

20条2項は，以下の各場合について改変を認めている。

### (1) 学校教育の目的上必要な用字・用語その他の改変（1号）

児童・生徒の発達段階に応じて学校教育上やむをえない場合，たとえば，漢字をかな表記にしたり，言葉遣いを変更したり，文字や図形を拡大したり，編集上文章の一部を削除したりすることが認められている。

### (2) 建築物の増築，改築，修繕または模様替えによる改変（2号）

建築物は，鑑賞の目的よりもむしろ住居，宿泊場所等として現実に使用されることを目的として製作されるものであることから，その所有者の経済的利用権と著作者の権利の調整を図り，著作物の社会的性質に由来する制約として，一定程度改変を容認する規定である。庭園が「建築物」に含まれるか，という論点に関しては，庭園と建物全体が一体となって建築の著作物を構成しているとして，解体・移設行為について2号の適用を認めた例[24]，庭園を建築ではなく一般の著作物と認定したうえで，庭園内に工作物を設置する行為について2号を類推適用した例がある[25]。

### (3) コンピュータ・プログラムの著作物の改変（3号）

使用機種の変更に伴う改変やプログラムのバグを取るための修正（デバッグ），処理速度の向上，機能付加のための修正（ヴァージョン・アップ）などがこれにあたる。

### (4) 著作物の性質ならびに利用の目的および態様に照らしてやむを得ないと認められる改変（4号）

第1に，4号該当性が認められるためには，利用の目的および態様において1号から3号に列挙された場合と同様の改変の要請が認められる必要がある。

23　前掲注16［リツイート事件：控訴審］。
24　東京地決平15・6・11判時1840-106［ノグチ・ルーム移築事件］（著作権百選38）。
25　大阪地決平25・9・6判時2222-93［新梅田シティ事件］（著作権百選35）。

学生の研究論文が改変された事例について，そもそも1号の教科用図書の場合に匹敵する利用目的が認められないとして現4号該当性が否定された例がある[26]。

2号・3号において改変が認められている理由は著作物の実用的性格にある。実用目的での利用について4号適用が認められた例として，ビスタサイズで撮影された映画をテレビ放送する際のトリミング，CM挿入[27]，分担執筆された複数の原稿から成る書籍における法律名や仮名遣いの統一，不正確不適切な表現の修正[28]，がある。

このほか，第三者をモデルとする漫画の著作物のカットを自著に引用収録するにあたり，そのまま収録するとモデルの名誉感情を害するため（醜く描かれていた），目隠しをする改変を施した場合にも，本号適用が認められ，同一性保持権侵害は否定された[29]。

第2に，著作物の利用目的を実現するために，改変を加えることが他に選択肢のない唯一の方法といえる場合，やむを得ない改変にあたる。上記のビスタサイズ，分担執筆の例ではやむを得ないと認められたが，否定例としては，観音像の仏頭部分の無断すげ替え行為について，像全体の作り替えなどの他の選択肢もあり，やむを得ないとはいえないと判断されている[30]。

## Caseの考えかた

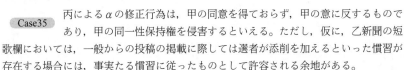

**Case35**　丙によるαの修正行為は，甲の同意を得ておらず，甲の意に反するものであり，甲の同一性保持権を侵害するといえる。ただし，仮に，乙新聞の短歌欄においては，一般からの投稿の掲載に際しては選者が添削を加えるといった慣習が存在する場合には，事実たる慣習に従ったものとして許容される余地がある。

26　前掲注12［法政大学懸賞論文事件］。
27　東京高判平10・7・13知裁集30-3-427［スウィートホーム事件］。
28　東京地判平16・11・12判例集未登載［弁理士事務所事件］。
29　前掲注13［脱ゴーマニズム宣言事件］。
30　前掲注15［駒込大観音事件：控訴審］。

## 第5節　みなし著作者人格権侵害

113条11項は，著作者人格権侵害にいたらない行為であっても，著作者の名誉または声望を害する方法によりその著作物を利用する行為は，著作者人格権を侵害する行為とみなしている。著作者の**名誉または声望**とは，主観的な名誉感情ではなく，著作者がその品性，徳行，名声，信用等の人格的価値について社会から受ける客観的な評価，すなわち社会的名誉声望を指す[31]。観音像の仏頭部をすげ替えることにより，故人である著作者の客観的な評価に影響を与える行為[32]，有名な漫画家が販促サービスの一環として顧客に提供した似顔絵を，当該漫画家が一定の政治的傾向ないし思想的立場に強く共鳴しているかのような評価を招く形で利用する行為[33]，について本項の適用が認められている。

## 第6節　著作者が亡くなった後における人格的利益の保護

著作（財産）権については，創作から起算して，原則として著作者の死後70年経過まで保護が存続する（51条）。一方，著作者人格権については，著作者の死亡によって権利も消滅する。ただし，著作物を公衆に提供し，または提示する者は，その著作物の著作者が存しなくなった後においても，著作者が存しているとしたならばその著作者人格権の侵害となるべき行為をしてはならない（60条）。著作物が文化的所産であることに鑑み，国家的な見地において死亡した著作者の人格的利益を保護する趣旨の規定であると説明されている。60条違反行為については罰則が科される（120条）。

著作者の人格的利益の侵害者に対する民事上の請求については，遺族の一定範囲の者（配偶者，子，父母，孫，祖父母または兄弟姉妹）が，差止請求，名誉回復等の措置請求を行うことができる（116条1項）。著名な作家が生前執筆した

31　東京高判平14・11・27判時1814-140［古河市兵衛の生涯事件］，最判昭61・5・30民集40-4-725［モンタージュ写真事件：第2次上告審］。

32　前掲注15［駒込大観音事件：控訴審］。

33　知財高判平25・12・11判例集未登載［漫画 on Web 事件］（著作権百選37）。

未公表の手紙が，その死後，受取人によって無断で公表されたという事件において，裁判所は，遺族の訴えを認めている[34]。

著作者は遺言により，遺族に代えて当該請求をできる者を指定することができる（116条3項前段）。遺言により指定を受けた者は，当該著作者の死亡翌年から70年後においては，その請求をすることができない（同項後段）。

著作物の利用行為の性質や程度，社会的事情の変更その他によって著作者の意を害しないと客観的に認められる場合には，60条は適用されない（同条但書）。公共目的のために必要に応じ建物を建築するためのものであり，その方法においても，著作物の現状を可能な限り復元するものである場合に，60条但書の適用が認められている[35]。

### ★著作者人格権不行使合意

著作者人格権は，著作者に一身専属し，譲渡できない（59条）。たとえば，同一性保持権については，「意に反する」かどうかは，著作者自身の判断にかかり，権利を誰かに譲って，著作者本人にかわって判断してもらう，ということは想定できない。

法律の建前はこのようなものであるが，実際の取引においては，著作権を譲渡する契約において，あわせて，「著作者人格権は行使しない」といった取り決めがなされる例が多い。では，こういう契約を結んでおきさえすれば，著作者人格権のリスクから解放されるかというと，必ずしもそうとは言えない。たとえば，社内で有志メンバーを募って共著で本を執筆したとする。執筆にあたって，「著作者人格権は行使しない」という取り決めを結んだとする。ただし，この時，当事者間で暗黙に想定されていた「著作者人格権」とは，同一性保持権のことであり，具体的には，社員の書いた原稿を，上司が自由にチェックして，変更できることを許すことであったところ，いざ本が出版されてみると，ある1人の社員の氏名が著者名リストから脱落していたとしよう。この場合，社員が，著作者人格権のうち，氏名表示権の侵害で訴えることも許されないとすると，社員にとって想定外であり，酷であろう（前掲注28［弁理士事務所事件］）。

34　東京高判平12・5・23判時1725-165［剣と寒紅事件］。
35　前掲注24［ノグチ・ルーム移築事件］。

では，「同一性保持権は行使しません」と決めておけば，どんな改変でも許されるかといえば，おそらく，どんな改変でも，というわけにはいかないであろう。この場合も，契約を結んだ時点で著作者と利用者が想定した改変とはどのような範囲であるかをまず明らかにすべきである。仮に，実際に行われた無断改変が想定の範囲を超えていれば，著作者としては，同一性保持権を行使することが許されると考えられる。東京高判平11・9・21判時1702-140［恐竜イラスト事件］は，あらかじめ許諾された範囲を超える改変を行う場合，改めてその許諾を得る必要があるとしている。また，知財高判平18・2・27判例集未登載［ジョン万次郎像事件］（著作権百選40）は，真の著作者でない者を著作者として表示する合意について，「著作物あるいは複製物には，真の著作者名を表示することが公益上の理由からも求められている」として強行規定の趣旨に反し無効である，としており，注意が必要であろう。

# 第7章 著作権

## 第1節 複製権

Case36

甲は，「蔵書電子化サポートサービス」を営んでおり，自宅の蔵書の置き場所に悩む愛書家の依頼により，書籍を電子ファイル化するという有償のサービスを業とする者である。甲のサービスは，①書籍を購入した利用者が購入した書籍を甲に送付し，②甲はその書籍を裁断して自ら管理するスキャナで読み込んで電子ファイル化し，③甲は，完成した電子ファイルを記録した記憶媒体を裁断した書籍とともに利用者に送付する，という手順から成っていた。甲のサービスは，電子ファイル化された書籍の著作権者の複製権を侵害するか。

### ❶ 複製の定義

著作者は，その著作物を**複製**する権利を専有する（21条）。

複製とは，印刷，写真，複写，録音，録画その他の方法により有形的に再製することをいう（2条1項15号イ）。印刷，写真，複写，録音，録画は例示であり，あらゆる技術的手段が含まれる。「有形的」再製とは，何らかの記録媒体に著作物を記録し，保存する行為をいう。印刷，写真のように一見して著作物を確認できる場合だけでなく，録音，録画のように，再生装置を用いて著作物を確認できる場合も有形的再製にあたる。録音，録画については，定義規定がある（2条1項13号・14号）。

テレビ・ラジオ放送を受信して視聴する場合や，CDプレイヤーで音楽CDを再生する場合のように，受信機器などの内部で行われる瞬間的・過渡的な蓄積は複製に該当しない[1]。

一方，インターネット上の動画投稿サイトに投稿された動画コンテンツをパソコンで視聴する際，パソコンの内部に作成されるキャッシュのように，「瞬間的・過渡的」とはいいがたいが，情報処理上の必要性が認められる一時的な蓄積について，「複製」にあたるかは従来明らかではなかった。平成21年法改正により新設された47条の8（現行47条の4第1項1号）により，こうした，いわゆるブラウザキャッシュについても「複製」にあたることを前提に，権利制限の対象とする形で立法的に解決された。

インターネット上のリンクは，単にコンテンツのURLを記述しているだけであり，リンク元では著作物の複製が行われているわけではないので，著作権者の許諾は要しない。

## ❷ 依拠と同一性

「再製」とは，既存の著作物に依拠し，これと同一のものを作成し，または，具体的表現に修正，増減，変更等を加えても，新たに思想または感情を創作的に表現することなく，その表現上の本質的な特徴の同一性を維持し，これに接する者が既存の著作物の表現上の本質的な特徴を直接感得することのできるものを作成する行為をいう。

依拠と同一性を複製の要件とする考え方は，旧著作権法（明治32年法）に関する判例である，最判昭53・9・7民集32-6-1145［ワン・レイニー・ナイト・イン・トーキョー事件］（著作権百選42）（複製とは，「既存の著作物に依拠し，その内容及び形式を覚知させるに足りるものを再製することをいう」）によって確立され，基本的に現行法にも受け継がれている。ただし，旧著作権法における「複製」は，現行法の上演等無形的利用や，翻案も広く含む概念であったため，現行法においてこの判決を参照するにあたっては，「有形的」再製という条件を加え，さらに，翻案の要件については複製と区別する必要がある。

翻案（27条）は，既存の著作物に依拠し，その表現上の本質的な特徴の同一性を維持している点では複製と同様であるが，具体的に表現に修正，増減，変更等を加えて，新たに思想または感情を創作的に表現することにより，これに

1 東京地判平12・5・16判時1751-128［スターデジオ事件］（著作権百選59）は，RAMにおけるデータ等の蓄積は，「一時的・過渡的な性質を有する」として「複製」にあたらないとした。

接する者が既存の著作物の表現上の本質的な特徴を直接感得することができる別の著作物を創作する行為である点で複製とは区別される（最判平13・6・28民集55-4-837［江差追分事件］（著作権百選44）参照）。

「依拠」とは，既存の著作物の表現内容を知り，これを利用して自己の作品を作出することをいう。既存の著作物に接する機会がなく，したがって，その存在，内容を知らなかった者は，これを知らなかったことにつき過失があると否とにかかわらず，既存の著作物と同一性のある作品を作成しても著作権を侵害するものではない（前掲［ワン・レイニー・ナイト・イン・トーキョー事件］）。

著作物として保護を受けるためには，厳格な意味での独創性は必要とされず，表現に作成者の個性が何らかの形で表れていれば足りる。このため，既存の著作物と同一の表現であっても，それが独自に作成され，作成者の何らかの個性が表れたものである限り，著作物としての保護を受ける。その反面として，著作者に与えられる権利は，第三者が別個独立に行った表現については及ぶべきではない，というのが，複製の成立に依拠性を必要とする趣旨である[2]。

「依拠」は，既存の著作物の表現内容の認識および自己の作品への利用の意思といった被告の心理状態が要件となるため，直接証拠によって立証することは必ずしも容易でなく，侵害を推認させる間接事実によって推認されることが多い。たとえば，被告が原告の著作物の存在，内容を知っていたこと，これに接する合理的機会があったこと，原告の著作物の表現と被告の著作物の表現が同一であること，とくに，誤字・脱字等の表現が同一であることは，依拠を推認させる間接事実である。ただし，誤字・脱字の表現が同一であることから依拠は推認できても，当該誤字・脱字部分の表現に創作性が認められない場合，複製のもう１つの要件である同一性を充たさないため，結論的には複製権侵害が成立しないことには注意が必要である。

「同一性」は，著作物の一部を変更したり，文章の順序変更を行うなど，若干の修正増減が加えられていても，当該著作物の本質的特徴が実質的に同一に再生されていれば（いわゆる「類似性」）認められる。漫画「ポパイ」の登場人物の図柄がネクタイに利用された事件において，複製というためには，第三者

2　小酒禮・最判解民事篇昭和53年度417頁。

の作品が漫画の特定の画面に描かれた登場人物の絵と細部まで一致することを要するものではなく，その特徴から当該登場人物を描いたものであることを知りうるものであれば足りるというべきであるとされた[3]。

書の著作物が小さく広告用カタログに無断撮影収録されたという事例において，東京高判平14・2・18判時1786–136［雪月花事件］（著作権百選53）は，一般人の通常の注意力を基準とした場合，問題となった写真から，美術の著作物としての美的要素を直接感得できないとして「複製」の成立を否定している。

## ❸ 脚本の著作物，建築の著作物の複製

複製には次の行為が含まれる。

第1に，脚本その他これに類する演劇用の著作物について，その上演，放送または有線放送を録音，録画することは（当該上演等の複製であると同時に），当該演劇用の著作物の複製となる（2条1項15号イ）。なお，上演に際し，演出によって脚本に新たな創作が加えられる場合には，上演は脚本の翻案（同項11号）となる。

第2に，建築の著作物について，建築に関する図面すなわち建築設計図に従って建築物を建築することは複製となる（2条1項15号ロ）。建築の著作物は，設計されたデザインが建築設計図に表現された時点で成立が認められ，有体の建築物として施工済みであることを要しない。施工済みの建築物に表現された建築の著作物に依拠して，同一の表現を再製し，別個の建築物を建築する行為（いわゆる模倣建築）だけでなく，建築設計図に従って建築物を建築する行為も建築の著作物の複製にあたることを確認する規定である。

## ❹ 複製による著作物利用の主体

第1に，複製の意思をもって自ら複製行為を行う者が複製の主体にあたることは争いがない。不特定多数の一般顧客である利用者を誘引し，その管理・支配のもとで，利用者から送付された書籍を裁断し，スキャナで読み込んで電子ファイルを作成することにより書籍を複製し，当該電子ファイルの検品を行っ

3 最判平9・7・17民集51–6–2714［ポパイネクタイ事件］（著作権百選78）。

て利用者に納品し，利用者から対価を得る本件サービスを行っている事業者は，複製の主体にあたるとされた[4]。

第2に，物理的，自然的に観察した場合に複製の主体とみられる者とは異なる者について，複製の対象，方法，複製への関与の内容，程度などの諸要素を考慮して，主体と認定されることがある（最判平23・1・20民集65-1-399［ロクラクⅡ事件］（著作権百選82。後掲図参照）。［ロクラクⅡ事件］判決は，「放送番組等の複製物を取得することを可能にするサービスにおいて，サービスを提供する者（以下「サービス提供者」という。）が，その管理，支配下において，テレビアンテナで受信した放送を複製の機能を有する機器（以下「複製機器」という。）に入力していて，当該複製機器に録画の指示がされると放送番組等の複製が自動的に行われる場合には，その録画の指示を当該サービスの利用者がするものであっても，サービス提供者はその複製の主体であると解するのが相当である。すなわち，複製の主体の判断に当たっては，複製の**対象，方法，**複製への**関与の内容，程度**等の諸要素を考慮して，誰が当該著作物の複製をしているといえるかを判断するのが相当であるところ，上記の場合，サービス提供者は，単に複製を容易にするための環境等を整備しているにとどまらず，その管理，支配下において，放送を受信して複製機器に対して放送番組等に係る情報を入力するという，複製機器を用いた放送番組等の複製の実現における枢要な行為をしており，複製時におけるサービス提供者の上記各行為がなければ，当該サービスの利用者が録画の指示をしても，放送番組等の複製をすることはおよそ不可能なのであり，サービス提供者を複製の主体というに十分であるからである」（太字筆者）と説示している。

「対象，方法，複製への関与の内容，程度」を総合考慮して著作物の利用主体の規範的認定を行うべきことは，複製に限らず，送信等他の利用方法についても同様と想定されている（山田真紀・最判解民事篇平成23年度（上）40頁〔［まねきTV事件］調査官解説〕）[5]。

---

4　知財高判平26・10・22判時2246-92［自炊代行事件］（著作権百選66）。

5　［ロクラクⅡ事件］判決後，演奏による著作物利用主体について，「対象，方法，関与の内容，程度」を基準とするものとして，知財高判平28・10・19判例集未登載［Live Bar X.Y.Z→A事件］（著作権百選86）。

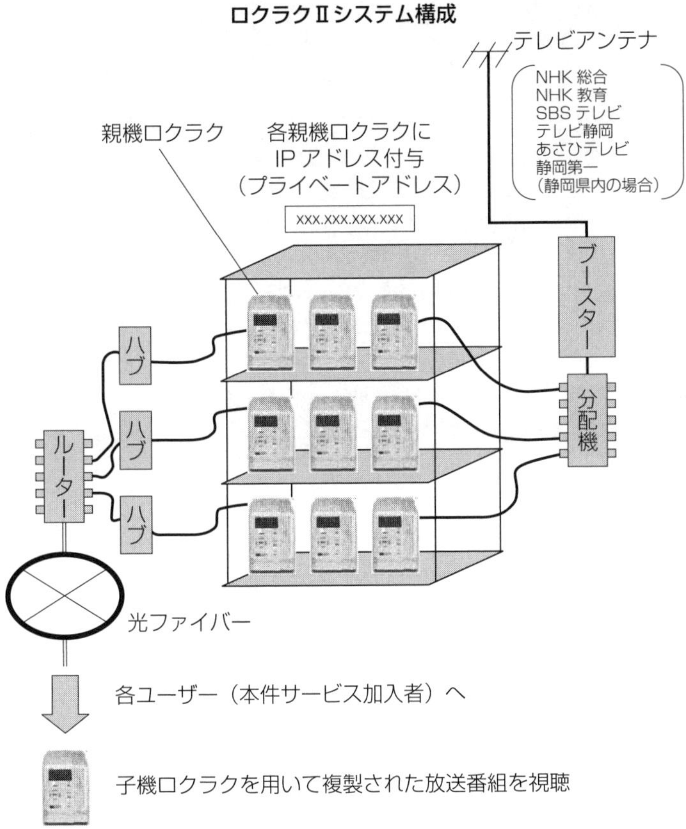


（東京地判平 20・5・28 判時 2029-125［ロクラクⅡ事件：第1審］別紙）

本判決の金築誠志判事補足意見は，「著作権法 21 条以下に規定された『複製』，『上演』，『展示』，『頒布』等の行為の主体を判断するに当たっては，もちろん法律の文言の通常の意味からかけ離れた解釈は避けるべきであるが，単に物理的，自然的に観察するだけで足りるものではなく，社会的，経済的側面をも含め総合的に観察すべきものであって，このことは，著作物の利用が社会的，経済的側面を持つ行為であることからすれば，法的判断として当然のことであると思う。……考慮されるべき要素も，行為類型によって変わり得るのであり，行為に対する管理，支配と利益の帰属という二要素を固定的なものと考えるべきではない。この二要素は，社会的，経済的な観点から行為の主体を検討する際に，多くの場合，重要な要素であるというにとどまる」と指摘している。

**Caseの考えかた**

Case36　一連の行為①②③における甲は，物理的，自然的に観察した場合に，複製の意思をもって自ら複製を行う者と評価できるため，甲は書籍の著作権者の複製権を侵害する（前掲注4［自炊代行事件］）。かりに，物理的，自然的には複製の主体と認められないとしても，甲による複製行為の対象，方法，複製への関与の内容・程度を総合考慮して，規範的に複製の主体と認められることがある（前掲［ロクラクⅡ事件］）。本件では，「対象」である書籍の購入者は利用者であり，また，書籍は利用者が送付しており，「方法」への甲の関与も低い。一方，甲は書籍を裁断して自ら管理するスキャナで読み取っており，「複製への関与の内容・程度」において甲の関与は重く，総合考慮すると，規範的にも複製の主体と認められよう。

## 第2節　上演権および演奏権

### ❶　公の上演・演奏

上演・演奏権とは，著作物を公すなわち公衆に直接見せ，または聞かせることを目的として，**上演・演奏**する権利である（22条）。演奏は音楽，上演は演劇，ダンス，落語，漫才など音楽以外の著作物を演ずることをいう（2条1項16号）。

22条以下の無形的利用については，公衆に直接見せ，または聞かせることを目的とする場合にだけ著作権侵害が成立する。見せ，または聞かせることを目的としていれば足り，結果として聴衆がいない場合もこれに含まれる。ただし，非営利の演奏については，権利が制限される（38条1項）。

公衆には，不特定多数，不特定少数[6]に加えて，特定かつ多数の者を含む（2条5項）。特定というのは，家族，友人などの人的な結合関係が存在することをいい，事業者と顧客との関係のような不特定者の関係とは区別される。

6　貸与権についての事例であるが，東京地判平16・6・18判時1881-101［NTTリース事件］。

公衆にあたるかの判断は，著作物の種類・性質や利用態様を前提として，著作権者の権利を及ぼすことが社会通念上適切か否かという観点から行われる。社交ダンス教室における音楽著作物の利用行為について，入会金さえ払えば誰でも受講できること，一度に数十名の受講生を対象とすることも可能であることなどを考慮して，公に行われたものと認定した例がある[7]。

音楽教室事業者からみて，その生徒は，その人数にかかわりなく，いずれも「不特定」の者にあたり，「公衆」になるとされた[8]。

上演，演奏には，生演奏のように人が直接演じる場合だけでなく，CD，DVD，カラオケのように著作物を録音・録画したものを再生することや，ホールで行われているコンサートを楽屋に電気通信設備を使用して伝達する行為なども含まれる（2条7項）。

## ❷　演奏による著作物利用の主体

最判昭63・3・15民集42-3-199［クラブキャッツアイ事件］（著作権百選81）は，スナック等の経営者が，カラオケ装置と音楽著作物たる楽曲の録音されたカラオケテープとを備え置き，客に歌唱を勧め，客の選択した曲目のカラオケテープの再生による伴奏により他の客の面前で歌唱させるなどし，もって店の雰囲気作りをし，客の来集を図って利益をあげることを意図しているときは，右経営者は，当該音楽著作物の著作権者の許諾を得ない限り，客による歌唱につき，その歌唱の主体として演奏権侵害による不法行為責任を免れないとした。

客は，スナックの経営者らと無関係に歌唱しているわけではなく，経営者らの従業員による歌唱の勧誘，経営者らの備え置いたカラオケテープの範囲内での選曲，経営者らの設置したカラオケ装置の従業員による操作を通じて，経営者らの**管理**のもとに歌唱しているものと解され，他方，経営者らは，客の歌唱をも店の営業政策の一環として取り入れ，これを利用していわゆるカラオケスナックとしての雰囲気を醸成し，かかる雰囲気を好む客の来集を図って営業上

---

7　名古屋地判平15・2・7判時1840-126［社交ダンス教室事件：第1審］。最判平23・1・18民集65-1-121［まねきTV事件］（著作権百選83）においても，利用者が事業者と契約を締結すればサービスの提供を受けられるという関係にある場合，事業者にとって利用者は不特定者すなわち公衆にあたるとされた。

8　知財高判令3・3・18判時2519-73［音楽教室事件：控訴審］。

の利益を増大させることを意図したというべきであって，前記のような客による歌唱も，著作権法上の規律の観点からは経営者らによる歌唱と同視しうるものであるとされた。

本判決は，演奏による著作物の利用主体における一般的基準にはふれていない。あくまで，上記の事実関係のもとでは，店に主体性が認められるとの判断が示されているにすぎない。

音楽教室における教師および生徒による演奏について音楽著作物の利用主体が問題となった事件の控訴審において，音楽教室事業者は，教師に対し，受講契約の本旨に従った演奏行為を，雇用契約または準委任契約に基づく法的義務の履行として求め，必要な指示や監督をしながらその管理支配下において演奏させているといえるのであるから，教師がした演奏の主体は，規範的観点に立てば音楽教室事業者であるとされ，右判断は控訴審で確定した[9]。

一方，生徒による演奏の主体について，最判令4・10・24民集76-6-1348［音楽教室事件：上告審］（令和4年重判解知的財産法3）は，「演奏の形態による音楽著作物の利用主体の判断に当たっては，演奏の目的及び態様，演奏への関与の内容及び程度等の諸般の事情を考慮するのが相当である」との基準を示したうえで，⑴生徒の演奏は，教師から演奏技術等の教授を受けてこれを習得し，その向上を図ることを目的として行われるのであって，課題曲を演奏するのは，そのための手段にすぎないこと，⑵生徒の演奏は，教師の行為を要することなく生徒の行為のみにより成り立つものであり，教師による伴奏や各種録音物の再生が行われたとしても，これらは，生徒の演奏を補助するものにとどまること，⑶教師による課題曲の選定や生徒の演奏についての指示・指導は，生徒が上記⑴の目的を達成することができるように助力するものにすぎないこと，等の事情を総合考慮のうえ，演奏の主体は生徒であり，音楽教室事業者ではないとした。［音楽教室事件：上告審］は，前掲［ロクラクⅡ事件］と同様，諸般の事情の総合考慮による著作物の利用主体の認定という手法を採用している。総合考慮において考慮される事情は，権利の種類，利用態様等によって様々であり，必ずしも固定していない（前掲［ロクラクⅡ事件］判決金築誠志判事補足意

9　同上。

見)。

## 第3節　上　映　権

上映とは，著作物（公衆送信されるものを除く）を映写幕その他の物に映写することをいう（2条1項17号)。上映権とは，公に**上映**する権利を指す（22条の2)。映画に伴って固定されている音楽，つまりサウンド・トラックを再生することも上映に含まれる（2条1項17号)。

上映権の対象は映画に限定されず，CG画像をレーザー映像としてビルの壁面に映写する行為，講演会においてOHPを用いて著作物を提示する行為なども含まれる。

なお，スポーツバーにおいて集客目的で大型の映写設備を用いてスポーツイベントのテレビ中継番組を顧客に視聴させる行為のように，放送など公衆送信される著作物を映写する行為については，上映権ではなく（2条1項17号括弧書)，公衆伝達権（23条2項）の対象となる。

## 第4節　公衆送信権・公衆伝達権

### ❶　公衆送信権

**公衆送信**とは，公衆によって直接受信されることを目的として無線通信または有線電気通信の送信を行うことをいう（2条1項7号の2)。公衆送信権とは，著作物を公衆送信する権利である（23条1項)。建物内の1か所から同一の占有にかかる他の同一構内の場所への送信は公衆送信にあたらないものとされているが（2条1項7号の2括弧書)，プログラムの著作物については同一構内であっても原則どおり公衆送信権がはたらく（同括弧書内の括弧書)。たとえば，プログラム著作物を1本だけ購入して社内LANを経由して同一構内の端末に送信して利用する行為については，公衆送信権侵害となる。

公衆送信の方法には，放送，有線放送，自動公衆送信等の3つがある。

まず，放送とは，公衆によって同一内容の送信が同時に受信されることを目的として行う無線通信の送信をいう（2条1項8号)。テレビ，ラジオ，衛生放送，地上波デジタル放送がこれにあたる。

有線放送とは，公衆によって同一内容の送信が同時に受信されることを目的として行う有線電気通信の送信をいう（2条1項9号の2)。有線放送，CATV放送，ミュージックサプライ事業者の行う音楽の有線放送がこれにあたる。

自動公衆送信とは，公衆送信のうち，公衆からの求めに応じ自動的に行うもので放送または有線放送以外のものをいう（2条1項9号の4)。有線電気通信を利用した例として，オンライン・データベース，無線による例として，CSによるオンデマンド音楽・ゲーム配信があげられる。

自動公衆送信には**送信可能化**も含まれる（23条1項括弧書)。送信可能化とは，ネットワークへのアップロード行為をいい，2条1項9号の5に列挙された行為によって，著作物を自動公衆送信しうるようにすることをいう（同号柱書)。列挙されている行為の第1は，すでにネットワークに接続されているサーバー等（自動公衆送信装置）に情報を入力等する行為（同号イ）であり，具体的には，①公衆の用に供されている電気通信回線に接続している自動公衆送信装置の公衆送信用記録媒体に情報を**記録**する行為，②情報が記録された記録媒体を当該自動公衆送信装置の公衆送信用記録媒体として**加える**行為，③情報が記録された記録媒体を当該自動公衆送信装置の公衆送信用記録媒体に**変換**する行為，④当該自動公衆送信装置に情報を**入力**する行為に細分される。

列挙されている行為の第2は，情報がすでに入力等されているサーバー等（自動公衆送信装置）をネットワークに**接続**する行為（同号ロ）である。

放送を受信して同時に，公衆の用に供されている電気通信回線に接続している自動公衆送信装置に情報を入力することにより行う自動公衆送信を特定入力型自動公衆送信という（2条1項9号の6)。さらに，特定入力型自動公衆送信のうち，専ら放送法上によって定められた放送対象地域において受信されることを目的として行われるものを地域限定特定入力型自動公衆送信という（34条1項)。

放送番組または有線放送番組の自動公衆送信のうち，放送番組の放送または有線放送番組の有線放送が行われた日から1週間以内に，放送番組または有線放送番組の内容を変更しないで行われ，デジタル方式の複製を防止し，または抑止するための措置として政令で定めるものが講じられているものを放送同時配信等という（2条1項9号の7）。放送番組の同時配信のほか，いわゆる追っかけ配信（放送が終了するまでの間に配信が開始されるもの），一定期間の見逃し配信を対象とするものである。

令和3年改正により，従前，放送等を対象としていた権利制限規定について，同時配信等にも適用が認められた（34条1項・38条3項・39条1項・40条2項・44条・93条）。

## ❷　送信可能化・公衆送信による著作物利用の主体

最判平23・1・18民集65-1-121［まねきTV事件］（著作権百選83）は，放送番組を利用者からの求めに応じ自動的に送信する機器を用いたサービスを提供する事業者が，送信可能化・公衆送信の主体であるとされた事例である。

本件サービスでは，事業者は，自ら管理するテレビアンテナに上記の機器を接続し，アンテナで受信された放送が継続的に入力されるよう設定したうえで，事務所で管理していた（後掲図参照）。事業者側の機器に入力された放送は，利用者の求めに応じ，インターネットを通じて自動的に利用者側の別の機器に送信されていた。その際，事業者側の機器と利用者側の機器は1対1で接続されていた。

このような事実関係を前提として，判旨は，第1に，本件のように，送信側の機器と受信側の機器が1対1で結ばれている場合であっても，当該装置を用いて行われる送信が自動公衆送信であれば，送信側の機器は「自動公衆送信装置」にあたるとした。ここでは，送信を誰が行っていると評価できるかが判断の分かれめとなる。つまり，本件において，送信を行っているのが利用者であると評価すると，利用者が自分自身に送信する行為は「公衆」送信にはあたらない。本件の原審はそのような判断を下した。これに対し，送信を行っているのが事業者であるとすると，事業者から利用者に対して行う送信は，両者間に人的結合関係がない場合には，「公衆」への送信と位置づけられる。

判旨は，第2に，自動公衆送信の主体は，一般に，「受信者からの求めに応じ情報を自動的に送信できる状態を作りだす行為を行う者」であり，本件のように継続的に情報が入力されている場合には，主体は「情報を入力する者」とする。

本件事実関係の下では，機器に放送を入力している事業者が送信の主体にあたり，何人も，事業者との関係を問題にされることなく，事業者と契約を締結することにより本件サービスを利用することができるのであるから，送信の主体である事業者からみて，利用者は不特定者にあたるとされた。事業者側の機器から利用者側の機器への送信は自動公衆送信であり，事業者側の機器に番組を入力する行為は，送信可能化にあたり，事業者の入力行為は放送事業者が有する送信可能化権（92条の2）を侵害し，送信行為は映画の著作物としての放送番組の著作権者として放送事業者が有する公衆送信権の侵害とされた。

入力する主体を考えるについて，一定の規範的な評価を行うことは，複製，演奏など他の行為主体を考える場合と異ならず，入力の対象，方法等が考慮される（前掲［まねきTV事件］調査官解説）。

**まねきTVのシステム構成**

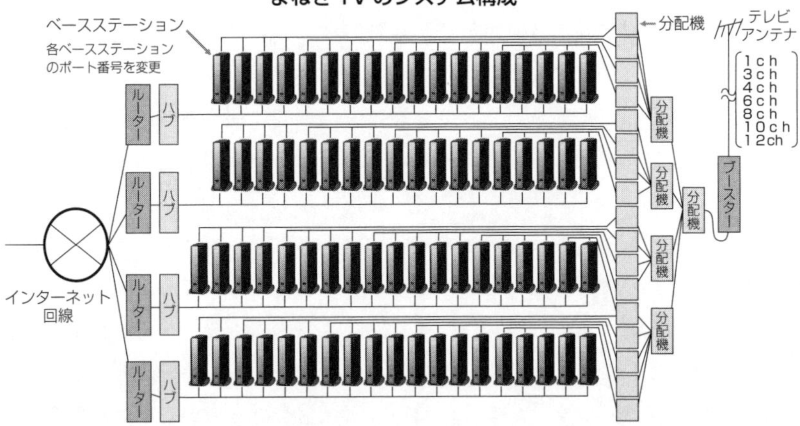


（東京地判平20・6・20民集［参］65-1-247［まねきTV事件：第1審］別紙1）

知財高判平30・4・25判時2382-24［リツイート事件：控訴審］（著作権百選61）は，「著作権侵害行為の主体が誰であるかは，行為の対象，方法，行為への関与の内容，程度等の諸般の事情を総合的に考慮して，規範的に解釈すべきであり，カラオケ法理と呼ばれるものも，その適用の一場面であると解される」としてロクラクⅡ最高裁判決を引用したうえで，リツイート（現リポスト）者は自動公衆送信の主体とはいえないとした。

### ❸ 公衆伝達権

**公衆伝達権**は，公衆送信される著作物を受信装置を用いて公に伝達する権利である（23条2項）。たとえば，大学のサテライトキャンパスの学生に，メインキャンパスから衛星放送を通じて送られてくる講義を受信し，受講生に見せ，または聞かせる行為が例である。

ただし，放送され，有線放送される著作物は非営利かつ料金を徴収しない場合には受信装置を用いて公に伝達できる（38条3項前段）。また，家庭用受信装置を用いてする場合には営利であっても伝達権侵害とならない（同項後段）。

公衆送信された著作物を録音・録画して公に伝達する行為は伝達権の対象ではなく，別途複製権，上演権，演奏権，上映権，口述権の侵害が問題となる。

## 第5節　口　述　権

口述とは，朗読その他の方法により著作物を口頭で伝達することをいう（ただし，実演に該当するものは除かれる。2条1項18号）。口述権は，著作物を公に口述する権利である（24条）。実演とは，著作物を演劇的に演じ，舞い，演奏し，歌い，口演し，朗詠し，またはその他の方法により演ずることをいう（2条1項3号）。したがって，口述権の対象となるのは，言語の著作物を非演劇的に伝達することに限られ，具体的には，例示されている朗読のほか，講演，授業がこれにあたる。

口述権の対象は公に行われる口述に限定される。口述について「公に」とは，公衆に直接聞かせることを目的にして，という意味である（22条参照）。公衆には，不特定者のみならず特定多数も含まれる（2条5項）。公衆に対するものであるかは，事前の人的結合関係の強弱に加え，著作物の種類・性質や利用態様等も考慮し，社会通念に従って判断される[10]。公衆に直接に聞かせることを目的としていれば，生で口述が行われている必要はなく，録音・録画されたものの再生（公衆送信または上映に該当するものを除く），電気通信設備を用いた伝

10　東京地判平25・12・13判例集未登載［幸福の科学事件］（著作権百選60）。

達（公衆送信に該当するものを除く）も口述に含まれる（同条7項）。小説の朗読を吹き込んだCDブックを再生する場合が一例である。ただし，非営利の場合は権利制限の対象となり，口述権侵害とはならない（38条1項）。

## 第6節　展　示　権

**展示権**は，美術の著作物またはまだ発行されていない写真の著作物をこれらの原作品により公に展示する権利である（25条）。「公に」とは，展示については公衆に直接見せ，または聞かせることを目的とすることを指す（22条参照）。なお，写真についてのみ未発行のものに限定されているのは，原作品と複製物の区別が困難であるためである。

著作権法上，展示は原作品という有体物を通じて無体物である著作物を利用する行為として位置づけられる。一方，展示行為は，原作品の所有権者による所有物の使用の一態様でもあり，両者の調整規定が置かれている。

原作品の所有権者またはその同意を得た者は，展示権者の同意を得ることなく美術の著作物もしくは写真の著作物の原作品を公に展示できる（45条1項）。

ただし，公園など屋外の場所に恒常的に設置する形で展示する場合には，たとえ所有権者またはその同意を得た者であっても，展示権者の許諾を得る必要がある（45条2項）。

## 第7節　頒布権・譲渡権・貸与権

Case37　甲はプログラムの著作物$\alpha$を創作し，その複製物$\beta$を友人乙に譲渡したところ，乙は，甲に無断で$\beta$を丙に譲渡した。乙の行為は，甲の著作権を侵害するか。

### ❶　頒布の定義

頒布とは，有償であるか無償であるかを問わず，複製物を公衆に譲渡し，または貸与することをいう（2条1項19号前段）。映画の著作物については頒布権（26条），それ以外の著作物については譲渡権（26条の2）と貸与権（26条の3）がそれぞれ与えられている。なお，違法複製物の頒布等をみなし侵害（第12章第4節参照）とする規定（113条1項2号）については，すべての著作物について適用がある。

譲渡は複製物の所有権の移転を伴い，貸与は所有権の移転を伴わないという違いはあるが，いずれも，著作物の複製物（有体物）の占有の移転により，著作物へのアクセスを可能とする行為である。

公衆には不特定者のみならず特定多数の者も含む（2条5項）。特定少数の者は公衆に含まれない。特定少数の者とは，家族や友人など個人的な結合関係がある者のことをいう。プログラムの著作物について，リース業者がリース先に貸与を行う場合，業者とリース先との関係は営業関係であり，人的な結合関係はなく，不特定少数者すなわち公衆への貸与にあたるとされた[11]。

映画の著作物または映画の著作物において複製されている著作物（サウンドトラック，美術作品等）については，公衆への譲渡・貸与に加えて，著作物を最終的に公衆に提示すること（上映，放送等）を目的として特定少数の者（映画館等）に対して映画の著作物の複製物を譲渡し，または貸与することも頒布に含まれる（2条1項19号後段）。映画の配給制度においては，映画会社から配給会社を介して映画館等に映画の著作物を収録したフィルムが上映目的で貸与されるという慣行がある。映画会社にとって映画館は特定少数者であり，公衆にはあたらないため，19号前段の頒布にはあたらないという前提で，配給制度の秩序という観点からとくに頒布権の対象としたのが19号後段の頒布であると説明されている[12]。

## ❷　映画の頒布権

### (1)　公衆への頒布・公衆への提示を目的とした特定少数者への頒布

映画の著作者（26条1項），映画の著作物において複製されているサントラ，美術などの著作者（同条2項），そして，映画の著作物の原著作物の著作者（28

11　前掲注6［NTTリース事件］。
12　斉藤博＝吉田大輔『概説　著作権法』73頁（ミネルヴァ書房，2010年）。

条）は，**頒布権**を有する。映画の頒布権は，公衆への譲渡・貸与（2条1項19号前段），公衆に対する上映等を目的とした特定少数者への譲渡・貸与（同号後段）の両者に及ぶ。

映画の中に複製されている著作物，映画音楽，美術作品の著作者は，その映画に複製されている自己の著作物の映画としての一体的利用に関し，頒布権を有する（26条2項）。

### (2)　頒布権の消尽――中古ソフト事件判決

映画以外の著作物についての譲渡権については，最初の適法な譲渡により，その後の再譲渡にはもはや譲渡権が及ばない旨の規定（26条の2第2項1号。譲渡権の消尽）が置かれている。一方，映画の著作物に関する26条には消尽の規定は存在しないため，映画の頒布権については消尽しないとの解釈が成り立ちうるところであった。

このような中，最判平14・4・25民集56-4-808［**中古ソフト事件**］（著作権百選62）は，19号後段頒布，すなわち配給制度という取引実態のある映画の著作物またはその複製物については，著作権者は，複製物を最初に譲渡した後の中古販売についても頒布権を行使できると示唆した。一方，同号前段の対象である公衆に提示することを目的としない家庭用テレビゲーム機に用いられる映画の著作物の複製物の譲渡については，最初の譲渡ですでに著作権者は利得を得ており，もし中古販売の対価も与えると二重利得となること，著作権市場における商品の円滑な流通の確保が必要であることにもとづき，頒布権は及ばない，すなわち消尽すると述べた[13]。最高裁によると，26条の2第2項1号の消尽の規定は確認的規定にすぎず，26条に消尽に関する明文の規定がないことは，映画の著作物について消尽を認めることの妨げにはならない。

本判決の趣旨に従うと，公衆に提示することを目的としないパッケージ型のソフトであれば，テレビ番組，劇場用映画の複製物（DVD）も，頒布権の消尽が認められることになる[14]。なお，「頒布権の消尽」と称されることが多いが，

13　最高裁は，特許権の消尽に関する最判平9・7・1民集51-6-2299［BBS並行輸入事件］（特許百選26）を引用して，同様の理が原則として著作権についても原則として妥当する，と述べている。

14　髙部眞規子・最判解民事篇平成14年度（上）429頁。ビデオソフトについて消尽

消尽の対象となるのは，正確には映画の頒布権のうち譲渡に関する権利のみであり，貸与については第1譲渡後も消尽することはない。

本件ゲームソフトのパッケージには中古販売を禁止する旨が記載されていたが，最高裁は消尽を認めて中古販売を許容していることから，頒布権消尽の効果は当事者の意思にかかわらず生じるとされているのであろう[15]。

本判決は，海外から輸入された映画の著作物の複製物が国内で譲渡された場合については論じていないが，調査官解説によると，26条の2第2項5号に相当する場合，すなわち，国外において適法に譲渡された映画の著作物の複製物については，国内での譲渡について頒布権者の許諾を要しない[16]。

## ❸　譲渡権

譲渡権は，映画の著作物を除く，すべての著作物について，その原作品または複製物を譲渡により公衆に提供する権利である（26条の2第1項）。譲渡とは，有体物の占有，所有権限を移転することである。公衆には，不特定者のみならず特定多数を含む（2条5項）。

譲渡権については，いったん適法な譲渡がなされた後は，再譲渡について，もはや権利が及ばない旨の規定（**消尽**）が置かれている（26条の2第2項）。第1に，譲渡権者等により公衆への譲渡がなされた後の再譲渡について譲渡権は及ばない（同項1号）。第2に，裁定（67条・67条の2・67条の3・69条）などにより公衆に譲渡された場合も同様である（26条の2第2項2号・3号）。第3に，最初の譲渡が公衆にはあたらない家族，友人など特定少数者に対するものである場合も，消尽が認められる（同項4号）。

［BBS並行輸入事件］最高裁判決は，消尽の主たる根拠として，二重利得の禁止と，商品の自由流通ないし取引の安全の2つを挙げている。このうち，二重利得の禁止という理由づけは，最初の譲渡が特定少数者である場合，あてはまらない。譲渡権の対象は対公衆のみであるので，特定少数者への譲渡によっ

---

を認めたものとして，東京地判平14・11・28判例集未登載。

15　鈴木将文「中古ゲームソフトの販売と頒布権」著作権百選〔第4版〕96頁。

16　前掲注14・髙部428頁。なお，平成11年に26条の2が導入される前，劇場用映画のビデオソフトの輸入の事例において消尽を否定した事例がある。東京地判平6・7・1知裁集26-2-510［101匹ワンチャン事件］。

て，譲渡権者が利得する余地はないからである。「許諾」ではなく，「承諾」という文言が用いられているのは，最初の譲渡については譲渡権の許諾の対象ではないことを示す趣旨である。一方，商品の自由流通，取引の安全という要請は，最初の譲渡が特定少数者に対するものであっても，同じくあてはまる。4号は，通常の経済取引において，有体物（複製物）の所有という外形が信頼されることに鑑みて，取引の安全という要請からとくに設けられたものといえる。

第4に，国外で適法に譲渡された後の国内における再譲渡についても，譲渡権は及ばない（同項5号）。ただし，「前項に規定する権利に相当する権利を害することなく」という条件が付されているため，当該外国において，著作権者に対して譲渡権に相当する権利が認められていないとき，あるいは権利は認められているが強制実施の対象とされその行使が制限されている場合は，国内における譲渡権の行使は妨げられない。

## ❹　還流レコードに関するみなし侵害

国外頒布目的商業用レコードについて，情を知って頒布する目的で輸入し，国内で頒布し，または頒布目的で所持する行為は一定期間に限って著作権侵害とみなされる（113条10項）。

著作物についての26条の2第2項5号と同趣旨の規定は，レコード製作者に対しても適用される（97条の2第2項5号）。このため，国外で適法に譲渡されたレコードについては，原則として，レコード製作者の譲渡権侵害とならない。ただし，国内版と同一の国外版が発行されており，国外版の輸入により権利者の利益が不当に害される場合には，国内において最初に固定した日から7年以内で政令で定める期間内に限り（施行令66条により4年），輸入・頒布，所持は著作権侵害となる。

## ❺　譲渡権と複製権

著作物の原作品または複製物$\alpha$が，譲渡権者Aの許諾なく複製の作成者Bによって公衆Cに譲渡され，さらに公衆Dへと再譲渡されたとする。BからCへの譲渡についてはAの許諾がないため，Aの譲渡権について消尽は成立せず，譲渡権侵害が成立する。ただし，Aの許諾がなくても，Bによる$\alpha$の作成が図書館における複製（31条）などの権利制限によって適法に行われた場合には，複製後のBからCへの$\alpha$の譲渡も適法とされている（47条の7）。もっとも，譲渡目的が所定の権利制限の目的以外である場合は，原則どおり譲渡権の侵害が成立する。

Bによる作成が47条の7に列挙されている権利制限のいずれにも該当せず，BからCへの譲渡がAの譲渡権を侵害する場合，CからDへの再譲渡についてもAの譲渡権は及ぶか。

まず，Cの信頼を保護するため，113条の2は，Cが，Bから$\alpha$の譲渡を受けた時において，Bによる譲渡権侵害につき悪意または有過失の場合に限り，CによるDへの譲渡をAの譲渡権侵害と認めている。ただし，Bが同時にAの複製権も侵害している場合には，たとえBからの譲受の時点では譲渡権侵害についてCが善意無過失であっても，Dへの譲渡の時点にBの複製権侵害の事実につきCが悪意の場合，113条1項2号が適用され，Cについて，みなし著作権侵害が成立する。

## ❻　貸与権

**貸与**とは，有体物の占有を移転することである[17]。貸与権は，映画の著作物以外の著作物について，その複製物を公衆に貸与する権利である（26条の3）。

公衆には，不特定のみならず特定多数も含む（2条5項）。家族，友人などの特定少数者に対する貸与は貸与権の範囲外である。

譲渡権と異なり，貸与権は著作物の原作品を対象としていない。原作品の貸与については契約処理により利益の確保が可能であり，また，権利を及ぼしたとしても所有権の大幅な調整が必要となるためである。買い戻し予約付の中古販売のように，脱法的な貸与類似行為を防止するため，貸与には，「いずれの名義又は方法をもってするかを問わず，これと同様の使用の権原を取得させる行為」を含む（2条8項）。

非営利・無償の貸与については貸与権の侵害とならない（38条4項）。公共

17　いわゆる漫画喫茶内での店内貸し出しが「貸与」にあたるか議論されている。店外への持ち出しが可能でないので占有は移転しておらず貸与にあたらないという見解（中山信弘『著作権法〔第3版〕』339頁〔有斐閣，2020年〕）が有力である。

図書館での図書の貸し出しが典型例である。

貸与権については，消尽の適用はない。貸与は，最初の譲渡が行われた後に，著作権者に別個の利得機会を与える権利であり，著作権者が譲渡後に貸与による利益をあげても，「二重」の利得とはみなされない。また，譲渡と異なり，貸与においては，複製物は著作権者に返還されることが前提であり，転々流通の取引安全を考慮する必要もない。

**Caseの考えかた**

Case37　甲の乙に対するβの譲渡は，特定少数者に対するものなので，26条の2第2項4号により，乙から丙に対する譲渡に対し，甲はその譲渡権を行使することはできない。

## 第8節　翻案権（二次的著作物の作成に関する権利）

**Case38**　甲は小説の著作物αを創作した。乙は，甲には無断で，αをもとにして，ストーリー展開と登場人物の性格設定はαのものをそのまま利用した小説βを創作した。丙は，同じく甲に無断で，αの続編として，主な登場人物をそのまま登場させ，主人公のその後の人生を描く小説γを創作した。乙，丙の行為は，甲の著作権を侵害するか。

**翻案**とは，狭義では要約や古文の現代語訳を作成する行為，あるいは，既存の文学作品などのストーリー性等をそのまま維持しつつ，具体的な表現を変える，シチュエーションを変えるような場合をいうが，広義では，翻訳，編曲，変形，脚色，映画化といった二次的著作物作成行為の全般の総称としても用いられる[18]。この広義の意味での二次的著作物（2条1項11号）を作成する権利を翻案権という（27条）。

18　著作権法上，翻案とそれ以外の二次的著作物作成行為とを区別することもある（47条の6参照）。

最判平13・6・28民集55-4-837［**江差追分事件**］（著作権百選44）は，言語の著作物の翻案権侵害の基準を示している。判旨は，その前段において，翻案とは，既存の著作物に依拠し，かつ，その表現上の本質的な特徴の同一性を維持しつつ，具体的な表現に修正，増減，変更等を加えて，新たに思想または感情を創作的に表現することにより，これに接する者が既存の著作物の本質的な特徴を直接感得することのできる別の著作物を創作する行為をいうとする。続く後段において，判旨は，既存の著作物に依拠して創作された著作物が，思想，感情もしくはアイデア，事実もしくは事件など表現それ自体ではない部分または表現上の創作性がない部分において，既存の著作物と同一性を有するにすぎない場合には，翻案にはあたらないとしている。

既存の著作物に修正増減を加え，自らの創作が加われば翻案，創作といえない程度であれば複製となる。既存の著作物に加えられた創作の程度が大きく，もはやその本質的特徴が直接感得できない程度にいたれば，独自の著作物となり，翻案とはいえない。なお，複製の意義について，最判昭53・9・7民集32-6-1145［ワン・レイニー・ナイト・イン・トーキョー事件］（著作権百選42）は，既存の著作物に依拠し，その内容および形式を覚知させるに足りるものをいうという基準を立てている。

翻案権侵害の具体的な判断は著作物の類型に応じて様々である。例をあげると，音楽の類批判断例として，東京高判平14・9・6判時1794-3［記念樹事件］（著作権百選55）では旋律を重視しつつ翻案権侵害を肯定している。知財高判平17・6・14判時1911-138［「武蔵」事件］（著作権百選46）は，映画とテレビドラマの類比について，基本的なストーリー，テーマ，エピソード，場面，人物設定，合戦などの具体的表現，類似する要素の有機的結合について対比し，結論として，共通点は結局アイデアの段階の類似にすぎないとして翻案権侵害は否定されている。写真の類比については，東京高判平13・6・21判時1765-96［西瓜写真事件］があり，撮影対象物の選択，組み合わせ，配置等における創作性が利用されているとして，翻案権侵害が肯定されている。

なお，二次的著作物の創作性および原著作物と二次的著作物の関係については，第3章参照。

### ★著作権と所有権

著作権法と所有権との関係が問題となった事例として，最判昭 59・1・20 民集 38-1-1［**顔真卿自書建中告身帖事件**］（著作権百選 1）がある。本件の書は，今から 1200 年以上前，中国唐代の建中元年（西暦 780 年）に書かれたものであり，著作権が現存しないことは明らかである。したがって，本件書の元の所有者の許諾を得て写真撮影した者の承継人から写真の乾板（かつて写真撮影に用いられた感光材を塗ったガラス板）を入手して本件書を複製した被告の行為は，著作権法上は適法である。これに対して，本件書の真筆の所有者である原告は，被告の行為は書の所有権を侵害するとして，差止請求を行った。

最高裁は，有体物である美術の著作物の原作品の所有権と，無体物である著作権の区別を明らかにする。すなわち，①美術の著作物の原作品は，それ自体有体物であるが，同時に無体物である美術の著作物を体現しているものというべきところ，所有権は有体物をその客体とする権利であるから，美術の著作物の原作品に対する所有権は，その有体物の面に対する排他的支配権能であるにとどまり，無体物である美術の著作物自体を直接排他的に支配する権能ではないと解するのが相当である。②著作権の消滅後は，所論のように著作権者の有していた著作物の複製権等が所有権者に復帰するのではなく，著作物は公有（パブリック・ドメイン）に属し，何人も，著作者の人格的利益を害しない限り，自由にこれを利用しうることになるのである。③もしも，所論のように原作品の所有権者はその所有権にもとづいて著作物の複製等を許諾する権利をも慣行として有するとするならば，著作権法が著作物の保護期間を定めた意義は全く没却されてしまうことになる。

最高裁は，④博物館や美術館において，著作権が現存しない著作物の原作品の観覧や写真撮影について料金を徴収し，あるいは写真撮影をするのに許可を要するとしているのは，原作品の有体物の面に対する所有権に縁由するものと解すべきである。所有権者が無体物である著作物を体現している有体物としての原作品を所有していることから生じる反射的効果にすぎないと述べている。

「縁由」「反射的効果」とはやや難解な言い回しであるが，所有権者がその所有物を囲いで遮蔽して外部から撮影不能な状態においた結果第三者がこれを無断撮影できないこと，あるいは，著作権の存しない仏像や美術品の展示，撮影について契約上対価を徴収することは，所有権の直接の効果とはいえないという意味である。もし，所有権の直接の効果として無断撮影等を禁止できるとすれば，公の場所に遮蔽なく建っている建物の写真を無断で撮影しても，所有権侵害となってしまうであろう。東京地判平14・7・3判時1793-128［かえでの木事件］は，①かえでの木および当該かえでの木の生えている土地の所有者は，かえでの木を撮影した写真を複製，出版する行為に対して，かえでの木の所有権侵害を問うことできない，②土地所有者として，撮影目的での土地への立ち入りを禁止した場合には，無断立ち入り者については土地所有権侵害にもとづく不法行為が成立するとした。

なお，［顔真卿自書建中告身帖事件］から20年を経て，最高裁は再び所有権と知的財産の関係について判示する機会があった。最判平16・2・13民集58-2-311［ギャロップレーサー事件］である。この判決は，顔真卿自書建中告身帖事件判決を引用しつつ，有体物である競走馬の所有権を根拠として，馬の無体物の面であるところの馬の名称について排他的支配を及ぼすことはできないと述べた。さらに，競走馬の名称の顧客吸引力について，商標法等の法令の根拠によらずに排他的支配権を認めることも適切でない，とした。

### Caseの考えかた

**Case38**　小説$\beta$の表現から小説$\alpha$の表現の本質的特徴が直接感得できる場合，$\beta$は$\alpha$を原著作物とする二次的著作物となり，その無断作成は甲の翻案権侵害となる。一方，小説$\gamma$は$\alpha$の登場人物のみを用いた続編であり，少なくとも$\beta$と比較した場合には，その表現に小説$\alpha$の本質的部分が直接感得できない別個の作品とみなされる可能性が大きいであろう。

# 第8章　著作権の制限

## 第1節　権利制限の趣旨

他の財産権と同様，著作権も無制限に保護されるわけではなく，一定の制限を受けることがある（憲法29条）。

著作権法は，「文化的所産の公正な利用に留意しつつ」，著作者等の権利の保護を図ることにより，文化の発展という法の最終目的を実現しようとするものである（1条）。

この法目的を実現するため，公益上の理由から，あるいは当該著作物の特性・利用態様からみて権利者への影響が少ないため，著作物の自由な利用が許容される場合が30条以下に列挙されており，著作権の制限規定と呼ばれる。

著作権の制限規定は，著作権侵害にもとづく侵害訴訟においては，差止請求等に対する抗弁としてはたらく。たとえば，甲が著作物$\alpha$について著作権を有しているところ，乙が，個人的な範囲において使用することを目的として$\alpha$の複製物$\beta$を作成したとする。甲が乙を相手として複製権侵害にもとづき$\beta$の廃棄請求（112条2項）を行った場合，乙は，30条1項該当の事実を抗弁として主張することにより，前述の請求を免れることが可能である。

著作権の制限規定は，著作者人格権には適用がない（50条）。著作権の制限規定の一部は，著作隣接権に準用されている（102条）。

以下の各節では，著作権の制限される場合について説明する。

## 第2節　私的使用のための利用

### ❶　私的使用目的の複製——原則

**個人的または家庭内その他これに準ずる限られた範囲内**において使用すること，すなわち私的使用を目的とする複製は，当該使用を行う者が行う場合には，著作権者の許諾を要さず行うことができる（30条1項)。個人の私的な領域における活動の自由を保障する必要性があること，また，閉鎖的な私的領域内での零細な利用にとどまるのであれば，著作権者への経済的打撃が少ないこと，にもとづく規定である。

「個人的」使用とは，個人的に楽しむ目的でテレビ番組を録画したり，レンタル店から借りてきたCDを録音すること，書籍を複写することなどをいう。これに対して，複製をする者が所属する組織の業務にかかわる使用を目的とする場合は，ここでいう「個人的」複製には該当しない[1]。たとえば，医師や弁護士が将来の治療や相談に役立てるために複製する場合，個人的な使用とはいえないが[2]，医師や弁護士が一般的な教養を身につけるために行う複写については，個人的使用に該当する。企業その他の団体において，内部的に業務上使用するために行われる複製は，個人的な使用にあたらないとされた例がある[3]。

個人的使用の場合に加えて「家庭内」，すなわち同一家計で同居している家族に使用させるために複製することも本条によって許容される。

「これに準ずる限られた範囲内」についても私的複製と認められる。具体的にどの範囲内であればこれに含まれるかの基準は条文上明らかではないが，典型的には，社内の同好会やサークルのように趣味などを目的として集まった少人数のグループのように，相互に個人的な結合関係のある，特定少数の者を指すとされてきた。

私的複製として許容されるためには，「その使用する者」が複製を行う必要がある。個人的または家庭内のような閉鎖的な私的領域における零細な複製のみを許容し，私的複製の過程に外部の者が介入することを排除し，私的複製の量を抑制するとの趣旨・目的を実現しようとしたものである。

いわゆる自炊代行事業者が複製の主体として認定された事例において，複製された電子ファイルを私的使用する者は利用者であることから，「その使用する者が複製する」ということはできず，私的使用目的の複製にはあたらないと

---

1　著作権審議会第四小委員会（複写複製関係）報告書第2章（1976年)。

2　当初から職業上複写される場合は私的複製に該当しないが，自己使用のための複製が結果的に職業に役に立ったといった場合には私的複製として許容されると解する余地もあろう（辻田芳幸「団体内部の複製」著作権百選〔第4版〕117頁)。

3　東京地判昭52・7・22無体集9-2-534［舞台装置設計図事件］（著作権百選65)。

された[4]。

30条1項にもとづき著作物を利用することができる場合には，当該著作物を翻訳，編曲，変形または翻案することができる（47条の6第1項）。その際には，著作物の出所を明示しなければならない（48条3項）。

30条1項に該当する行為によって作成された複製物であっても，私的使用以外の目的のために複製物を頒布し，または著作物を公衆に提示した場合，複製を行ったものとみなされる（49条1項1号・21条）。47条の6第1項により翻訳，編曲，変形，翻案された著作物が30条1項の私的使用以外の目的で頒布，公衆に提示された場合，当該二次的著作物の原著作物の翻案を行ったものとみなされる（49条2項1号・27条）。

たとえば，甲が著作権を有する新聞記事$\alpha$について，乙は，家族に読ませるため複製物$\beta$を作成し，アメリカ人の友人のため$\alpha$を翻訳し$\gamma$を作成することができる。しかしながら，乙が，$\beta$，$\gamma$を勤務先の社内報に甲に無断で掲載した場合には，$\beta$については複製権侵害の複製を，$\gamma$については翻案権侵害の翻案を，それぞれ行ったものとみなされる。

## ❷　私的使用目的であっても例外的に複製侵害となる場合

### (1)　公衆提供自動複製機器を利用した複製

店頭その他の施設に設置されたダビング機などの公衆提供自動複製機器を利用してCD，ビデオ，ソフトウェア等を複製することは，たとえ私的使用目的であっても複製権侵害となる（30条1項1号）。このような形態の複製は，大量に行われる可能性が強く，権利者の利益を不当に害するおそれが強いことを理由とするものであり，貸与権の創設と同時に昭和59年の著作権法改正によって追加された。

附則5条の2により，当分の間，専ら文書または図画の複製に供される自動複製機器を用いた複製には30条1項1号は適用されない。たとえば，コンビニに設置されているコピー機を用いて私的使用の複製を行う場合は，著作権者の許諾を要しない。このような経過措置が設けられたのは，当時はまだ家庭内

4　知財高判平26・10・22判時2246-92［自炊代行事件］（著作権百選66）。

における複製機器は普及しておらず，公衆の用に供されている複製機器を用いざるをえないこと，文献複写の分野に関する権利の集中管理の仕組みが整っていなかったことなどにある。

公衆提供自動複製機器を利用して自ら複製を行った者に対しては，差止請求など民事的請求のみが可能であり，罰則は科されていない（119条1項括弧書）。個人が行う私的複製には罰則を科すほどの悪質性は認められないという理由にもとづく。

営利目的で公衆提供自動複製機器を複製に使用させた者については，罰則の対象となる（同条2項2号）。

### (2)　技術的保護手段の回避によって可能となった複製

**技術的保護手段**の回避によって可能となったことを知りながら行う複製は著作権侵害となる（30条1項2号）。

映画DVD等の無断複製を防止・抑止するための技術（技術的保護手段。2条1項20号）を解除するための専用装置・ソフトウェアを公衆に譲渡するなどの行為を行う者については，刑事罰が科される（120条の2第1号・2号）。

あわせて，技術的保護手段が回避されたことによって可能となった複製を，その事実を知りながら行う場合については，当該複製行為自身，私的使用目的であっても著作権侵害について民事責任を負うとするのが30条1項2号である。

回避行為を知りながら私的複製を行う者については民事の差止請求のみが可能であり，罰則の適用はない（119条1項括弧書）。

### (3)　違法送信を受信しての録音録画

インターネット上に違法にアップロードされた音楽・映像の著作物をその事実を知りながら私的に録音・録画する行為は私的使用目的であっても著作権侵害となる（30条1項3号）。

違法にアップロードされたコンテンツであることを知りながら行われる録音・録画のみを規制しているのは，違法サイトであることを知らないで利用した者についてまで権利侵害とするのは行きすぎであり，また，個々の利用行為による被害は軽微であるなどの配慮による。

音楽・映像以外の著作物（たとえば，漫画・書籍・論文・コンピュータプログラム）については，①漫画の1コマなど「軽微なもの」，②二次創作・パロディ（「28条に規定する権利……を除く」），③「著作権者の利益を不当に害しないと認められる特別な事情がある場合」（たとえば，詐欺集団の作成した詐欺マニュアルである著作物が，被害者救済団体によって告発サイトに無断でアップロードされている場合に，それを自分や家族を守る目的でダウンロードする場合がこれにあたる）は，規制対象とならない（30条1項4号）。

30条1項3号・4号とも，違法にアップロードされたものであることを重大な過失なく知らないで行う場合は含まれない（30条2項）。

### (4)　映画の盗撮の防止に関する法律

平成19年に制定された**映画の盗撮の防止に関する法律**では，映画の海賊版防止のため，映画館等において権利者の許諾を得ずに映画を撮影すること（盗撮）については，著作権法30条1項の対象外として，たとえ私的使用目的であっても権利制限の対象とはならない（映画の盗撮の防止に関する法律4条1項）。

ただし，有料上映が開始された後8ヶ月以内の映画に限り適用される（同条2項）。この法律に違反して著作権侵害を行う者については，原則どおり，民事，刑事の制裁が科される（同条1項）。

## ❸　私的録音録画補償金制度

政令で指定されたデジタル方式の録音・録画用機器・記録媒体（主なものとして，MD，CD-R，DVD，ブルーレイ）を用いて私的使用目的の録音・録画をする場合には，利用者は権利者の許諾を得る必要はないが，相当な額の補償金を著作権者に支払わなければならない（私的録音録画補償金制度。30条3項）。この規定は，実演，レコードにも準用されるため（102条1項），補償金請求権を有するのは，著作権者，実演家およびレコード製作者である。

具体的には，利用者が録音・録画機器・媒体の購入時に価格に上乗せして一括して補償金を支払い（104条の4第1項），機器・媒体のメーカーがこれを徴収し（104条の5），私的録音録画補償金管理協会に支払い，協会は徴収された額のうち共通目的事業支出分（104条の8第1項）などを差し引いて権利者に補償金を分配する仕組みである。

# 第 3 節　付随的・予備的利用

Case39　深層学習（ディープラーニング）の方法による AI の開発のための学習用データとして著作物をデータベースに記録する行為について，開発者は，当該著作物の著作権者から利用許諾を得る必要があるか。

## ❶　付随対象著作物の利用

著作物の創作や利用に際しては，たとえば，写真撮影やビデオ収録の際，背景に著作物であるキャラクターが写り込んでしまうといったことや，キャラクターが写り込んだ写真等をブログ等に掲載するといったことが行われている。こうした写り込んでしまった著作物の利用は，著作権者の利益を不当に害するものでない限り，著作権侵害とはならない（30 条の 2）。

本条の対象となる「複製伝達行為」は，著作物の創作行為に限定されず，スクリーンショットやインターネット上での生配信，模写，街の風景の CG 化，固定カメラでの撮影など，創作性が認められない行為についても広く対象となる。

「付随対象著作物」であるかは，当該複製伝達行為により作成され，または伝達されるもの（「作成伝達物」）のうち当該著作物の占める割合，当該作成伝達物における当該著作物の再製の精度その他の要素に照らし当該作成伝達物において当該著作物が軽微な構成部分となるか，により決まる。たとえば，子供にぬいぐるみを抱かせて撮影する場合など，メインの被写体から分離が可能な場面における写り込みについても，付随対象著作物と認められうる。

本条の適用は，当該付随対象著作物の利用により利益を得る目的の有無，当該付随対象事物等の当該複製伝達対象事物等からの分離の困難性の程度，当該作成伝達物において当該付随対象著作物が果たす役割その他の要素に照らし正当な範囲内に限定される。ただし，当該付随対象著作物の種類および用途ならびに当該利用の態様に照らし著作権者の利益を不当に害することとなる場合は，この限りでない。

## ❷　検討の過程における利用

許諾を得て，または裁定を受けて著作物を利用しようとする者は，利用に係る検討の過程において，必要と認められる限度で，当該著作物を利用できる(30条の3)。キャラクターデザインについて利用許諾を受けるか社内で検討するために当該デザインを複製する場合，業務目的であるので私的使用にはあたらないが，本条の適用により著作権者の事前の許諾は不要となる。ただし，本条にもとづいて作成された複製物を目的外で使用することは権利侵害となる(49条1項1号・2項2号)。

## ❸　著作物に表現された思想または感情の享受を目的としない利用

技術の開発等のための試験の用に供する場合，情報解析の用に供する場合，人の知覚による認識を伴うことなく電子計算機による情報処理の過程における利用等に供する場合その他の当該著作物に表現された思想または感情を自ら享受しまたは他人に享受させることを目的としない場合には，その必要と認められる限度において，著作物を利用することができる（30条の4)。

著作物に表現された思想または感情の享受を目的としない行為については，著作物に表現された思想または感情を享受しようとする者からの対価回収機会を損なうものではなく，著作権法が保護しようとしている著作権者の利益を通常害するものではないと評価できるとの趣旨にもとづく規定である。

### Caseの考えかた

Case39　深層学習（ディープラーニング）の方法によるAIの開発のための学習用データとして著作物をデータベースに記録する行為は，30条の4にいう「著作物に表現された思想又は感情を自ら享受」することを目的としない「情報解析」行為（同条2号）に該当し，著作権者の許諾を要しないと説明されている（文化庁著作権課「デジタル化・ネットワーク化の進展に対応した柔軟な権利制限規定に関する基本的な考え方（著作権法第30条の4，第47条の4及び第47条の5関係)」問11〔2019

年〕)。これに対し，情報解析用に販売されているデータベースの著作物をAI学習目的で複製する場合などは，30条の4但書にいう「著作権者の利益を不当に害する場合」に当たり，同条の対象外となる（文化庁「著作権法の一部を改正する法律（平成30年改正）について（解説）」25頁)。

## 第4節　図書館等における複製

図書館サービスの公共性を尊重し，国立国会図書館，公共図書館，大学図書館など著作権法施行令1条の3第1項で定める図書館においては，一定の条件の下で権利者の許諾を得なくても自由に著作物を複製することが認められている。図書館利用者への複写サービス（31条1項1号)，資料保存のための複製（同項2号)，他の図書館の求めに応じた資料の複製（同項3号）に加え，平成21年の法改正により，国立国会図書館については，納本後直ちに，図書館資料をデジタル化することが認められた（31条2項)。

さらに，平成24年改正により，国立国会図書館は，絶版等資料について，図書館等に対して自動公衆送信を行うことができるとするとともに，図書館は，利用者の求めに応じて，国立国会図書館から自動公衆送信された絶版等資料の一部複製を行うことができることとなった（31条1項3号・2項・3項)。

令和3年法改正により，①国立国会図書館は，絶版等資料のうち3ヶ月以内に復刻等の予定があるものを除いたもの（特定絶版等資料。31条10項）のデータを，事前登録した利用者（ID・パスワードで管理）に対して，直接送信することができることになった（同条8項)。利用者は，国立国会図書館のウェブサイト上で資料を閲覧し，自分で利用するために必要な複製（プリントアウト）を行い（同条9項1号)，非営利・無料等の要件の下での公の伝達（ディスプレイなどを用いて公衆に見せること）を行うことができる（同項2号)。

また，②一定の要件を充たした図書館等（特定図書館等）では，調査研究の用に供するため，一般に入手可能な図書館資料について，著作物の一部分を権利者の利益を不当に害しない範囲で，公衆送信等を行うことができる（31条2項)。31条2項の規定により公衆送信された著作物を受信した特定図書館等の利用者は，その調査研究の用に供するために必要と認められる限度において，当該著作物を複製することができる（同条4項）。同項の規定により著作物の公衆送信を行う場合には，特定図書館等を設置する者は，相当な額の補償金を当該著作物の著作権者に支払わなければならない（同条5項・104条の10の2～104条の10の8〔図書館等公衆送信補償金〕）。

## 第5節　引　用

### ❶ 引　用

#### (1) 趣　旨

公表された著作物は，引用して利用することができる。この場合において，その引用は，公正な慣行に合致するものであり，かつ，報道，批評，研究その他の引用の目的上正当な範囲で行われるものでなければならない（32条1項）。

社会的に著作物の引用は広く行われており，著作物自体が先人の文化遺産を母体として形成されるものであるから，その引用が公正な慣行に合致し，かつ目的上正当な範囲にとどまる限り，著作権者の権利を不当に害することはないとの趣旨にもとづく規定である。

#### (2) 引用の要件

引用とは，報道目的の著作物中に報道目的上必要な材料として他人の著作物を引用する場合，自説を展開するために自己の論文中に他人の論文の一部を引用する場合などのように，**他人の著作物の全部または一部を自己の著作物中に採録すること**をいう（旧著作権法に関する最判昭55・3・28民集34-3-244［モンタージュ写真事件］（著作権百選68））。

引用する側の作品について，著作物性があることは要件とされていない[5]。

引用の要件は，①公表，②引用の目的上正当な範囲内，③公正な慣行への合致，である。

第1に，本条にもとづき引用することができるのは公表（4条）された著作物に限られる。

5　知財高判平22・10・13判時2092-135［美術品鑑定証書事件］（著作権百選70）。

第2に，引用の目的上正当な範囲内とは，報道，批評その他の目的上，引用すべき必要性があり，社会通念上合理的な範囲内にとどまっていることをいう。

社会通念上合理的な範囲内であるかの判断においては，引用する側の作品と引用される側の著作物が明瞭に区別できるか（**明瞭区別性**），前者が主，後者が従の関係にあるか（**主従性**），が考慮される[6]。

たとえば，美術史に関する論文中に記述に関連する絵画が著作権者に無断で収録された事例において，書籍の頁中の絵画の大きさ（頁の約8分の1から最大3分の2を占めていた），紙質（カラー）等を考慮した結果，絵画に鑑賞可能性があり，単に論文を理解するための助けにとどまらないとして，主従性が否定され，引用にあたらないとされている[7]。

漫画作品のごく一部分を当該漫画の作者の意見を批評，批判，反論するため書籍の中で用いた行為について，当該漫画に独立した鑑賞性が認められるとしても，引用の目的に必要な限度を超えるものではなく，主従性が認められた例がある[8]。

その他の引用の目的で，32条の引用目的として認められた例として，著作物の鑑定書のために当該著作物の複製を利用することがあげられる[9]。著作物の鑑定業務が適正に行われることは，贋作の排除，著作物の価値向上，著作権者などの権利の保護を図ることにつながるとされた。

第3に，公正な慣行に合致したものでなければならない。絵画の鑑定書に当該絵画のカラーコピーを添付したことにより，著作権者の経済的利益を得る機会が失われるおそれがないということを，公正な慣行該当性を認める根拠としてあげた例がある[10]。

引用された著作物の出典が表示されていないことが公正な慣行に違反すると

---

6　［モンタージュ写真事件］判決においてはそもそも著作権にもとづく請求は上告審の判断対象ではないため，同判決が旧著作権法の「引用」について述べた部分は傍論にすぎないとの指摘もあるが（飯村敏明「引用（1）」著作権百選〔第4版〕119頁），本件担当調査官は同判決の示した引用に関する説示について「現行法の解釈にもそのまま参考になる」と述べている（小酒禮・最判解民事篇昭和55年度154頁）。

7　東京高判昭60・10・17無体集17-3-462［藤田嗣治事件］。

8　東京高判平12・4・25判時1724-124［脱ゴーマニズム宣言事件］。

9　前掲注5［美術品鑑定証書事件］。

10　同上。

して引用の成立を認めなかった判例がある[11]。著作物の引用に際して出典を明示することは48条にもとづき義務づけられているが，出典義務の違反は罰則の対象とはなるものの（122条。50万円以下の罰金のみで拘禁刑は科されていない），著作権侵害行為とはならない（著作権侵害の罰則は119条に別途規定されており，10年以下の拘禁刑もしくは1000万円以下の罰金またはその併科）。いいかえると，出典明示義務に違反しても，引用が成立することはありうる。

32条の「利用」には，当該引用部分を翻訳することも含まれる（47条の6第1項2号）。私的使用目的の複製等については47条の6第1項1号にもとづき，翻訳のほか編曲，変形，翻案による利用も許容されているのに対して，47条の6第1項2号が翻訳以外について言及していないことから，引用による利用は翻訳に限られるという解釈が文理に忠実であるが，裁判例の中には，要約による引用を許容したものもある[12]。

### ❷　官公庁広報資料等の転載

国・地方公共団体の機関等が一般に周知させることを目的として作成し，その著作の名義の下に公表する広報資料，調査統計資料，報告書等については，転載禁止の表示がない限り，説明の材料として新聞，雑誌等の刊行物に転載できる（32条2項）。これらの著作物の公共性にもとづき，「公正な慣行に合致する」こと，および「引用の目的上正当な範囲内」であることのいずれも要さずに転載を認めるものである。

## 第6節　教育目的における利用

**教科用図書等への掲載**（33条），教科用図書代替教材（デジタル教科書）等の作成のための複製等（33条の2），教科用拡大図書の作成のための複製等（33条の3），学校教育番組の放送等（34条），学校その他の教育機関による複製等（35条），試験問題としての複製等（36条）については，教育活動に支障が生じな

---

11　東京高判平14・4・11判例集未登載［絶対音感事件］（著作権百選69）。
12　東京地判平10・10・30判時1674-132［血液型と性格事件］（著作権百選71），東京地判平30・2・21判例集未登載［ニュース映像事件］。

いよう，また，試験・検定を実施するために必要な限度で著作権が制限される。これらの規定によって作成された複製物の譲渡については譲渡権が制限され（47条の7），一定限度で翻案権も制限を受ける（47条の6）。さらに，教科用図書，拡大教科書，教育番組における利用については，同一性保持権も行使できない（20条2項1号）。

一方，33条1項・4項，33条の2第1項，34条1項にもとづく利用の場合には出所の明示が必要であり（48条1項1号・2号），また，35条1項・36条1項による利用の場合には明示する慣行がある場合にのみ義務づけられる（48条1項3号）。たとえば，作品の題名や著作者名を解答させるような設問の場合，出所を明示する必要はない。

33条の3第1項・4項・35条1項の規定にもとづき作成された複製物を目的外に頒布などする行為については複製権の侵害となり（49条1項1号），教科用拡大図書，教育機関において47条の6の規定にもとづき作成された二次的著作物の33条の3第1項，35条1項の目的以外の目的での頒布は翻案権侵害となる（49条2項1号）。

ICTを活用した教育における著作物等の利用の円滑化を図るため，学校その他の教育機関における権利制限規定（35条）は，コピー（複製）や遠隔合同授業におけるネットワークを通じた送信（公衆送信）に加えて，遠隔合同授業のための公衆送信以外の公衆送信等についても広く対象とする一方，公衆送信について権利者に補償金請求権を付与している（35条・104条の11〜104条の17）。これにより，たとえば学校等の授業や予習・復習用に，教師が他人の著作物を用いて作成した教材を生徒の端末に公衆送信する行為等について，文化庁長官が指定する単一の団体への補償金支払を条件として，権利者の許諾なく行えることとなる。

36条1項にもとづき複製，公衆送信が許容されている趣旨は，試験検定の実施の公正のため，試験問題の事前漏洩を防ぐ必要があり，著作権者の許諾をあらかじめ得ることが困難なことにある。このため，同条が適用されるのは問題としていかなる著作物を利用するか自体を秘密にする必要がある場合に限られるが，小学生の国語教科書に準拠した国語テストについては，当該教科書に掲載された著作物がテストに利用されることは当然予測されるため，問題としていかなる著作物を利用するかについて秘密性は存在せず，36条の適用はない[13]。

営利目的で試験検定のため著作物を複製，公衆送信する者は，通常の使用料相当額を著作権者に支払う必要がある（36条2項）。

## 第7節　障害者のための利用

公表された著作物を点字により複製することは，自由に行うことができる（37条1項）。海外の著作物を翻訳して点字化することも許される（47条の6第1項2号）。出所の明示は義務づけられている（48条1項1号）。点字情報のデジタル化，公衆送信については著作権者の許諾を要しない（37条2項）。

障害者の情報へのアクセス機会の向上のため，政令で定められた事業者に視覚障害者等のために書籍の音訳等を権利者の許諾なく行うことを認める権利制限規定（37条3項）のもとに作成された音訳等を提供できる障害者の範囲には，視覚障害や発達障害等のために視覚による表現の認識に障害がある者に加え，いわゆる肢体不自由等も含まれる。権利制限の対象とする行為は，コピー（複製），譲渡やインターネット送信（自動公衆送信）に加えて，メール送信等も対象とされている。たとえば，肢体不自由者で書籍等を保持できない者のために音訳図書を作成・提供することや，様々な障害により書籍等を読むことが困難な者のために作成した音訳データをメール送信すること等を権利者の許諾なく行うことができる。出所の明示は必要である（48条1項2号）。これらのものの目的外使用は複製権，翻案権の侵害となる（49条1項1号・2項1号）。

---

13　知財高判平18・12・6判例集未登載［国語ドリル事件］（著作権百選72）。

# 第8節　営利を目的としない利用

Case40　作家甲は，小説Aを執筆したが，小説Aは，作家乙による小説Bの著作権を侵害するものであった。丙市図書館は，小説Aを購入し，市民に貸し出している。乙は，丙市図書館に対し，小説Aの貸与を行わないよう請求することができるか。

## ❶　非営利の上演等

公表された著作物は，①営利を目的とせず，かつ，②聴衆または観衆から料金（いずれの名義をもってするかを問わず，著作物の提供または提示につき受ける対価をいう）を受けない場合には，公に上演し，演奏し，上映し，または口述することができる。ただし，③当該上演，演奏，上映または口述について実演家または口述を行う者に対し報酬が支払われる場合は，この限りでない（38条1項）。本項において許容されるのは，当該利用行為が直接間接に営利に結びつくものではなく，かつ名目を問わず当該著作物の提供の対価を受けない場合に限られる。たとえば，ダンス教室において，入会金と受講料が徴収されており，音楽著作物の利用が不可欠である場合，入会金と受講料は当該音楽著作物の提供の対価の性質を有しており，無料による音楽著作物の利用にはあたらないとされた例がある[14]。

同様に，チャリティーコンサートにおいて，観客から直接入場料名目の金員を徴収することはなかったものの，寄付金を集めていた場合に，著作物の提供の対価であると認められた例がある[15]。

38条1項にもとづき著作物を利用する場合には，出所を明示する慣行がある場合に限り，出所を明示する義務がある（48条1項3号）。

14　名古屋高判平16・3・4判時1870-123［社交ダンス教室事件：控訴審］。
15　東京地判平15・1・28判例集未登載［ハートフルチャリティーコンサート事件］（著作権百選73）。

## ❷　放送される著作物の有線放送等による再送信

非営利かつ無料の場合には，放送を受けて有線放送で著作物を再送信することができる。専ら当該放送に係る放送対象地域において受信されることを目的として自動公衆送信（入力型の送信可能化も含む）することもできる（38条2項）。具体例としては，難視聴解消のため行われる再送信などがこれにあたる。

## ❸　放送・有線放送される著作物の公への伝達

38条3項前段により，非営利かつ無料の場合には，放送または有線放送される著作物を受信装置を用いて公に伝達することができる。同項後段により，通常の家庭用受信装置を用いる場合においては，非営利・無料でなくても，放送・有線放送等される著作物を公に伝達することができる。飲食店等において，テレビを客に視聴させることは，これにあたる。

## ❹　非営利かつ無料の貸与

図書館等における非営利・無料での貸与については著作権者の許諾を要しない（38条4項）。一方，貸与される複製物が著作者人格権，著作権，出版権，実演家人格権，著作隣接権を侵害する行為によって作成された物または，輸入の時点において国内で作成したとしたならば著作者人格権，著作権，出版権，実演家人格権，著作隣接権の侵害となるべき行為によって作成され，国内での頒布目的で輸入された物である場合に，情を知ってこれを貸与する行為は侵害とみなされる（113条1項2号）。

## ❺　映画著作物に関する非営利・無料の貸与

社会教育施設など政令で定める公的施設において，地域の学習活動に資する多様な映像媒体を円滑に利用できるようにするため，貸与に関する頒布権を制限するとともに，権利者の経済的利益を補償するため，施設側に相当な額の補償金の支払いを義務づけている（38条5項）。

**Caseの考えかた**

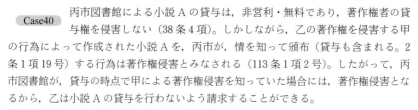

Case40 丙市図書館による小説Aの貸与は，非営利・無料であり，著作権者の貸与権を侵害しない（38条4項）。しかしながら，乙の著作権を侵害する甲の行為によって作成された小説Aを，丙市が，情を知って頒布（貸与も含まれる。2条1項19号）する行為は著作権侵害とみなされる（113条1項2号）。したがって，丙市図書館が，貸与の時点で甲による著作権侵害を知っていた場合には，著作権侵害となるから，乙は小説Aの貸与を行わないよう請求することができる。

## 第9節　報道・国家活動のための利用

**Case41** 甲放送局は，東京の上野の美術館で開催中の美術展を天皇皇后両陛下が訪問したというニュース映像を放送したが，その際，映像の中に，当該美術展で展示中の乙の著作に係る乙絵画が映っていた。このニュース映像の放送行為は，乙の著作権を侵害するか。

### ❶　時事問題に関する論説の転載等

新聞，雑誌に掲載して発行された政治上，経済上または社会上の**時事問題に関する論説**については，言論の自由に資するため，他の新聞，雑誌に転載したり，放送・有線放送したり，放送をIPマルチキャスト方式により同時再送信することができる（39条1項）。また，1項にもとづき許容された論説の放送等を受けて受信装置によりその論説を公に伝達することもできる（同条2項）。ただし，学術的な性格を有するものは除かれ（同条1項本文括弧書），また，転載を禁止する旨の表示がある場合は除かれる（同項但書）。転載にあたり，翻訳して利用することもできる（47条の6第1項2号）。利用に際しては，出所を明示する義務がある（48条1項2号）。

## ❷ 政治上の演説等の利用

公開して行われた**政治上の演説**，陳述，裁判手続および行政審判手続における公開の陳述は，同一の著作者のものを編集して利用する場合を除いて，誰でも，方法を問わず，利用することができる（40条1項）。国会議員の質疑，討論，閣僚や政府参考人の答弁，参考人の意見陳述などについては，報道の目的上正当と認められる場合には，新聞・雑誌に掲載し，放送，有線放送などすることができる（同条2項）。

40条2項にもとづく利用の場合は，翻訳により利用することが可能である（47条の6第1項2号）。本条にもとづく利用に際しては，出所明示義務がある（48条1項2号）。

## ❸ 時事の事件の報道のための利用

写真，映画，放送その他の方法によって時事の事件を報道する場合には，事件を構成する著作物，事件の過程において見られまたは聞かれる著作物は，報道の目的上正当な範囲内において，複製のほか，事件の報道に伴って利用することができる（41条）。本条にもとづく場合には，翻訳による利用も可能である（47条の6第1項2号）。出所を明示する慣行がある場合にのみ，出所明示が義務づけられる（48条1項3号）。本条にもとづき作成された複製物や二次的著作物を目的外で使用する行為は複製・翻案とみなされる（49条1項1号・2項1号）。

「時事の事件」とは，単なる過去の記録ではなく，その日におけるニュースとしての価値を持つ出来事である。絵画展に関する新聞報道のうち，出品される作品コレクションが公開されるに至った経緯について報じた部分は「時事の事件」にあたるが，絵画展の前売り券の発売日の告知部分はこれにあたらないとされた[16]。

「当該事件を構成する著作物」とは，当該事件の主題，核心となっている著作物をいう。暴力団に対する一斉摘発に関する時事の事件の報道において，取

---

16　東京地判平10・2・20知裁集30-1-33［バーンズコレクション事件］。

締りの対象となった暴力団組長の継承式を撮影したビデオの放映は「当該事件を構成する著作物」にあたるとされた例がある[17]。絵画展に関する新聞報道において，出品される絵画も，当該事件を構成する著作物とされている[18]。

「当該事件の過程において見られ，若しくは聞かれる著作物」とは，事件を視聴覚的に報道しようとすれば不可避的に利用される著作物をいう。展覧会のテレビ報道において，展示絵画作品が映ってしまう場合，スポーツイベントの報道において，入場行進曲が流れるような場合がこれにあたる。

「報道の目的上正当な範囲内」にあたるかどうかは，具体的な利用態様に照らし，著作物の本来的な利用である鑑賞目的と衝突しないかによって判断される。たとえば，新聞誌上に約10センチ×6センチの絵画の写真が通常の紙質で掲載された場合[19]，7分間の報道中4分超にわたりビデオが流された場合[20]，いずれも正当な範囲内と認められた。

## ❹　裁判手続などにおける利用

裁判手続および行政審判手続のために必要と認められる場合には，著作物を複製（41条の2第1項），公衆送信等（令和5年「民事関係手続等における情報通信技術の活用等の推進を図るための関係法律の整備に関する法律」による同条2項の改正），翻訳（47条の6第1項2号）することができる。

立法または行政の目的のために内部資料として必要と認められる場合（42条1項・47条の6第1項2号），特許等に関する手続，種苗法にもとづく品種登録審査手続，地理的表示登録手続，薬事審査手続において必要と認められる場合（42条の2第1項・2項，47条の6第1項2号）も同様である。

## ❺　情報公開法等による開示のための利用

情報公開法などにもとづき，国民や住民からの開示請求の対象となるものには，行政機関などが作成した文書のほか，国民や住民が当該機関に提出した著

---

17　大阪地判平5・3・23判時1464-139［TBS事件］。
18　前掲注16［バーンズコレクション事件］。
19　前掲注16［バーンズコレクション事件］。
20　前掲注17［TBS事件］。

作物も含まれる。当該開示に必要な限りで，著作権は制限される（42条の3）。目的外使用については複製権侵害となる（49条1項1号）。

### ❻ 国立国会図書館におけるインターネット資料の保存

国立国会図書館法25条の3にもとづき，国立国会図書館が，国，地方公共団体などが提供するインターネット資料をデジタル化するための複製については，著作権者の許諾を要しない（43条）。

**Caseの考えかた**

Case41　甲放送局が，両陛下が美術展を訪問したという「時事の事件を報道する場合」に，「当該事件の過程において見られ……る著作物」である乙絵画を放送することは，画面の中で乙絵画が占める割合あるいは映る時間が「報道の目的上正当な範囲」を超えない限り，乙の許諾を要しない（41条）。

## 第10節　放送事業者による一時的固定

録音録画放送の際，放送の技術的な手段として用いられる一時的な録音・録画については権利処理を必要としない（44条1項）。通信衛星放送により提供される音楽ラジオ番組の送信の際，音楽データをサーバーに蓄積することも，本項にあたる[21]。有線放送事業者，放送同時配信等事業者についても同様の規定がおかれている（同条2項・3項）。

本条にもとづき作成が許容されているのは一時的固定物であり，本来放送後には廃棄されるべきものではあるが，ネットワークによる利用期間や放送法上の番組保存義務を考慮し，録音録画の後6ヶ月，録音録画の後6ヶ月以内に放送が行われた場合はその放送から6ヶ月を経過するまで保存できる（同条4項）。この期間を超えて保存した場合は，目的外使用となる（49条1項3号）。ただし，政令にもとづき公的記録保存所（放送文化財ライブラリー等）において保存する

21　東京地判平12・5・16判時1751-128［スターデジオ事件］（著作権百選59）。

場合は，6ヶ月を超えて保存可能（44 条 4 項但書）である。

## 第 11 節　所有権との調整

Case42　彫刻家甲は，彫刻 α を創作した。乙市は，彫刻 α を甲から買い取り，乙市役所前広場に展示している。写真家丙は，乙市役所前広場で彫刻 α を撮影し，絵葉書 β として販売している。乙および丙の行為は，甲の著作権を侵害するか。

### ❶　美術の著作物等の原作品の所有者による展示

美術や写真の原作品について所有権を取得した者またはその同意を得た者が，その作品を展示することについては，従来の慣行であり，また，著作権の許諾を要するとすると流通を阻害するため，著作権者の許諾を必要としない（45 条 1 項）。ただし，美術の著作物の原作品を街路，公園その他一般公衆に開放されている屋外の場所，建造物の外壁その他一般公衆の見やすい**屋外の場所に恒常的に設置**，すなわち常時継続して公衆の観覧に供する場合には，著作権者に与える経済的影響が大きいため，原則どおり展示権者の許諾が必要である（同条 2 項）。

「一般公衆の見やすい屋外の場所」とは，不特定多数の者が見ようとすれば自由に見ることができる広く開放された場所をいい，「恒常的に設置」するとは，社会通念上，ある程度の長期にわたり継続して，不特定多数の者の観覧に供する状態に置くことを指す。市内を循環する市営バスの車体に描かれた美術の著作物はこれにあたるとされた例がある[22]。

### ❷　公開されている美術の著作物等の利用

美術の著作物で，その原作品が 45 条 2 項にいう屋外の場所に恒常的に設置

22　東京地判平 13・7・25 判時 1758-137［バス車体絵画事件］（著作権百選 76）。

されているもの，または建築の著作物については，権利者の利益を害するおそれがあるものとして46条に列挙されている場合を除き，自由に利用できる（同条）。権利行使を制限しないと一般人の行動の自由が過度に抑制されること，自由利用を許すという社会的慣行の存在，そして，自由利用を許すことが多くの著作権者の意思に沿うといったことが理由とされる[23]。46条の規定による利用にあたり，出所を明示する慣行がある場合は，出所を明示しなければならない（48条1項3号）。

著作権者の許諾が必要となるのは以下の場合である。

第1に，彫刻のレプリカを作成し，またはそのレプリカを譲渡により公衆に提供する場合（46条1号）。

第2に，建築の著作物を模倣して建築し，または譲渡して公衆に提供する場合（同条2号）。

第3に，屋外の場所に恒常的に設置するために複製する場合（同条3号）。

第4に，複製絵画，絵葉書，ポスターなどに美術の著作物を複製して販売する場合のように，専ら美術の著作物の複製物の販売目的での複製，販売（同条4号）。「専ら」といえるかは，著作物を利用した書籍等の体裁，内容，著作物の利用態様，利用目的などを客観的に考慮して判断される。幼児教育目的のため作られた書籍の表紙に市営バスの車体に描かれた絵画が複製されたという事例において，目的に照らして格別不自然な態様ではなく，各種自動車の一例として紹介されたものであり，「専ら」絵画の複製物の販売目的とはいえないとされた例がある[24]。

## ❸　美術の著作物等の展示に伴う複製

美術作品や写真作品の展示に際して，観覧者のために展示作品の解説・紹介を目的とした小型のカタログ，目録，図録などの小冊子を作成することは通常行われており，著作権者の利益を害するおそれもないため許容されている（47条1項）。小冊子といえるためには，内容において著作物の解説が主体になっているか，著作物に関する資料的要素が相当にあることが必要であり，また，

23　同上。
24　同上。

掲載される作品の複製の質が複製自体の鑑賞を目的とするものではなく，展示された原作品と解説との対応関係を視覚的に明らかにする程度のものであることが前提となる[25]。紙質，判型，複製態様からみて，観賞用の図書として市場において取引されるものと同様の価値を有するものは小冊子にあたらない。

本条にもとづく利用に際しては出所の明示が義務づけられる（48条1項1号）。

美術館等において，展示作品の解説や紹介を目的とする場合には，必要と認められる限度において，小冊子に加えて，タブレット端末等の電子機器へ掲載できる（47条1項・2項）。たとえば，会場で貸し出される電子機器を用いて，より作品の細部を拡大して制作手法を解説することや，展示方法の制約により観覧者が目視しづらい立体展示物の底面や背面の造形を解説すること等が権利者の許諾なく行える。

## ❹　美術作品等の販売等に伴う利用

美術の著作物または写真の著作物の原作品または複製物の所有者等が，その原作品または複製物を譲渡または貸与しようとする場合には，その申出の用に供するため，当該所有者等は，これらの著作物について複製，公衆送信（送信可能化を含む）することができる（47条の2）。たとえば，美術作品等の所有者や，その委託を受けた者が，ネットオークションなどのサイトにおいて，当該作品のサムネイル画像を掲載し，公衆送信することは本条に該当する。

本条の適用を受けるためには，著作権者の利益を不当に害しないための措置が講じられていることが前提となる（同条括弧書）。著作権法施行規則4条の2は，図画として複製する場合，著作物の表示に大きさが50平方センチ以下であること，デジタル方式の場合には画素が32400以下であること等を本条適用の条件として定めている。

## ❺　プログラムの著作物の複製物の所有者による複製

プログラムをコンピュータで利用するために伴う複製（インストール，バックアップ），翻案（バグの修正）については著作権者の許諾を必要としない（47条

25　東京地判平9・9・5判時1621-130［ダリ事件］。

の3)。目的外使用（公衆への提供・保存）は複製（49条1項4号・5号），翻案（同条2項5号）とみなされる。

## ❻ 記憶媒体の保守・修理

携帯電話やパソコンを修理する際，修理会社がダウンロードされた音楽コンテンツ等を一時的に機器外に移し，修理後元に戻す行為等については，自由に行うことができる（47条の4)。作成された複製物を目的外で公衆に提示あるいは保存すると，複製権の侵害となる（49条1項6号)。

### Caseの考えかた

Case42　美術の著作物の原作品である彫刻$\alpha$の所有者である乙市が，「一般公衆の見やすい屋外の場所」である市役所前広場に$\alpha$を「恒常的に設置」する行為は，甲の展示権を侵害する（45条2項)。丙が，乙市役所前広場で彫刻$\alpha$を撮影し，絵葉書$\beta$として販売する行為は，「専ら美術の著作物の複製物の販売を目的とし」た複製，販売行為であり，甲の複製権，譲渡権を侵害する（46条4号)。

## 第12節　情報の処理，送信の過程における蓄積等

電子計算機における利用に供される著作物について，当該利用を円滑または効率的に行うために当該利用に付随する利用に供することを目的とする場合（47条の4第1項）や，電子計算機における利用を行うことができる状態を維持し，または当該状態に回復することを目的とする場合（同条2項）には，その必要と認められる限度において，著作物を利用することができる。たとえば，ネットワークを通じた情報通信の処理の高速化を行うためにキャッシュを作成する行為や，メモリ内蔵型携帯音楽プレイヤーを交換する際に，一時的にメモリ内の音楽ファイルを他の記録媒体に複製する行為等を権利者の許諾なく行える。

## 第13節　電子計算機による情報処理およびその結果の提供に付随する軽微利用等

電子計算機を用いて，情報を検索しまたは情報解析を行い，およびその結果を提供する者は，公表された著作物または送信可能化された著作物について，その行為の目的上必要と認められる限度において，当該行為に付随して，軽微な利用を行うこと等ができる（47条の5）。たとえば，特定のキーワードを含む書籍を検索し，その書誌情報や所在に関する情報と併せて，書籍中の当該キーワードを含む文章の一部分を提供する行為（書籍検索サービス）や，大量の論文や書籍等をデジタル化して検索可能としたうえで，検証したい論文について，他の論文等からの剽窃の有無や剽窃率といった情報の提供と併せて，剽窃箇所に対応するオリジナルの論文等の本文の一部分を表示する行為（論文剽窃検証サービス）等を権利者の許諾なく行える。

# 第9章　権利の取引

## 第1節　著作権の譲渡

Case43

デザイナーAは，文房具メーカーB社の依頼により，B社の新製品である消しゴムのデザインαを製作し，B社はデザインαを採用した消しゴム甲を発売した。デザインαは，その斬新さが評価され，「グッドデザイン賞」を受賞した。αの製作時，AとBとの間では，「Aがαについて有するすべての著作権をB社に譲渡する。AはBに対して著作者人格権を行使しない」旨の覚書が交わされていた。その後，文房具メーカーC社は，B社の許諾を受けて，デザインαを基にしつつ，C社独自の改良を加えたデザインβを製作し，デザインβを採用した消しゴム乙の販売を開始した。量販店Dは，消しゴム乙を販売している。

新聞広告で乙の発売を知ったAは，自分に無断で乙が販売されたことに立腹し，法的措置を検討している。以上の事実関係の下で，①AがC，Dに対して著作権法上行いうる請求，②Aの主張に対してC，Dがなしうる著作権法上の反論，および③C，Dの反論に対するAの再反論，について，それぞれ，条文上の根拠を明示しつつ答えよ。

### ❶　全部または一部の著作権の譲渡

著作権は，他人に**譲渡**することができる（61条1項）。著作者人格権は，著作者の一身に専属し，譲渡することができない（59条）。

著作権は，その一部を譲渡することもできる（61条1項）。著作権の**一部譲渡**の方法としては，複製権，上演権，演奏権などの支分権の一部を譲渡する方法，特定の支分権の一部を譲渡する方法（たとえば，複製権を，録音権と録画権に分けて譲渡），さらに，期限，地域を限定して支分権を譲渡する方法，などが行われている。

著作権は売買，贈与等の当事者の意思表示のみで移転するが，二重譲渡が行われた場合，文化庁に登録しなければ第三者に対抗できない（77条1号）。たとえば，甲がその有する著作権$\alpha$を乙に譲渡したが，乙は登録を行わずにいたところ，その後，甲は丙に対して$\alpha$を二重に譲渡し，丙は文化庁に登録をなしたとする。この場合，乙は丙に対して対抗できない。ただし，仮に，丙が乙による著作権譲受の事実を知っていたのみならず，乙の事業を妨害し，あるいは乙に対して高額で著作権を譲渡するなどの加害または利益を図る目的で甲に譲渡させたといった，丙が背信的悪意者にあたる事情が認められる場合，丙は，乙によって登録がなされていないことを主張しうる法律上の利害関係を有する第三者にあたらないため，乙が$\alpha$の著作権者と認められる[1]。

## ❷　譲渡契約の解釈

著作権譲渡契約においては，一般の契約と同様，その内容を確定するためには，まず，当事者の付与した共通の主観的意味を確定し，共通の主観的意味を確定できないときには，当該事情の下で当事者が達成しようとしたと考えられる経済的・社会的目的，慣習，取引慣行，任意規定，条理に従って，社会一般によってどのように理解されるかという観点から，表示の客観的意味を確定することになる。

アーティストらとレコード会社が当事者となって締結された専属実演家契約における，レコード原盤についてアーティストの有する「一切の権利」が何らの制限なくレコード会社に譲渡される旨の規定の意義について，契約の文言，契約締結時における音楽配信の状況，契約締結時における著作権法の規定，業界の慣行，対価の相当性に照らし，当該契約締結時点では法定されていなかった実演家の送信可能化権についても，「一切の権利」に含まれ，譲渡されていると解釈された例がある[2]。

一方，テレビ番組の「放送権」を譲渡する旨の契約につき，裁判所は，本件

---

1　知財高判平20・3・27判例集未登載［「Von Dutch」ロゴ登録事件］（著作権百選99）。

2　東京地判平19・4・27判例集未登載［HEAT WAVE事件］（著作権百選97）。

契約成立に至る交渉において，著作権の譲受人側は譲渡人側に対して「相当に強い立場に立ち得る状況にあった」との認定の下，契約締結時すでに著作権法上規定が存在した有線放送について譲渡契約の対象として明記しようとすれば可能であったのもかかわらず規定しなかったこと，さらに，契約当時は行われていなかった衛星放送については「将来発生する放送形態も含む」と規定することが十分可能であったのに明記しなかったことを理由として，本件契約中の「放送権」は有線放送権，衛星放送権を含まないと判断した[3]。

一般に，音楽ビジネス分野においては，「一切の権利」の譲渡を受けたレコード会社側が，権利譲渡後に，アーティストに対して印税という形で対価を支払う慣行があり，契約締結後に登場する利用方法について広く譲渡対象としても，継続的に対価を確保することが可能である。これに対して，映像ビジネス分野においては，地上波，衛星，ケーブルとメディアごとに権利を小口化して取引し，譲渡対価は一括払いされる慣行であるため，いったん譲渡対象とされると，再度の対価確保の機会は訪れない。このような慣行の存在によって，右両判決を整合的に理解することも可能であろう[4]。

## ❸　翻案権の特例

翻案権および二次的著作物の利用に関する原著作者の権利については，契約時点では予想できなかった利用態様の展開も想定できるため，原権利者保護のため，譲渡契約においてこれらの権利が特掲されていない限り，留保されたものと推定される（61条2項）。

たとえば，著作物$\alpha$の著作権者甲が乙との間で「甲が$\alpha$に関して有する**すべての著作権**を乙に譲渡する」旨の契約を交わしたとする。この契約において，「著作権法27条および28条に規定する権利も含む」との特掲がなされていない限り，翻案権，二次的著作物の利用に関する原著作者の権利は，甲に留保されたものと推定される。

本項の趣旨は，第1に，たとえば，懸賞小説の募集要項において，「すべての著作権」が募集側に移転する旨の規約が存在した場合，一般に想定されてい

3　東京高判平15・8・7判例集未登載［「快傑ライオン丸」事件］。
4　升本喜郎「譲渡契約の解釈（1）」著作権百選〔第4版〕141頁。

るのは当該小説を出版等することにとどまり，さらに映画化，翻訳したりすることまでは含まれないと考えられること，第2に，具体的な二次的著作物の作成・利用が予定されていない段階で，これらに関する権利が移転することは著作者の保護に欠けるということにある[5]。

契約に明文の規定が存在しない場合であっても，契約の趣旨，目的，背景，契約の締結に至る事情，譲渡に際して授受された対価の額等の事情から，27条，28条の権利を含めた著作権が譲渡されたと認められる場合には，61条2項の推定は覆る。裁判例では，いわゆる「ゆるキャラ」のキャラクターのイラストに係る著作権譲渡契約において，契約書，仕様書には「著作権等一切の権利」とのみ記載されており，61条2項の特掲があったとはいえないとされた。しかしながら，本件契約書，仕様書においては，キャラクターの立体的使用が明記されていることから，同項の推定は覆滅し，翻案権は譲渡されたものとされた[6]。

## Caseの考えかた

**Case43**　①対C…デザインαの著作者として，翻案権，同一性保持権の侵害にもとづく損害賠償請求。デザインβの原著作者として，複製権，譲渡権，氏名表示権にもとづく差止・損害賠償請求。

対D…デザインαの著作者として，著作権・著作者人格権侵害物と知りつつ頒布するものである（113条1項2号）として，差止・損害賠償請求。デザインβの原著作者として，譲渡権侵害にもとづく差止・損害賠償請求。

②Cの反論…αは，大量生産品のデザインであり，美術の著作物にあたらない。翻案権は譲渡済みである。Bとの著作者人格権不行使特約の効果はCにも及ぶ。

Dの反論…Cからの譲受の時点で善意無過失であったとして113条の2の適用を主張。

③Aの再反論…αはグッドデザイン賞を受けた斬新なものであり，鑑賞可能性が認められ，美術の著作物として保護される。61条2項により，「すべて」という合意だけでは，翻案権は譲渡されていないと推定される。およそあらゆる改変に同意した意図はなく，本件での改変は想定外であった。そもそも不行使合意は無効であるといった再反論が考えられる。

---

5　著作権分科会法制問題小委員会契約・利用ワーキングチーム検討結果報告「5 著作権法第61条第2項の存置の必要性について」（文化庁）。

6　大阪高決平23・3・31判時2167-81［ひこにゃん事件］（著作権百選98）。

# 第2節　利用許諾

## ❶ 利用許諾の解釈

著作権者は，他人に対し，その著作物の利用の**許諾**をすることができる（63条1項）。「利用」とは，21条から27条に規定されている著作権の内容となっている行為のことをいう。「許諾」とは，著作物の利用を求める者に対して，一定の範囲ないし方法で著作物の利用を認める著作権者の意思表示のことである。

許諾に際しては，利用方法や条件を付して行うこともできる（63条2項）。「利用方法」としては，たとえば，出版・録音・放送といった利用の態様や，1万部といった利用の数量，東京都内といった利用の地域的限定，文庫本，電子書籍などの利用の方法も含む。「条件」とは，印税額，優先利用権の付与などをいう。

利用許諾契約の内容について当事者間に争いが生ずる場合には，まず，当事者の付与した共通の主観的意味を確定し，共通の主観的意味を確定できないときには，当該事情の下で当事者が達成しようとしたと考えられる経済的，社会的目的，慣習，取引慣行，任意規定，条理に従って，社会一般によってどのように理解されるかという観点から，表示の客観的意味を確定することになる。

契約締結当時，すでに，劇場公開のみによって製作費等を回収することは著しく困難となっており，映画製作者は，ビデオ化，テレビ放送などの収入も見込んで製作予算を立案するのが通例となっていたという映画製作の実態を前提として，映画監督と映画製作者との間で，製作される映画を劇場上映のみならずビデオ化，テレビ放送等の二次的利用をするものと明確に位置づけして，映画の脚本および監督業務に対する対価として報酬が合意されたという認定のもと，監督からの二次的利用に対する追加報酬の支払請求が棄却とされた例がある[7]。本件では，監督に対して追加報酬を支払うという慣行が存在したものと

---

7　東京高判平10・7・13知裁集30-3-427［スウィートホーム事件］。

もいえないとされている。

利用許諾に際し，特定の利用者に独占的に利用させる旨の契約をなした場合には，著作権者は他の利用希望者からの申し込みに対して利用を許諾しない義務を契約上負う。著作権者がこの義務に違反して第三者に利用許諾を行った場合には，債務不履行にもとづく損害賠償責任が発生する。独占的利用許諾は著作権者と利用権者の間の債権的な権利にすぎないため，第三者が著作権侵害行為を行った場合でも，独占的利用権者はこれを差し止めることはできない。一方，無断利用行為を行う第三者に対して著作権者が有する差止請求権を，独占的利用権者が代位行使する余地を示唆する判例がある[8]。

利用許諾にもとづく地位は第三者に譲渡することができるが，著作権者にとって，利用者が誰であるかは重要であるため，利用権を第三者に譲渡する場合には著作権者の承諾を必要とする（63条3項）。

放送や有線放送の利用許諾には契約に別段の定めがない限り，録音・録画の許諾は含まない（63条4項）。放送においては，通常，生放送ではなく事前に録音，録画した番組が放送されることが多いが，一般に著作権者は放送事業者に対して経済的弱者の地位にあるため[9]，著作権者保護の見地から，録音・録画についても明確な許諾がない限り，放送事業者による一時的固定（44条）に該当する場合を除き，著作権侵害となる。本項は著作権者保護のための強行規定とされる[10]。

権利者が，放送同時配信等（2条1項9号の7）を業として実施している放送事業者と，放送番組での著作物等の利用を認める契約を行う際，権利者が別段の意思表示をしていなければ，放送に加え「放送同時配信等」での利用も許諾したものと推定される（63条5項）。

著作物の送信可能化に関し，許諾時に付される条件の中で，送信可能化の回数と，送信可能化に用いる自動公衆送信装置（サーバー）に関するものについては，この2つの条件に違反しても契約違反となるだけで著作権侵害とはなら

8　東京地判平14・1・31判時1818-165［北欧ぬいぐるみ事件］。ただし，本件においては，原告はそもそも独占的利用許諾を得ている者にあたらない，と認定されているため，判旨は一般論を述べたものにすぎない。
9　加戸守行『著作権法逐条講義〔7訂新版〕』508頁（著作権情報センター，2021年）。
10　同上。

ない（63条6項）。

### ❷ 当然対抗制度

著作権の譲渡を受けた時点ですでに設定されていた利用権についての利用権者に対しては，譲受人は自己の著作権を主張できない（63条の2。当然対抗）。「利用権は……対抗することができる」とは，利用権者が，著作権の譲受人・相続人・破産管財人・差押債権者等との関係で，利用を継続することができることを意味する。対抗の結果，破産管財人等によるライセンス契約の解除はできず，当該ライセンス契約が存続する。

特許法の当然対抗制度と同様に，ライセンス契約に定められた条件がライセンシーおよび権利承継人に及ぶのか，という論点がある。この点について，文化審議会著作権分科会報告書（2019年）は，「利用許諾契約全体を一律に承継させることとすると，ライセンサーの交代が利用者に不利益を与える場面も想定されるため，利用許諾契約全体を一律に承継させる制度を採用するのは妥当ではないと考えられる」（同127頁），「利用許諾に係る権利の対抗に伴う契約の承継に関しては，一定の基準を法定して契約が承継されるか否かが決定される制度を設けることは妥当ではないものと考えられ，契約が承継されるか否かについては個々の事案に応じて判断がなされるのが望ましいと考えられる」（同128頁）とする。

## 第3節　登　　録

著作権法は無方式主義を採っており（17条2項），登録は著作物保護の要件ではないが，著作権が移転した場合の取引安全を確保したり，著作権関係の法律事実を公示するという観点から，登録制度が設けられている。

### ❶ 実名の登録

無名または変名で公表された著作物の著作者は，現にその著作権を有するかどうかにかかわらず，その著作物についてその実名の登録を受けることができる（75条1項）。無名または変名の著作物の保護期間は公表から70年であるが

(52条1項)，その期間内に実名の登録があった場合は著作者の死後70年となるというメリットがある（52条2項2号・51条)。

### ❷ 第一発行年月日の登録

著作権者または無名もしくは変名の著作物の発行者は，その著作物について第一発行年月日の登録を受けることができる（76条1項)。登録されることにより，著作物の利用者は登録年月日を信頼して著作権の存続の有無を判断することができる。

### ❸ 創作年月日の登録

プログラムの著作物に固有の登録制度として，創作年月日の登録制度がある(76条の2)。プログラムの場合，委託したユーザーだけが利用するなど，未公表，未発行のままで使用されることが多いため，創作年月日の登録が認められている。

### ❹ 対抗要件としての登録

著作権の移転等は，登録しなければ，第三者に対抗することができない（77条)。

## 第4節　出　版　権

### ❶ 出版権の設定

複製権等保有者（複製権または公衆送信権を有する者）は，その著作物について，以下の行為を引き受ける者に対し，出版権を設定することができる（79条1項)。

①　文書または図画として出版すること，または，電子計算機を用いてその映像面に文書または図画として表示されるようにする方式により記録媒体に記録し，当該記録媒体に記録された複製物により頒布すること（紙媒体による出版やCD-ROM等による出版)。

②　電子計算機を用いてその映像面に文書または図画として表示されるようにする方式により記録媒体に記録された複製物を用いて公衆送信（放送または有線放送を除き，自動公衆送信の場合にあっては送信可能化を含む）を行うこと（インターネット送信による電子出版）。

出版権の設定，移転，変更，消滅，処分の制限は，登録しなければ，第三者に対抗できない（88条1項1号）。複製権等の譲受人，複製権等保有者から出版権の設定・利用許諾を受けた者が第三者にあたる。

## ❷　出版権の内容

出版権者は，設定行為で定めるところにより，その出版権の目的である著作物について，次に掲げる権利の全部または一部を専有する（80条1項）。

①　頒布の目的をもって，原作のまま印刷その他の機械的または化学的方法により文書または図画として複製する権利，および，原作のまま電子計算機を用いてその映像面に文書または図画として表示されるようにする方式により記録媒体に記録された電磁的記録として複製する権利（80条1項1号）。

②　原作のまま電子計算機を用いてその映像面に文書または図画として表示されるようにする方式により記録媒体に記録された複製物を用いて公衆送信を行う権利（80条1項2号）。

出版権が設定された範囲内について，複製権等保有者は，自ら出版したり第三者による出版に許諾を与えたりすることはできない。例外として，①出版権の存続期間中に当該著作物の著作者が死亡したとき，または，②設定行為に別段の定めがある場合を除き，出版権の設定後最初の出版行為または公衆送信行為があった日から3年を経過したとき，のいずれかに該当するときは，複製権等保有者は，当該著作物について，全集その他の編集物（その著作者の著作物のみを編集したものに限る）に収録して複製し，または公衆送信を行うことができる（80条2項）。著作者の追悼記念や全集等の出版を複製権等保有者に認める趣旨である。

出版権者は，複製権等保有者の承諾を得た場合に限り，他人に対し，当該著作物の複製または公衆送信を許諾することができる（80条3項）。

出版権者は，その出版権の侵害に対し，差止請求権（112条），損害賠償請求権を有する（民法709条，著作権法114条）。

### ❸ 出版の義務

出版権者は，出版権の内容に応じて，以下の義務を負う。ただし，設定行為に別段の定めがある場合はこの限りではない。

① 原稿の引渡し等を受けてから6ヶ月以内にその出版権の目的である著作物について出版行為または公衆送信行為を行う義務（81条1号イ・2号イ）。

② その出版権の目的である著作物について慣行に従い継続して出版行為または公衆送信行為を行う義務（81条1号ロ・2号ロ）。

### ❹ 著作物の修正増減

著作者は，その著作物を紙媒体等での出版についての出版権者が改めて複製する場合や，公衆送信による電子出版についての出版権者が公衆送信を行う場合には，正当な範囲内において，当該著作物に修正または増減を加えることができる（82条1項）。著作者の人格的利益に配慮した規定である。

出版権者は，その出版権の目的である著作物を改めて複製しようとするときは，その都度，あらかじめ著作者にその旨を通知しなければならない（同条2項）。

### ❺ 出版権の消滅

出版権の存続期間は，設定行為によって定めるところによる（83条1項）。設定行為に定めがないときは，その設定後最初の出版行為等があった日から3年を経過した日において消滅する（同条2項）。

## 第5節　裁定許諾

### ❶ 著作権者不明等の場合

公表等された著作物で，著作権者不明その他の理由により相当の努力を払っても著作権者と連絡することができない場合，その著作物の利用を希望する者は，文化庁長官の裁定を受け，補償金を供託することにより，当該著作物を利用することができる（裁定許諾。67条）。さらに，裁定申請の際，担保金を供託することにより，裁定申請中であっても，利用が認められる（67条の2）。著作隣接権者不明の実演，レコード，放送，有線放送も裁定制度の対象とされている（103条）。このほか，利用の可否や条件に関する著作権者等の「意思」が確認できない著作物等について，一定の裁定手続を経て，通常の使用料相当額の補償金を支払うことにより，著作権者等から申出があるまでの間，その著作物等を利用することができる（67条の3以下）。

### ❷ 放　送

公表された著作物を放送しようとする放送事業者等が著作権者に許諾を求めたが協議が不成立であるか協議ができないなどの場合，その放送事業者等は，文化庁の裁定を受け，通常の使用料相当額の補償金を著作権者に支払うことにより，放送できる（68条）。

### ❸ 商業用レコード

商業用レコードが日本国内で最初に販売され，かつ，最初の販売から3年を経過した場合，音楽の著作物を別の商業用レコードに録音しようとする者が著作権者に対して録音の許諾を求めたが協議が不成立または協議できないなどの場合，その者は文化庁長官の裁定を受け，通常の使用料相当額の補償金を著作権者に支払うことによって録音または譲渡により，公衆へ提供することができる（69条）。

# 第10章 著作権の保護期間

## 第1節　保護期間の原則

著作権は，原則として，著作物の創作の時から，著作者が死亡した日が属する年の翌年から起算して70年を経過するまでの間存続する（51条・57条）。たとえば，ある著作物が2001年2月1日に創作され，著者が2011年3月2日に死亡したという場合，この著作物の著作権は，2001年2月1日に始まり，2012年1月1日から起算して70年間，すなわち2081年12月31日まで存続する。

共同著作物の場合は，最後に死亡した著作者の死後70年となる（51条2項括弧書）。

## 第2節　保護期間の例外

### ❶　無名または変名の著作物

無名または変名の著作物の著作権は公表後70年間，保護を受ける（52条1項）。ただし，変名が周知のものであるとき，著作権の存続期間内に文化庁に対して実名登録（75条1項）がなされたとき，または著作者が実名または周知の変名を著作者名として表示したときは，原則に戻り，死後70年間保護される（52条2項）。

### ❷　団体名義の著作物

法人その他の団体が著作の名義を有する著作物の場合には，著作権は公表後70年間存続する（53条1項）。プログラムの著作物については，法人名義での公表を要件とせずに職務著作の成立が認められる（15条2項）が，保護期間については，著作名義を団体が有するとみなして，公表後70年間保護を受ける

(53条3項)。

## ❸ 映画の著作物

映画の著作物の著作権は，公表後70年間存続する（54条1項)。映画の著作物の著作権が存続期間満了のため消滅したときは，当該映画の著作物の利用に関する原著作物の著作権は，当該映画の著作物の著作権とともに消滅したものとされる（同条2項)。たとえば，映画甲が脚本乙を原著作物とする二次的著作物であるとき，映画甲の著作権が消滅した後は，映画甲の利用について，脚本乙の著作権者の同意を要しない。

## ❹ 継続的刊行物等の公表の時

冊，号，回を追って公表する著作物については，毎号または毎回の公表の時に公表したものとされる。一部分ずつを逐次公表して完成する著作物については，最終部分の公表の時による（56条1項)。ただし，逐次公表を予定しているものについて，直近の部分の公表時点から3年を経過しても続きが公表されないときは，継続部分の公表を待たず，すでに公表されたもののうち最終の部分が公表された時点から保護期間が起算される（同条2項)。連載を予定していたが途中の回で打ち切りとなった場合，あるいは，作者の都合により3年以上連載が滞った場合などは，2項のルールによることになる。

最判平9・7・17民集51-6-2714［ポパイネクタイ事件］（著作権百選78）は，一話完結形式の連載漫画について，後続の漫画は，先行の漫画を原著作物とする二次的著作物にあたり，後続の漫画に登場する人物が，先行する漫画に登場する人物と同一と認められる限り，当該登場人物については，最初に掲載された漫画の著作権の保護期間によるべきであると判示した。二次的著作物について著作権が生ずるのは，原著作物に新たに付け加えられた部分に限られるため，二次的著作物が原著作物からそのまま受け継いでいる部分については，原著作物の公表時点を基準に著作権の保護期間を考えれば足りるという趣旨である。

### ★旧法下における映画の著作権の保護期間

現行の著作権法が1971年に施行される前に適用されていた旧著作権法においては，映画の著作物の著作権の保護期間の規定，また，映画の著作者，著作権に関する現行法16条・29条に相当する規定が存在しなかったため，旧法下で制作された映画の著作物の保護期間についてどのように考えるべきかという問題があった。

この点に関し，最判平21・10・8判時2064-120［チャップリン事件］（著作権百選79）は，第1に，旧法下における映画の著作物の著作者については，その全体的形成に創作的に寄与した者が誰であるかを基準として判断すべきであるとしたうえで，本件各映画については，チャップリンがその全体的形成に創作的に寄与したというのであり，チャップリン以外にこれに関与した者の存在はうかがわれないから，チャップリンがその著作者であることは明らかであるとした。第2に，保護期間については，著作者が自然人である著作物の旧法による著作権の存続期間については，当該自然人が著作者である旨がその実名をもって表示され，当該著作物が公表された場合には，それにより当該著作者の死亡の時点を把握することができる以上，仮に団体の著作名義の表示があったとしても，著作者の死亡時点を基準に定められるとした。本件各映画については，自然人であるチャップリンが著作者であることが実名をもって表示され公表されたものであり，保護期間は，少なくとも2015年12月31日まで存続するとした。

### ★戦時加算

外国作品を利用する際には，例外ルールに注意が必要である。敗戦後，戦後処理のため，日本は旧連合国との間で平和条約を締結した。その中で，戦時中の連合国民の著作物について，特別扱いが認められている。戦時中も，国際条約を通じて，アメリカほか連合国民の著作権は日本国内で保護されていたものの，実際上は，「鬼畜米英」の民の著作権を，日本国内で権利行使することは困難であったことは確かである。これを補うため，平和条約において，連合国民の著作権を，権利行使が不自由であった期間だけ，延長するとされた（戦時加算）。しかも，年単位ではなく，日本と各連合国との開戦日から，各国との間で平和条約が発効する日の前日まで，と日にち単位で計算されるため，注意が必要である。たとえば，アメリカについては3794日が日本法上の保護期間に加算される。日本の著作権も，連合国内で行使することはむつかしかった点では同じであるが，平和条約で加算が認められているのは，あくまで連合国民の権利についてのみであり，敗者のみに課された義務である。

# 第11章　著作隣接権

## 第1節　著作隣接権の概要

著作権法によって権利を与えられるのは，創作的な表現の作り手（著作者）だけではない。他人が創作した表現を実演し，レコード（CD）に吹き込み，放送し，有線放送する者等についても，著作者に与えられる権利と比べると限定的ではあるものの，権利が与えられている。

たとえば，音楽を例にとろう。作詞家，作曲家，編曲家は，楽曲において個性を表現したと認められれば，音楽の著作物の著作者として保護を受ける。一方，この曲を歌い，演奏する者については，著作者に相当する個性を発揮してはいないが，著作者に準ずるものとして「実演家」というカテゴリで保護される。

レコード製作者，放送事業者，有線放送事業者も同様であり，著作権法は，このような者を著作者の隣人という意味で，「著作隣接権者」と呼ぶ。著作権法は，個性的，創作的な行為を行う著作者中心に構成され，その他の者は著作物を利用して経済的価値を生み出すもの，という位置づけとなる。

**著作隣接権者**として保護されるのは，**実演家**，**レコード製作者**，**放送事業者**，**有線放送事業者**である。

実演家には，①人格権として氏名表示権および同一性保持権，②許諾権として録音権・録画権，放送権・有線放送権，送信可能化権，譲渡権，貸与権，③CD等の放送・有線放送・貸与，生の実演の同時再送信への報酬請求権，が与えられている（90条の2～95条の3）。

レコード製作者には，人格権は与えられず，①許諾権として複製権，送信可能化権，譲渡権，貸与権，②CD等の放送・有線放送・貸与への報酬請求権が与えられている（96条～97条の3）。

放送事業者には，許諾権として複製権，再放送権・有線放送権，送信可能化権[1]，テレビジョン放送の伝達権のみが与えられる（98条～100条）。

有線放送事業者には，許諾権として複製権，放送権・再有線放送権，送信可能化権，有線テレビジョン放送の伝達権が与えられる（100条の2〜100条の5）。

以下では，実演家の権利のうち，主だったものについてのみ解説する。

## 第2節　実演家の権利

Case44　テレビタレント甲は，乙放送局からの依頼により，同局制作のバラエティ番組丙に出演し，番組丙はテレビで放送された。半年後，乙放送局は番組丙をDVD化することになった。乙はDVD化について甲から許諾をとる必要はあるか。番組丙への出演時，甲と乙の間にはDVD化についてとくに契約等はなされなかったとする。

### ❶　実演・実演家

実演とは，著作物を，演劇的に演じ，舞い，演奏し，歌い，口演し，朗詠し，またはその他の方法により演ずること（2条1項3号）および著作物を演じないが芸能的な性質を有するもの（同号括弧書）をいう。著作物を演じないが芸能的な性質を有するものの例としては，奇術，手品があげられる。

実演家とは，俳優，舞踊家，演奏家，歌手その他実演を行う者または実演を指揮し，または演出する者をいう（2条1項4号）。

なお，実演については，著作者について認められる職務著作，共同著作に相当する制度は設けられていない。

### ❷　実演家人格権

実演家には，氏名表示権（90条の2），同一性保持権（90条の3）が与えられている。著作者の同一性保持権（20条）については，著作者の「意に反する」

1　地上波テレビ番組を当該放送の地域外に転送する行為が放送事業者の送信可能化権を侵害するとされた事例として，最判平23・1・18民集65-1-121［まねきTV事件］（著作権百選83）。

場合には侵害が成立するが，実演家の同一性保持権の侵害は，「名誉声望を害する改変」（90条の3）であることを要する点に違いがある。

## ❸　実演家の財産権とワンチャンス主義による制限

### (1)　録音・録画権

実演家は，その実演を録音・録画する権利を有する（91条1項）。録音とは，音を物に固定し，またはその固定物を増製することをいい（2条1項13号），録画とは，影像を連続して物に固定し，またはその固定物を増製することをいう（2条1項14号）。固定物の増製の例としては，劇場用映画のDVD化，音楽CDを携帯音楽プレイヤーのハードディスクに取り込むことなどがある。

ただし，実演家の録音・録画権については，映画の著作権の帰属に関する29条と同様に，多数の権利者が関与する映画の著作物の利用の円滑化をはかる趣旨で，その権利行使の機会が最初の録音・録画に限定されている。「**ワンチャンス主義**」と呼ぶ。

すなわち，第1に，実演家の許諾を得て映画の著作物に録音・録画された実演をCD・DVD化するなど，増製する場合には，実演家の録音・録画権は及ばない（91条2項）。映画DVDのように，音を専ら映像ともに再生することを目的として複製する場合も同様である（同項括弧書）。ただし，録音物に録音する場合，たとえば，サントラ盤CDに録音する場合には，実演家の許諾を要する（同条2項）。

ワンチャンス主義の適用により，劇場用映画にその実演の録音・録画を許諾した俳優，テレビ番組への歌唱の録音・録画を許諾した歌手は，当該映画，テレビ番組がDVD等として増製されることについて，もはや権利行使できない。

第2に，出演時に，実演家による録音・録画の許諾がなく，放送の許諾のみがある場合はどうか。実演家による放送の許諾には，契約に別段の定めがない限り，当該実演の録音・録画の許諾は含まれない（103条によって準用される63条4項）。このため，ワンチャンス主義の適用はなく，実演家は，自己が出演した放送番組がCD・DVD化等により二次利用されることについて，許諾権を有する。

なお，実演の放送について実演家の許諾を得た放送事業者は，契約に別段の定めがある場合および他の番組に使用する目的での録音・録画の場合を除き(93条1項但書)，その実演を放送および放送同時配信等するための録音・録画が認められる（同条1項本文)。しかしながら，①93条1項にもとづき放送事業者が行う放送目的での録音・録画行為は実演家の「許諾を得て」(91条2項）行うものではないため，91条2項は適用されないこと，②93条1項にいう「放送のため」の録音・録画には，DVD化のための録音・録画は含まれないことによりワンチャンス主義の適用はない。

### ⑵　放送権・有線放送権

実演家は，その実演を放送・有線放送する権利を専有する（92条1項)。

録音・録画権と同様，放送・有線放送権についてもワンチャンス主義の適用を受け，放送される実演が有線放送によって同時再送信される場合（92条2項1号)，実演家の許諾を得て録音・録画されている実演を放送する場合（同項2号）については，実演家の放送・有線放送権は及ばない。

放送して同時に有線放送が行われる場合（同時再送信)，実演家の有線放送権は制限を受け（92条2項)，有線放送事業者は有線放送に係る相当な額の報酬を実演家に支払わなければならない（同94条の2)。

### ⑶　送信可能化権

実演家は，その実演の自動公衆送信のための送信可能化に関する権利を専有する（92条の2第1項1号)。著作者の公衆送信権と異なり，実演家の権利は公衆送信には及ばない。

送信可能化権についても，ワンチャンス主義の適用がある（92条の2第2項)。実演家の送信可能化権が及ぶのは，生実演（例　劇場公演）を送信可能化する場合，録音物に固定された実演（例　音楽CD）を送信可能化する場合，公衆送信される実演を受信してネット配信する場合に限定される。

### ⑷　譲渡権・貸与権

実演家は，その実演の録音物・録画物を公衆に譲渡することに関する権利を専有する（95条の2第1項)。譲渡権についてもワンチャンス主義の適用があり(同条2項)，さらに，実演家の譲渡権は著作権の譲渡権と同様，消尽する（同条3項)。

実演家は，その実演が録音された商業用レコードを公衆に貸与することに関する権利を有する（95条の3第1項）。

実演家の貸与権は，商業用レコード（2条1項7号）が最初に販売された日から1ヶ月以上12ヶ月を超えない範囲内において政令で定める期間を経過した時点で消滅し（95条の3第2項・施行令57条の2），この期間経過後，実演家は，貸レコード業者に対して報酬請求権を有する（95条の3第3項）。

## Caseの考えかた

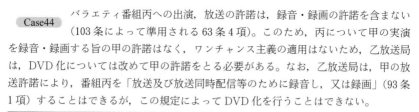

**Case44** バラエティ番組丙への出演，放送の許諾は，録音・録画の許諾を含まない（103条によって準用される63条4項）。このため，丙について甲の実演を録音・録画する旨の甲の許諾はなく，ワンチャンス主義の適用はないため，乙放送局は，DVD化については改めて甲の許諾をとる必要がある。なお，乙放送局は，甲の放送許諾により，番組丙を「放送及び放送同時配信等のために録音し，又は録画」（93条1項）することはできるが，この規定によってDVD化を行うことはできない。

# 第12章 権利侵害

## 第1節 差止め等

### ❶ 侵害の停止または予防請求

著作者，著作権者，出版権者，実演家または著作隣接権者は，その著作者人格権，著作権，出版権，実演家人格権または著作隣接権を侵害する者または侵害するおそれがある者に対し，その侵害の**停止または予防**を請求することができる（112条1項）。

著作権等侵害訴訟において原告が請求原因事実として主張すべきなのは，大別して，①原告が著作権者等であること，②被告が原告の著作権等を侵害[1]したこと，である。そして，②著作権等を侵害することはさらに，a.被告が原告の著作物に依拠したこと，b.被告作品が原告の著作物と同一性または類似性を有すること，c.被告が法定の利用行為（複製〔21条・2条1項15号〕，改変〔20条2項〕等）または113条によって侵害とみなされる行為を行ったこと，をいう。

差止請求の相手方，すなわち著作物等について法定の利用行為を行っている者が誰かについては，物理的，自然的に観察して自明な場合もあれば，当該行為の社会的，経済的意義をも総合考慮したうえで，規範的に認定されることもある。地上波テレビ番組を地域外に転送・録画するサービスについて，当該サービスの提供事業者が著作物の利用主体であると認定されたのは，規範的主体認定の一例である（最判平23・1・18民集65-1-121［まねきTV事件］（著作権百選83）および最判平23・1・20民集65-1-399［ロクラクⅡ事件］（著作権百選82））。

112条は「侵害するおそれのある者」に対する差止請求等を認めており，すでに著作権が発生している場合には，たとえ侵害行為自体はいまだになされて

1　複製権の侵害について，第7章第1節，翻案権の侵害について，第7章第8節を参照。

いない場合であっても，予測される侵害に対する予防を請求することができる。

さらに，請求の根拠となる著作物が口頭弁論終結時に存在しておらず，将来発生することとなる場合であっても，例外的に，差止請求が認められる場合がある。東京高判平6・10・27知裁集26-3-1151［ウォール・ストリート・ジャーナル事件］は，新聞の著作物について，将来継続してこれまでと同様の一定の編集方針にもとづく素材の選択・配列が行われ，これにより創作性を有する編集著作物として発行される蓋然性が高く，他方，これまで当該新聞の発行毎に編集著作権侵害行為が継続的に行われてきており，将来発行される新聞についてもこれまで同様の編集著作権侵害行為が行われることが予想されるという事情の下，将来発生する著作権にもとづく差止請求を認めている。

## ❷　侵害の行為を組成した物等の廃棄等請求

著作者，著作権者，出版権者，実演家または著作隣接権者は，112条1項の規定による請求をするに際し，侵害の行為を組成した物，侵害の行為によって作成された物または専ら侵害の行為に供された機械もしくは器具の**廃棄**その他の侵害の停止または予防に必要な措置を請求することができる（112条2項）。

レストランにおける無許諾での音楽著作物の生演奏に使用されていたピアノについて，同条2項にいう「専ら侵害の行為に供された機械若しくは器具」に該当するとして撤去請求が認められた事例がある[2]。また，著作権を侵害する書籍の廃棄，その半製品およびその印刷に供した原版フィルムの廃棄，原稿の記録媒体からの消去，被告出版社の委託により卸売，小売している流通会社からの回収・廃棄が認められている[3]。

2　大阪高判平20・9・17判時2031-132［デザフィナード事件］，田中豊編『判例でみる 音楽著作権訴訟の論点80講』419頁（日本評論社，2019年）。

3　東京地判平13・1・23判時1756-139［ふぃーるどわーく多摩事件］（著作権百選87）。

## 第2節　損害賠償

**Case45**　甲は漫画$\alpha$の著作権者である。乙は，動画投稿サイト$\beta$を運営しており，甲に無断で$\alpha$を$\beta$にアップロードし，ユーザーによる$\alpha$のダウンロード数は200万回に達した。甲は$\alpha$のデジタル版1部の販売につき100円の利益を得ていた。$\beta$の利用は無料であり，乙はアクセス数に応じた広告料により収入を得ている。甲は，乙に対し，著作権法114条1項にもとづきどのような額の損害賠償を請求できるか。

### ❶　民法の特則としての著作権法

著作権等の侵害による**損害賠償請求**は，民法709条を根拠とするものである。一般に，損害賠償の対象となる財産的損害は，積極的損害（既存の財産が減少することによる損害）と，消極的損害（増加するはずであった財産が増加しなかったことによる損害）の2種類があるが，無体物である著作物は侵害行為によって物理的な毀損を受けることがないので，著作権侵害によって生ずる損害としては消極的損害（逸失利益）が主となる。民法709条の要件は，①故意または過失，②他人の権利または法律上保護される利益の侵害，③損害の発生，④侵害行為と損害の相当因果関係である。

著作権法には，損害額の推定等（114条），具体的態様の明示義務（114条の2），書類の提出等（114条の3），鑑定人に対する当事者の説明義務（114条の4），相当な損害額の認定（114条の5），秘密保持命令（114条の6〜114条の8）の特則が置かれている。

### ❷　過　　失

著作権法には，特許法103条のような，過失推定規定は存在しない。特許権は登録によって公示されており，当業者には権利の存在を調査し侵害を回避すべき注意義務が課され，過失が推定されている。一方，著作権は，審査・登録を要さず当然に発生し，その有効性を公示する登録制度がないため，過失の存否は，一般の不法行為の原則に従い，予見可能性があるのにこれを回避する行為義務を怠ったといえるかケースバイケースに判断される。一般論として，行為義務の内容は，損害発生の蓋然性と被侵害利益の重大さ，損害を回避するためのコストとの相関によって決まる。

上記の原則に従った具体的認定例として，最判平13・3・2民集55-2-185［ビデオメイツ事件］（著作権百選89）がある。同判決は，飲食店が音楽著作権管理団体と著作物使用許諾契約を締結することなく業務用カラオケ装置を利用して音楽著作物を無断上映・歌唱した場合に，当該飲食店に業務用カラオケ装置をリースしたリース業者も，使用料相当額の損害を賠償する義務があるとしたものである。最高裁は，カラオケ装置のリース業者には，カラオケ装置のリース契約を締結した場合において，当該装置が専ら音楽著作物を上映し，または演奏して公衆に直接見せ，または聞かせるために使用されるものであるときは，リース契約の相手方に対し，当該音楽著作物の著作権者との間で著作物使用許諾契約を締結すべきことを告知するだけでなく，上記相手方が当該著作権者との間で著作物使用許諾契約を締結しまたは申込みをしたことを確認したうえでカラオケ装置を引き渡すべき条理上の注意義務を負うとした。

類似の例として，法務局が備えつけの土地宝典を不特定第三者に貸し出し，備え置かれたコピー機による無断複製を放置していた国の行為について，違法複製がなされないようあらかじめ許諾を受ける等の措置をとるか，貸出を受ける者に違法複製を行わないよう注意を喚起するなどの作為義務に違反するとされたものがある[4]。

著作物を出版，放送等する事業者の過失が問題となることがある。たとえば，作家甲が出版社乙から著書$\alpha$を出版したところ，$\alpha$の中に丙の小説$\beta$を無断で複製・翻案した個所が存在することが発覚したとしよう。この場合，丙は甲と乙に対して$\beta$の著作権侵害による差止請求を行うことができる。差止請求権の行使の要件として，故意または過失の存在は必要とされていない。そして，甲が，小説$\beta$に依拠し，同一性のある作品を複製・翻案した以上，甲には故意ま

4　知財高判平20・9・30判時2024-133［土地宝典事件］。

たは過失が認められ，丙は甲に対して損害賠償請求可能であろう。一方，乙の過失が認められ，丙の乙に対する損害賠償請求が認められるかは，乙の編集者が小説$\alpha$の出版に際して先行作品$\beta$の存在をどの程度調査したか（損害発生の蓋然性），また人員等の社内体制上どの程度調査可能であったか（損害回避のコスト），発行部数（被侵害利益の大きさ），により判断されることになろう[5]。

## ❸　損害額に関する特則

著作権侵害による損害賠償請求においても，無体物である著作物の性質上，相当因果関係のある損害額を立証することにはしばしば困難が伴うことは，特許権侵害について本書第Ⅰ編第8章第2節で述べたのと同様である。このため，著作権法についても，特許法と同様，損害額の推定等についての特則が存在する（114条1項〜3項）。

プログラムの著作物について著作権を有する甲社が複製物$\alpha$を販売・公衆送信しており，乙社が甲社の複製権を侵害し，侵害品$\beta$を譲渡・公衆送信したとして，損害額の算定方法について，以下説明しよう。

### (1)　被告の譲渡数量にもとづく算定方法

第1の選択肢は，侵害がなければ甲自身，あとどれだけ利益を上げられただろうか，という仮定にもとづく算定方法である（114条1項）。

上記の例で，乙が侵害品$\beta$を30個譲渡していたとしよう。そして，甲が自社で製造した複製物$\alpha$を譲渡すると，1個あたり5万円利益を上げるとする。もし，乙の侵害が発生しなければ，甲は，乙が売り上げた$\beta$ 30個分，余計に売り上げることができたのではないか，というのが，この計算方法の発想である。

114条1項1号は，「侵害者が譲渡した侵害作成物〔侵害行為によって作成された物をいう。同項柱書〕及び侵害者が行った侵害組成公衆送信〔侵害の行為を組成する公衆送信（自動公衆送信の場合にあっては，送信可能化を含む）。同項柱書〕を公

5　出版社が地方の小出版社であること，著者が地方の名士であることなどを考慮して出版社の過失が否定された事例として，東京地判平7・5・31判時1533-110［ぐうたら健康法事件］。出版社，広告代理店，放送局など著作物を扱う事業者の注意義務について，小泉直樹「著作権侵害回避の注意義務と過失」コピライト49巻8号2頁（2009年）。

衆が受信して作成した著作物又は実演等の複製物〔侵害受信複製物〕の数量」（**譲渡等数量**。上記の例でいうと30個）のうち著作権者等が当該侵害作成物または当該侵害受信複製物を販売するとした場合にその販売のために必要な行為を行う能力に応じた数量（**販売等相応数量**）を超えない部分（その全部または一部に相当する数量を当該著作権者等が販売することができないとする事情があるときは，当該事情に相当する数量〔**特定数量**〕を控除した数量）に，「著作権者等がその侵害の行為がなければ販売することができた物の単位数量当たりの利益」（上記の例でいうと5万円）を「乗じて得た額」を，損害の額とすることができると規定している。

（譲渡等数量－販売等相応数量を超える数量－特定数量）×単位数量あたりの利益＝114条1項1号に基づく損害額

「販売のために必要な行為を行う能力」とは，侵害された著作物等を「販売する能力」のほか，その著作物等を「生産する能力」など，販売行為に至る種々の能力のことをいう。たとえば，上記の例で，甲の工場の生産能力の限界が25個であったとしよう。この場合，乙の譲渡数30個のうち，「販売等相応数量」は25個である。

「著作権者等が販売することができないとする事情」とは，代替品の存在，販売市場の相違，侵害者の営業努力，侵害品固有の顧客吸引力などをいう（文化庁「令和5年通常国会 著作権法改正について」 改正法Q&A『問15　著作権者等の「販売のために必要な行為を行う能力」とは何を指すのですか。また，「著作権者等が販売することができないとする事情」とは何を指すのですか。』文化庁ウェブサイト）。

### ⑵　被告の利益にもとづく算定方法

第2の選択肢は，乙の利益を甲の損害と推定する，という算定方法である(114条2項)。

甲は，「乙が侵害品β1個の販売によって上げる利益」[6]×「乙のβ販売数量」を114条2項にいう「利益」として証明すれば，あとは，損害額の立証責任は乙に課される。114条2項の推定を覆す事情としては，①甲，乙のほかに，市

6　複製権侵害行為は当該複製行為の時点で成立し，損害額も当該時点で確定するため，侵害者が侵害行為後に正規品を購入しても影響を受けない。東京地判平13・5・16判時1749-19［東京リーガルマインド事件］（著作権百選92）。

場に第三者丙が存在していた場合，乙の利益のすべてを甲の得べかりし利益とみることは困難であり，推定は一部覆ることになる。また，②甲と乙の販売能力に差がある場合にも，114条2項の「利益」をそのまま損害額とすることはできない。

上記の例で，甲が複製物$\alpha$を販売してしない場合，仮に乙による侵害行為がなかったとしても，甲が複製物の販売によって利益をあげる余地はなかったのであり，乙の利益をもって甲の損害額とすることはできず，原則として114条2項の適用はない。ただし，例外的な場合であるが，甲が$\alpha$とは別のプログラムの著作権をあわせて有しており，その複製物$\gamma$と侵害品$\beta$が市場で競合しているときには，本項の適用を受けることができよう。

なお，甲は，他社である乙の販売数量，1個あたりの利益を立証する必要があるのであり，裁判所に対して文書提出命令の申立てをすることができ，これを受けて，裁判所は，乙に対し必要な書類または電磁的記録の提出を命ずることができる（114条の3第1項本文)。ただし，乙製品の販売数量，1個あたりの利益が乙の営業秘密に該当し，114条の3第1項但書にいう「提出を拒むことについて正当な理由」にあたる場合は，乙は提出を拒むことができる。裁判所は，乙に拒むべき正当の理由があるかを判断するため，書類の所持者等にその提示を求め（114条の3第2項)，非公開（インカメラ〔公開の法廷ではなく裁判官室で，という意味〕審理という）で審理を行うことができる。その際，当事者，代理人等に書類等を開示して意見を聴くことができ（114条の3第3項)，これら開示を受けた者に対しては，秘密保持命令が下されることがある（114条の6)。

### (3)　実施料相当額にもとづく算定方法

第3の選択肢として，もし，乙が甲に対して特許のライセンスを求めてから製造販売していたら，乙はいくら甲に払うべきであったかを基準にする算定方法がある（114条3項)。

上記の例でいえば，もし乙からライセンスを求められていたなら，甲は，$\beta$1個あたり3万円要求していたと仮定すると，損害額として，30個×3万円＝90万円支払うべきである，ということになる。3項は損害の額としてその賠償を「請求することができる」と規定しており，損害の発生は前提となるものの，とくに，**実施料相当額**は損害賠償の最低保証として機能している。ただし，実施料というものは本来はあくまで実施について著作権者の許諾がある場合の額であり，この額を，無断実施の場合の損害とすることは，著作権者の救済に欠ける面がある。このため，実施料にある程度上乗せした額を認定可能とするべく「受けるべき金銭の額」との規範的文言が用いられている[7]。

裁判所によるライセンス料相当額の認定にあたり，一定の条件（利用期限や利用範囲等）の下で契約される一般的なライセンス料と比較して，著作権侵害により何らの制約なく利用していることなどの点を増額要因として考慮することができる（同条 5 項）。

販売等相応数量を超える数量または特定数量については，114 条 1 項 1 号の適用を受けることはないが，当該数量について，実施料相当額を損害額とすることができる（同項 2 号）。

ただし，正規品（元の著作物）にない付加要素が大きく，元の著作物の貢献が認められない場合など，ライセンスの機会を喪失したと評価できない場合には，「著作権者等が，その著作権……の行使をし得たと認められない場合」にあたり，同項 2 号は適用されない。

**⑷　使用料規程にもとづく方法**

第 4 の選択肢として，著作権等管理事業者の使用料規程により算出した額にもとづく算定方法がある。侵害された著作権等が著作権等管理事業者により管理されている場合には，著作権者等は，当該著作権等管理事業者の使用料規程により算出した額を損害額として賠償を請求することができる（114 条 4 項）。

## 第 3 節　名誉回復措置

著作者または実演家は，故意または過失によりその著作者人格権または実演家人格権を侵害した者に対し，損害の賠償に代えて，または損害の賠償とともに，著作者または実演家であることを確保し，または訂正その他著作者もしくは実演家の名誉もしくは声望を回復するために適当な措置を請求することができる（115 条）。

7　東京高判平 16・6・29 判例集未登載［国語教科書準拠教材事件］は，既存の契約例にはとらわれず，「受けるべき」額を認定した例である。

著作者人格権，実演家人格権の侵害について，差止請求および損害賠償請求だけでは，十分な救済が得られないことから認められたものであり，名誉毀損について回復措置を認めた民法723条と同趣旨である。

名誉または声望を回復するために適当な措置の典型例としては，謝罪広告，訂正広告がある。謝罪広告の中にも，侵害態様等によって，被告に文字通り謝罪（お詫び）を命ずるもの[8]，改変等の経緯を説明するにとどめるもの[9]と様々なものが想定できる。

他の適当な措置として，銅像の台座に銅像の真の著作者でない者の氏名が表示され，氏名表示権が侵害された場合に，銅像の所有者ないし管理者に対して真の著作者名を通知すべき旨の請求が認められた例がある[10]。

**Caseの考えかた**

Case45　甲は，乙による送信可能化権侵害行為がなければ販売することができた物の単位数量あたりの利益である100円に，乙が行った侵害組成公衆送信（本件では送信可能化）をユーザーが受信して作成した$\alpha$の数量（譲渡等数量）200万ファイルを乗じた額である2億円を114条1項1号にもとづく損害額として請求できる。

## 第4節　みなし侵害

**Case46**　デザイナー甲は，乙映画会社の依頼により，乙社製作の映画$\alpha$（監督丙）の撮影用に，出演者のコスチューム$\beta$を創作した。服飾メーカー丁は，映画$\alpha$のヒットに目をつけ，関係者に無断で$\beta$に酷似したデザインのコスチューム$\gamma$をマレーシアの業者戊に発注して同国内で製造させ，$\gamma$を日本に輸入し，丁の直営店で販売するとともに，丁のホームページに$\gamma$の写真を掲載し，ネットショッピングでも提供している。

---

8　東京高判平8・10・2判時1590–134［市史事件］。
9　知財高判平22・3・25判時2086–114［駒込大観音事件：控訴審］（著作権百選39）。
10　知財高判平18・2・27判例集未登載［ジョン万次郎像事件］（著作権百選40）。

丁，戊の行為は，甲の著作権を侵害するか。

## ❶ 国外で作成された海賊版の輸入行為

国内において頒布する目的をもって，輸入の時において国内で作成したとしたならば著作者人格権，著作権，出版権，実演家人格権または著作隣接権の侵害となるべき行為によって作成された物を輸入する行為は侵害行為とみなされる（113条1項1号）。海外で製造されたいわゆる模倣品が日本に**輸入**される行為を規制する条文である。

著作権法上に明文の規定はないが，いわゆる属地主義の原則により，我が国の著作権法の効力は，我が国の領域内にのみ及ぶと考えられている。

たとえば，日本の漫画家が日本で漫画を描き，日本の著作権法の要件を充たせばこの漫画について日本の著作権を取得する。同時に，この漫画については，著作権法に関する国際条約に加盟しており条約上日本人の著作物を保護する義務を負う世界中の国々においても，それぞれの国の著作権が，とくに手続などを踏むことなく成立する。これら各国の著作権の効力は，それぞれの国の領域内に限られ，「棲み分け」ているというのが属地主義の発想である。

この結果，たとえば，日本の著作権法上保護を受ける漫画の著作物を，日本の著作権者の許諾を得ずにインド国内で複製しても，日本の著作権の侵害とはならない。著作者人格権，出版権，実演家人格権，著作隣接権についても同様である。インド国内での複製行為について差止請求等を行うことができるのは，この漫画に関するインドの著作権を有する者に限られる。なお，仮に，日本の漫画家がインドの著作権も合わせて有していたとしても，インドの裁判所に行ってインドの著作権法にもとづく訴訟を提起することは手間であるし，また，日本の裁判所の国際裁判管轄が認められれば，インドの著作権法の適用を日本の裁判所に求めて提訴することも可能ではあるが，常に管轄が認められるわけではない。

一方，インド国内で著作権者に無断で作成された海賊版が日本市場に輸入される場合には，「日本国内で無断で作成された複製物が出回るのと同じ意味を持ちますので，これを押さえる必要があ」[11]るというのが113条1項1号の立法趣旨である。

113条1項1号が対象とするのは，輸入の時において国内で作成したとしたならば日本の著作権等の侵害行為となるべき行為によって作成された物に限られる。上記の例でいえば，インド国内で作成された時点ではインドの著作権者の許諾を得ずに複製等された物であっても，日本への輸入時点までに権利処理がなされていれば本号の対象とはならない。また，国内で作成したとしたならば日本の著作権法の下で侵害行為となったであろう行為のみを規制するものであるので，たとえば，アメリカ著作権法には存在するが日本の著作権法は対応する制度を有しないフェア・ユース規定（あらかじめ権利制限に該当する場合を限定的に定めておくかわりに，一般条項を個別の事案ごとに適用する規定）にもとづいてアメリカにおいて適法に複製された複製物については，仮に日本で作成したとしたならば違法であるため，113条1項1号の適用を受ける。

本号該当行為については，裁判所の判決による救済と並んで，関税法上の税関輸入差止制度を利用することも可能である。

## ❷　著作権等侵害行為によって作成された物の頒布等行為

著作者人格権，著作権，出版権，実演家人格権または著作隣接権を侵害する行為によって作成された物（113条1項1号の輸入に係る物も含む）を，情を知って，頒布し，頒布の目的をもって所持し，もしくは頒布する旨の申出をし，または業として輸出し，もしくは業としての輸出の目的をもって所持する行為は，著作権等侵害行為とみなされる（113条1項2号）。

所持，頒布の申出，輸出，輸出目的の所持は，いずれも2条1項19号の頒布行為の定義外の行為であり，譲渡権，頒布権の対象とはならないが，いずれも，無断譲渡・頒布行為の規制の実効性をあげるため，みなし侵害とされている。

情を知るとは，侵害である旨の判決が確定する前であっても，仮処分決定，未確定の第1審判決，中間的判断であっても，公権的判断で，その物が著作権を侵害する行為によって作成されたものである旨の判断，あるいは，その物が

11　加戸守行『著作権法逐条講義〔7訂新版〕』837頁（著作権情報センター，2021年）。

著作権を侵害する行為によって作成された物であることに直結する判断が示されたことを知れば足りる[12]。

情を知っての頒布行為については，譲渡権・頒布権の規制対象と重なるところがある。113条の2と113条1項2号の適用関係については，第7章第7節❺ですでに述べた。

## ❸　違法複製プログラム著作物の使用行為

プログラムの著作物の著作権を侵害する行為によって作成された複製物を業務上電子計算機において使用する行為は，これらの複製物を使用する権原を取得した時に情を知っていた場合に限り，当該著作権を侵害する行為とみなす（113条5項）。

本項の対象となるのは，海賊版のプログラムのコピーを作成する行為ではなく，海賊版のプログラムをそれと知りつつ購入し，自己のPCで実行する行為である。

## ❹　リーチサイト・リーチアプリにおける侵害コンテンツへのリンク情報等提供行為

侵害コンテンツへのリンク情報等を集約してユーザーを侵害コンテンツに誘導する「リーチサイト」や「リーチアプリ」のうちとくに悪質なもの（侵害著作物等利用容易化ウェブサイト等〔113条2項1号〕および侵害著作物等利用容易化プログラム〔同項2号〕）においてリンク等を提供する行為は，著作権等を侵害する行為とみなされる（113条2項）。

## ❺　技術的利用制限手段回避等行為

暗号化等のアクセスコントロールが施され，契約者以外視聴不可とされている有料放送について，不正視聴カードを用いて当該アクセスコントロールを回避し，不正に視聴する場合のように，技術的利用制限手段（2条1項21号）を権原なく回避する行為は，著作権者等の利益を不当に害しない場合を除き，著

12　東京地判平7・10・30判時1560-24［システムサイエンス事件］。

作権等を侵害する行為とみなされる（113条3項）。

## ❻ 権利管理情報

違法利用の監視や著作権契約の電子化等を行うために，「電子透かし」などの方法により，著作物等に付された著作物等，権利者，著作物等の利用許諾条件などの情報のことを権利管理情報という（2条1項22号）。権利管理情報は，通常著作物等を複製したり送信したりしても消えることはないが，この権利管理情報に虚偽の情報を付加したり，情報を除去し改ざんする行為や，これらの行為によって改ざんされた情報を付加した著作物等の複製物をそのことを知って販売送信等した者は，著作権を侵害したとみなされる（113条4項）。また，営利を目的としてこれらの行為を行った者は罰則の対象となる（120条の2第3号）。

このほか，還流レコードに関するみなし侵害については第7章第7節❹，著作者人格権に関するみなし侵害については，第6章第5節をそれぞれ参照。

### Caseの考えかた

Case46　戊の複製行為は日本国外で行われているため，日本の著作権法上の請求を行うことはできない。丁の行為のうち，輸入行為は113条1項1号に該当する。甲の氏名が表示されていないことについても同号が適用されよう。丁がその直営店で販売，ネットで提供する行為は113条1項2号（頒布の申出）および26条の2に違反し，ホームページに写真を掲載する行為は，113条1項2号，21条，23条に違反する。

---

### ★日本著作権法が適用される著作物等

著作権法6条1号により，日本国民の著作物は日本法の適用を受ける。発行の有無，場所を問わない。1号括弧書により，日本法にもとづき設立された法人，日本国内に主たる事業所を有する法人・法人格なき社団（2条6項），日本国，日本の地方公共団体も同様の扱いをうける。

6条2号は，いわゆる発行地主義を規定している。2号括弧書により，日本と条約関係のない国で最初に発行されてから30日以内に日本国内で発行されたものも，日本で同時発行されたものとみなされる。

同条3号は，条約上の保護義務を負う著作物であり，代表的な多国間条約として，ベルヌ条約，万国著作権条約，TRIPs協定，WIPO著作権条約がある。

同条3号について，我が国と条約関係にある未承認国民の著作物または我が国と条約関係にある未承認国で最初に発行された著作物で30日以内に我が国で発行されなかった著作物に，日本法が適用されるべきかという問題がある。未承認国である北朝鮮の著作物について日本著作権法の適用があるかについて争われた事件について，最判平23・12・8民集65-9-3275［北朝鮮著作権事件］（著作権百選109）は，未承認国民の著作物または未承認国で最初に発行された著作物について「一般に，我が国について既に効力が生じている多数国間条約に未承認国が事後に加入した場合，当該条約に基づき締約国が負担する義務が普遍的価値を有する一般国際法上の義務であるときなどは格別，未承認国の加入により未承認国との間に当該条約上の権利義務関係が直ちに生ずると解することはできず，我が国は，当該未承認国との間における当該条約に基づく権利義務関係を発生させるか否かを選択することができるものと解するのが相当である」との一般論を述べたうえで，ベルヌ条約は，普遍的価値を有する一般国際法上の義務を締約国に負担させるものではなく，外務省や文部科学省は，我が国は，北朝鮮の国民の著作物について，同条約の同盟国の国民の著作物として保護する義務を同条約により負うものではないとの見解を示しており，北朝鮮との間における同条約にもとづく権利義務関係は発生しないという立場を採っているものというべきである，とした。

## 第5節　著作権侵害罪

著作権，出版権，著作隣接権を侵害した者は，10年以下の拘禁刑もしくは1000万円以下の罰金に処し，または拘禁刑と罰金が併科される（119条1項）。著作者人格権または実演家人格権を侵害した者は，5年以下の拘禁刑もしくは500万円以下の罰金が科され，または拘禁刑と罰金が併科される（同条2項）。

平成24年改正により，私的使用の目的をもって，有償著作物の著作権等を侵害する自動公衆送信を受信して行うデジタル方式の録音録画を，自らその事実を知りながら行って著作権または著作隣接権を侵害した者には，2年以下の拘禁刑もしくは200万円以下の罰金が科され，または拘禁刑と罰金が併科されることとなった（119条3項1号）。

著作権侵害罪（119条）は，原則として親告罪とされている（123条1項）。独占的利用許諾を受けた者にも告訴権が認められる[13]。ただし，以下のすべての要件に該当する場合に限り，非親告罪とし，著作権者等の告訴がなくとも公訴を提起することができる（同条2項）。第1に，侵害者が，侵害行為の対価として財産上の利益を得る目的または有償著作物等（権利者が有償で公衆に提供・提示している著作物等）の販売等により権利者の得ることが見込まれる利益を害する目的を有していること。第2に，有償著作物等を「原作のまま」公衆譲渡もしくは公衆送信する侵害行為またはこれらの行為のために有償著作物等を複製する侵害行為であること。第3に，有償著作物等の提供または提示により権利者が得ることが見込まれる「利益が不当に害されることとなる場合」であること。たとえば，いわゆるコミックマーケットにおける同人誌等の二次創作活動については，一般的には，原作のまま著作物等を用いるものではなく，市場において原作と競合せず，権利者の利益を不当に害するものではないことから，上記の三要件に合致せず，非親告罪とはならないものと考えられる。一方で，販売中の漫画や小説の海賊版を販売する行為や，映画の海賊版をネット配信する行為等については，非親告罪となるものと考えられる。

侵害コンテンツへのリンク情報等を集約してユーザーを侵害コンテンツに誘導する「リーチサイト」や「リーチアプリ」のうちとくに悪質なもの（侵害著作物等利用容易化ウェブサイト等〔113条2項1号〕および侵害著作物等利用容易化プログラム〔同項2号〕）を公衆に提供・提示した者は，5年以下の拘禁刑もしくは500万円以下の罰金またはこれらの併科に処される（119条2項4号・5号）。リーチサイト・リーチアプリにおいて侵害コンテンツへのリンク情報等を提供する行為は，著作権等を侵害する行為とみなし，3年以下の拘禁刑もしくは300万円以下の罰金またはこれらの併科に処される（120条の2第3号）。

---

13　最決平7・4・4刑集49-4-563［海賊版ビデオ販売事件］。

# あとがき

以上で，特許法，著作権法の基礎の説明を終わります。あとは，皆さんそれぞれの希望と意欲に沿って，さらに勉強を続けていただければと思います。

自習の助けになることを，いくつかお話しして，本書のあとがきに代えたいと思います。

まず，判例です。判例は，具体的な紛争の解決を第一義としていますが，後に発生する類似の事案についても一定の指針を与えてくれるものです。知的財産法に関する判例は，早ければ判決言渡日の夕刻には，裁判所のホームページにアップされ，読むことができます。ただ，毎日のように多数の判決が言い渡されておりますので，すべてをフォローすることは，初学者にとっては現実的ではありません。そこで，重要判例をピックアップして，専門家が論点について指摘したものがあります。また，判例を素材として，より深く学習するための教材も編集されています。筆者が関与したものとしては，『特許判例百選〔第5版〕』(有斐閣，2019年)，『著作権判例百選〔第6版〕』(有斐閣，2019年)があります。

将来，特許法，著作権法についてさらに詳しく知りたいときは，以下の注釈書，実務書，体系書にあたることをお薦めします。1つの条文についていかに多くの考え方が対立し，紛争の種となってきたか，その経緯を深く知ることができるでしょう。

注釈書として，中山信弘＝小泉直樹編『新・注解特許法（上巻・中巻・下巻）〔第2版〕』(青林書院，2017年)，小泉直樹ほか『条解著作権法』(弘文堂，2023年)，実務書として，髙部眞規子『実務詳説　特許関係訴訟〔第4版〕』(金融財政事情研究会，2022年)，同『実務詳説　著作権訴訟〔第2版〕』(金融財政事情研究会，2019年）があります。

体系書としては，中山信弘『特許法〔第5版〕』(弘文堂，2023年)，同『著作権法〔第4版〕』（有斐閣，2023年）が我が国を代表するものです。

どのような優れた解説書であっても，将来発生しうるすべての論点を網羅するものではありません。実際に紛争が生じたとき，解決するための助けとなるのは，条文，制度趣旨，判例，そして皆さん自身の智慧です。その時に問われるのが基礎の力です。あせらず進んでください。

2024年3月

小 泉 直 樹

# 事項索引

# 判例索引

## ■■■最高裁判所

■■■高等裁判所

### ■■■地方裁判所

著者紹介　　小泉 直樹（こいずみ なおき）
慶應義塾大学法科大学院教授

特許法・著作権法〔第4版〕
Patent Law and Copyright Law, *4th ed.*

---

2012年10月30日 初　版第1刷発行
2020年 4 月30日 第2版第1刷発行
2022年3月20日 第3版第1刷発行
2024年5月15日 第4版第1刷発行

著　者　小泉直樹
発行者　江草貞治
発行所　株式会社有斐閣
〒101-0051 東京都千代田区神田神保町 2-17
https://www.yuhikaku.co.jp/
装　丁　キタダデザイン
印　刷　株式会社理想社
製　本　大口製本印刷株式会社
装丁印刷　株式会社亨有堂印刷所

落丁・乱丁本はお取替えいたします。定価はカバーに表示してあります。

Printed in Japan ISBN 978-4-641-24378-1